上海政法學院

SHANGHAI UNIVERSITY OF POLITICAL SCIENCE AND LAW

上海政法学院学术文库

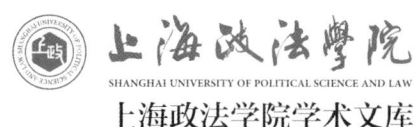

法治与国家治理现代化

魏治勋◎著

中国政法大学出版社

2025・北京

图书在版编目（ＣＩＰ）数据

法治与国家治理现代化 / 魏治勋著. —— 北京 ： 中国政法大学出版社，2025．9．
ISBN 978-7-5764-1697-8

Ⅰ．D920.0

中国国家版本馆 CIP 数据核字第 2024Z2J694 号

出 版 者　　中国政法大学出版社

地　　址　　北京市海淀区西土城路 25 号

邮寄地址　　北京 100088 信箱 8034 分箱　　邮编 100088

网　　址　　http://www.cuplpress.com (网络实名：中国政法大学出版社)

电　　话　　010-58908285(总编室) 58908433 （编辑部） 58908334(邮购部)

承　　印　　固安华明印业有限公司

开　　本　　720mm×960 mm　　1/16

印　　张　　15.5

字　　数　　255 千字

版　　次　　2025 年 9 月第 1 版

印　　次　　2025 年 9 月第 1 次印刷

定　　价　　72.00 元

上海政法学院学术著作编审委员会

　　大学者，大学问也。唯有博大学问之追求，才不负大学之谓；唯有学问之厚实精深，方不负大师之名。学术研究作为大学与生俱来的功能，也是衡量大学办学成效的重要标准之一。上海政法学院自建校以来，以培养人才、服务社会为己任，坚持教学与科研并重，专业与学科并举，不断推进学术创新和学科发展，逐渐形成了自身的办学特色。

　　学科为学术之基。我校学科门类经历了一个从单一性向多科性发展的过程。法学作为我校优势学科、上海市一流学科、高原学科，积数十年之功，枝繁叶茂，先后建立了法学理论、行政法学、刑法学、监狱学、民商法学、国际法学、经济法学、环境与资源保护法学、诉讼法学等一批二级学科。2016 年获批法学一级学科硕士点，为法学学科建设的又一标志性成果，法学学科群日渐完备，学科特色日益彰显。以法学学科发端，历经数轮布局调整，又生政治学、社会学、经济学、管理学、文学、哲学，再生教育学、艺术学等诸学科，目前已形成以法学为主干，多学科协调发展的学科体系，学科布局日臻完善，学科交叉日趋活跃。正是学科的不断拓展与提升，为学术科研提供了重要的基础和支撑，促进了学术研究的兴旺与繁荣。

　　学术为学科之核。学校支持和鼓励教师特别是青年教师钻研学术，从事研究。如建立科研激励机制，资助学术著作出版，设立青年教师科研基金，创建创新性学科团队，等等。再者，学校积极服务国家战略和地方建设，先后获批建立了中国-上海合作组织国际司法交流合作培训基地、最高人民法院民四庭"一带一路"司法研究基地、司法部中国-上海合作组织法律服务委员会合作交流基地、上海市"一带一路"安全合作与中国海外利益保护协同创新中心、上海教育立法咨询与服务研究基地等，为学术研究提供了一系列重要平台。以这些平台为依托，以问题为导向，以学术资源优化整合为举措，涌现了一批学术骨干，取得了一批研究成果，亦促进了学科的不断发展与深化。在巩固传统学科优势的基础上，在国家安全、国际政治、国际司法、国际贸易、海洋法、人工智能法、教育法、体育法等领域开疆辟土，崭露头角，获得了一定的学术影响力和知名度。

学校坚持改革创新、开放包容、追求卓越之上政精神，形成了百舸争流、百花齐放之学术氛围，产生了一批又一批科研成果和学术精品，为人才培养、社会服务和文化传承与创新提供了有力的支撑。上者，高也。学术之高，在于挺立学术前沿，引领学术方向。"论天下之精微，理万物之是非"。潜心学术，孜孜以求，探索不止，才能产出精品力作，流传于世，惠及于民。政者，正也。学术之正，在于有正气，守正道。从事学术研究，需坚守大学使命，锤炼学术品格，胸怀天下，崇真向美，耐得住寂寞，守得住清贫，久久为功，方能有所成就。

好花还须绿叶扶。为了更好地推动学术创新和学术繁荣，展示上政学者的学术风采，促进上政学者的学术成长，我们特设立上海政法学院学术文库，旨在资助有学术价值、学术创新和学术积淀的学术著作公开出版，以褒作者，以飨读者。我们期望借助上海政法学院学术文库这一学术平台，引领上政学者在人类灿烂的知识宝库里探索奥秘、追求真理和实现梦想。

3000 年前有哲人说：头脑不是被填充的容器，而是需要被点燃的火把。那么，就让上海政法学院学术文库成为点燃上政人学术智慧的火种，让上政学术传统薪火相传，让上政精神通过一代一代学人从佘山脚下启程，走向中国，走向世界！

愿上海政法学院学术文库的光辉照亮上政人的学术之路！

上海政法学院校长　刘晓红

目 录 / CONTENTS

上卷 法治原理论

下卷　治理实践分析

上卷　法治原理论

"善治"视野中的国家治理能力
及其现代化

本章提要： 国家治理问题是当代世界最重要、最核心的命题之一，国家治理体系的能力建设则是铸就现代化强大国家、实现中华民族伟大复兴的中国梦的必由之路。国家治理能力的根本提升有赖于深化改革，在善治视野下对决定和影响国家治理体系能力基础的诸方面予以检视和改进，在此前提下参考善治的准则并遵循国家新阶段改革顶层设计的规划，必须对构成国家治理制度能力各要素的体制与功能机制进行根本性变革，努力打造一个民主的、法治的、公正的、廉洁的、高效的国家治理能力体系。

在当下的世界与中国，国家治理问题都是最重要、最核心的命题之一，美国学者福山将此类问题称为"国家构建"（state-building）；它之所以重要，是因为"软弱无能的国家或失败国家已成为当今世界许多严重问题（从贫困、艾滋病、毒品到恐怖主义）的根源"[1]。近代以来法治在世界各国的普遍实施意味着，法律秩序已然将人的欲望正当化并以权利和自由的形式作为社会生活关系建构的基本机制，但同时也为国家治理制造了一个根本性困扰：人们权利和利益需求一旦被开放出来就势必会日渐扩展、趋于多元，于是如何进一步整合权利与利益需求并使之秩序化就成为现代国家的普遍难题。[2]从中国当下的社会现实来看，处于社会转型期的中国，社会各种矛盾层出不穷，

---

[1] Francis Fukuyama, "The Imperative of State-Building", *Journal of Democracy*, Vol. 15, No. 2, April 2004, pp. 17-31.

[2] 参见魏治勋：《法的"规范性稀薄化"及其历史谱系》，载《法学评论》2012 年第 2 期。

在此情势下，中共十八届三中全会业已明确将国家治理问题置于未来政治规划的核心位置。社会秩序问题的复杂化和当前的国家治理任务都迫切要求学术理论界为国家治理体系的建构和治理能力的提升提供新思维、新范式。因此，深入探讨国家治理能力的提升路径以助益于国家"善治"的达成，就成为必须予以解决的基本理论问题。

一、"国家治理" 与 "国家治理能力" 概念的重构

自 20 世纪 90 年代以来，在先进法治国家，"治理理念占了上风，成为对旧式统治风格而言的一种前景光明的现代化"[1]。这一判断带出有关治理问题的三个方面的智识性思考：其一，治理理念的背景与目的何在？其二，为什么治理从根本上讲是对"统治"风格的一种根本性重构？其三，为什么治理的上位意味着一种"前景光明的现代化"？要回答这三个问题，就必须对当代国际社会流行的"善治"理念进行深入地理解，并将对这三个问题答案的寻求置于"善治"的视野之下，我们才能够对上述问题的实质及其内在关联有一个基本的把握。

现代社会建构社会秩序的基本方式是以宪法和法律为主要手段的"统治"范式，它严格地将法律秩序的建构建立在国家和社会二元分立的基础之上，国家作为秩序建构或曰"统治"的唯一主体对作为"客体"的社会予以规则化调整，而构成社会之原子的个人与法人则必须遵从国家单向的调整并按照其内在的逻辑获得行为自由的保障和救济。但是，传统法治所遵从的这种单向度的统治范式在当今社会遭遇到了普遍的问题，甚至在许多国家正面临失败的厄运：在所谓的法治先进国家，国家越来越无法满足公民不断膨胀的物质需求与政治参与的要求，国家被财政困境拖垮、政府频繁更迭正在成为西方发达国家不断重演的政治现实，这些法治先进国家正在变得"越来越不成功"；在广大"拉美化"国家，国家在物质上尚未发达、政治上尚未完全现代化之际，就已经被选票绑架，国家穷于应付选民需求的"民粹主义"取向不断遭到失败却难以走出恶性循环；在广大的亚非发展中国家，却面临着另一方面的难题，即面对民主法治化的世界潮流，传统的专制或集权统治虽屡遭

---

[1] [法] 让-皮埃尔·戈丹：《何谓治理》，钟震宇译，社会科学文献出版社 2010 年版，"引言"第 3 页。

反对和批评，却很难迈出民主法治化的步伐，政治统治的现代化转型成为一个根本性难题。正是在这种意义上，"软弱无能的国家或失败国家"无论对发达国家还是发展中国家而言都是一个必须面对的普遍性问题。就此而言，当代世界各国面临的主要问题，从国家治理的角度而言，其根本原因都在于国家构建的失败或者不够成功、不再成功。正是在此意义上，福山断言：对单独一个社会以及对国际社会来说，国家的衰亡并不是通往理想国而是灾难的前兆。良好社会秩序的达成不需要什么都管的国家，但确实需要在有限范围之内具有必要功能的、强有力而且有效的国家。他指出，我们必须充分认识到公共权力的必要性——"集聚合法的权力并运用于特定目标，这是只有国家和国家集团才能做到的事情。这种权力既对于本国实行法治是不可或缺的，也是在国际上维护世界秩序所必须的。"因此，现代社会寻求有秩序生活的根本出路在于，"我们毫无选择地只能回身去寻找主权民族国家，并且试图再次理解如何让国家强大、有效"〔1〕。

治理与"善治"正是针对国家的软弱无力和国家构建失败的问题而提出的有针对性的策略。按照学界公认的理解，治理与"善治"作为克服传统统治模式之问题的对应性策略，是1989年世界银行在概括非洲国家治理的糟糕情形时提出的评价性概念，其目的在于走出"治理危机"（crisis in governance）。在治理与"善治"的关系中，"善治"可以被看作治理的衡量标准和目标取向，所谓"善治"是结果和目标意义上的"良好的治理"（good governance），所以在"善治"视野下理解治理的概念，即将治理看作一种达成和服务于某种好的目标模式的国家构建过程和方式。正是在二者关系基础上，学者对治理（governance）作出了与统治（government）相比较意义上的界定：治理是指"在一个既定的范围内运用权威维持秩序，满足公众的需要。治理的目的是指在各种不同的制度关系当中运用权力去引导、控制和规范公民的各种活动，以最大限度地增进公共利益"〔2〕。治理和统治的区别正在于治理虽然需要权威，但这种权威并非一定是政府，而统治的权威则必定是政府；治理是政治国家与社会合作、政府与非政府合作、公共机构与私人机构合作、强制与自

〔1〕 ［美］福山：《国家构建：21世纪的国家治理与世界秩序》，黄胜强、许铭原译，中国社会科学出版社2007年版，第115页。

〔2〕 俞可平：《治理和善治：一种新的政治分析框架》，载《南京社会科学》2001年第9期。

愿相结合，从而在双向的沟通和互动过程中实现社会公共事务秩序化的过程，它与统治模式中公权力运行的单向性具有明显的不同。因而，治理呈现出与传统统治模式明显不同的特征：治理强调的乃是使得冲突或不同的利益得以协调并采取联合行动的持续过程，由此在规则基础上的多元互动、协调与合作的过程才是治理的核心所在，治理因之必然是以多元主体间的合作求得公共利益最大化为取向的，因而在逻辑上治理必定是以"善治"为导向，尽管在实践中可能由于种种原因并不必然导致善治。而作为治理之理想状态的"善治"，其本质特征"就在于它是政府与公民对公共生活的合作管理，是政治国家与市民社会的一种新颖关系，是两者的最佳状态"。[1]就此而言可以说，"善治是基于治理理论而衍生出来的理想目标，治理强调的就是公民对公共事务的参与和公私合作，没有公民的自愿参与，也至多是实现了善政而已"[2]。基于此，只有将治理置于善治的考量与限制之下，治理才是具有良好目标取向的，从而不会轻易坠落到传统统治困局中去，善治之于治理犹如宪法之于法律，前者构成了后者的价值评价标准和指导性原则。

那么，何谓"国家治理"？尤其是在中共十八届三中全会决议同时使用"国家治理"、"政府治理"与"社会治理"三个概念的情况下，如何准确界定"国家治理"并与其他两个概念明确区分开来，并在此基础上清晰地处理好三者之间的关系？这一问题的解决，对于正确回答前面提出的三个问题亦具有基础性意义。从治理概念本身含义来看，治理总是意味着拥有公共权力的主体对治理对象的规制、调整和管理的行为。但是公共行政或公共政策学所理解的治理，其核心并不在治理主体针对治理对象如何发出治理行为并达成治理目标；相反，公共治理的核心问题在于如何设计和构造作为治理主体的公共权力或者社会组织体的内在结构，从而治理事业所关注的焦点不再是治理对象而是治理主体自身。治理意味着按照"善治"的要求重构治理主体和治理机制：通过吸纳社会组织与公民的广泛参与实现治理主体的多元化；通过治理权能的分化和转移实现多元主体的责任共担；通过治理方式的民主化重构实现治理机制和治理关系的根本转化，达至多元共治的和谐关系状态。那么，在此一视野下审视前述三个概念，则可以对其作出如下区分："国家治

---

〔1〕 俞可平：《治理和善治：一种新的政治分析框架》，载《南京社会科学》2001 年第 9 期。

〔2〕 李以所：《善治政府基本内涵研究》，载《领导科学》2012 年第 26 期。

理"的核心问题在于重构作为传统政治统治主体的国家——构成国家这一整体性公权系统的三大子系统都必须按照"善治"的要求予以重构,此即福山所言的"国家构建"〔1〕;"政府治理"的核心问题则是如何按照"善治"的要求重构行政系统,其实质是"政府再造"〔2〕;就此而言,国家治理与政府治理的重心不在于治理对象而在于治理主体自身,"国家构建"和"政府再造"才是其焦点所在。而按照传统的理解,"治理"体现的是治理主体对治理对象的权力输出。在"善治"视野下,"社会治理"的概念则因为治理主体的重构而面临着根本性的意义转换:不再存在绝对二元对立意义的治理主体与治理客体的划分,鉴于治理主体已获重构或再造,公共治理主体和公民之间毋宁是一种"主体间性"的交互关系,它们相互结合构成了多元主体双向互动关系意义上的自主性网络,社会治理过程于是在某种意义上转化为治理主体的"自我统治",多元共治成为社会治理的一个突出特征。

不过,新近兴起的与信息时代相适应的"整体性治理"(holistic governance)思潮也已对"矫枉过正"的治理理念提出了再纠正:因为"无论是传统公共行政模式还是新公共管理模式都带来社会治理的碎片化和政权体系内部的分裂等一系列问题,面对许多社会问题,它们无法提供最佳方案"〔3〕。于是,一种重新要求"从分散走向集中,从部分走向整体,从破碎走向整合"〔4〕的"整体性治理"新观念应运而生。对于志在建设现代化治理体系的中国等发展

---

〔1〕 福山所言的"国家构建",就是"在强化现有国家制度的同时,新建一批国家政府制度"。其目标在于建设"在有限范围之内具有必要功能的、强有力并且有效的国家",以克服国家弱化和国家无能导致的灾难性后果。参见 [美] 福山:《国家构建:21世纪的国家治理与世界秩序》,黄胜强、许铭原译,中国社会科学出版社2007年版,"序"第1页、第115页。

〔2〕 "政府再造大师"戴维·奥斯本认为,政府再造就是创造具有内在改革动力和企业家式思维的公共部门,即创建"自我更新的体制"。参见 [美] 奥斯本、[美] 普拉斯特里克:《再造政府》,谭功荣、刘霞译,中国人民大学出版社2010年版。在其另一著作中,他指出:"政府再造"就是"对公共体制和公共组织进行根本性的转型,以大幅提高组织效能、效率、适应性以及创新的能力,并通过变革组织目标、组织激励、责任机制、权力结构以及组织文化等来完成这种转型过程。"参见 [美] 奥斯本、[美] 普拉斯特里克:《摒弃官僚制:政府再造的五项战略》,中国人民大学出版社2002年版。按照国内学者的界定,"政府再造"就是现代意义上的政府改革,就是在国家与社会、政府与市场、政府与公众、政府与企业等诸多关系层面对政府治理观念、组织结构、运作方式的变革性调整。参见刘树信:《西方国家的政府再造及其启示》,载《理论探索》2003年第6期。

〔3〕 翁士洪、顾丽梅:《治理理论:一种调适的新制度主义理论》,载《南京社会科学》2013年第7期。

〔4〕 竺乾威:《从新公共管理到整体性治理》,载《中国行政管理》2008年第10期。

中国家而言，自然应当充分关注西方发达国家业已走过的治理之路及其经验教训，既不可过分迷信新理论、新范式而企望跳过现代化治理体系的建构阶段，更不能沉迷集权制的体制旧窠而拒绝改革，一个相对集中而吸收多元因素的民主、高效、开放的治理体系应当是当前治理体制改革的恰当选项。

经过上述分析与综合，我们可以重新定义一个"狭义的"有关治理的概念系列：国家治理和政府治理是社会治理的主体性条件，而社会治理则是通过国家治理和政府治理实现治理主体重构的基础上与社会达成的良好关系秩序的过程与方法。其中，国家治理与政府治理之间是公权力系统内部关系的重构，"国家构建"因此是一个包含"政府再造"在内的立法、行政、司法三大公权体系，参考"善治"的标准与原则进行的重建，立法与司法体系的再造亦是其当然内涵。当然，广义的"国家治理"和"政府治理"，应当包含国家公权组织向社会输出其治理活动的部分。但是，在当下中国政治体制改革的语境下，"政府治理"或曰"政府再造"才是国家治理的核心问题和中心任务。原因主要有三点：其一，在国家治理的职能范围内，政府承担了绝大部分的治理任务。立法机关通过其立法行为为政府治理提供规范基础并对其治理行为予以审查，而司法机关则对政府治理行为的结果予以过滤、纠偏和救济，政府而非其他公权机构才是治理任务和过程的主要承担者。从职能规模上看，政府构成了国家治理的中心，国家治理因此主要是政府治理。其二，从三大公共权力体系的具体性质来看，政府治理必然成为国家治理的中心环节。立法机关本质上是一个代表人民立法的民意机构，其自身性质和权力行使过程并不缺乏民主性和主体交互性，反而是以这种特性为其主要特征，这意味着立法体系的治理主要是一个完善而非重构或再造的过程。而司法机关及其权力行使的独立性、被动性、中立性以及司法过程的对抗性质，表明司法体系自身就是一个相对自足的以多元主体性的凸显为重要特征的系统，因而司法的再造主要是一个以完善其程序规则体系并进一步确保其职权独立性的过程。与之明显不同的是，行政系统的改革或曰"政府再造"却是一个治理范式的根本性转变，从其规模和性质的角度来看，"政府再造"之于当下的政府治理模式而言，无异于一场"自我革命"，一场从"统治"向"治理"转换的革命。其三，从当下中国政府改革的时代任务来看，"政府改革的主要目的，就是进一步理顺政府和市场、政府和社会、中央和地方的关系，更好地发挥市场、社会的作用，更好地调动中央和地方两个积极性，推动政府全面正确地履行职能，加快现代政府建设，努力促进经济持续健康发展、社会不断进步，不断满足人民群众的新期待、新要求"[1]。这表明，当下中国政府改革的主要思路就在于政府自身的"再造"，诚如李克强所言，"政府职能转变和机构改革是一场自我革命"。

与之相关联，关于国家治理能力的概念，应当主要从两个方面予以探讨：从重构国家治理体系的角度来看，国家治理能力意味着作为主要治理主体的国家改造自身体制、与社会组织和公民相结合共同建构自主性治理网络的能力，它本质上是一种治理主体自我重构的能力；而从国家治理体系能力输出的角度来看，国家治理能力表现为在体制和机制上获得重构的国家治理体系实施公共治理、达成治理目标的能力。前者表现为国家治理体系的一种自我改革再造的能力，后者表现为国家治理体系向具体的治理对象推行其治理意志的能力，这两种层次的能力对致力于达成"善治"的现代国家而言都是必不可少的，国家治理体系自我改革和重构的能力构成了其强化输出能力、实现治理目标的基础和前提。由此，国家治理能力就是国家通过自身制度构建打造强能力结构体系并据此向社会输出其治理举措、达成治理目标的行动力。打造强能力的国家治理体系是推进国家治理能力建设的基本目标所在。在现代民族国家条件下，为了完成秩序建构和权利保障的重任，"我们接受一个拥有强大的提取、渗透、规制和分配能力的国家——也就是强国家——的正当性"[2]，但国家自身必须改变，以适应"善治"的要求并有助于履行治理职责。

中共十八届三中全会明确地将"推进国家治理体系和治理能力现代化"作为深化政治体制改革的中心任务。[3]国家治理体系的现代化，其核心要旨在于以现代治理理念重构公共权力，实现国家治理的范式转换，中心内容则是行政体系的自我再造，直接目标则是提升政府的治理能力，打造民主、法治、高效的现代行政体系，为国家的"善治"创造条件。鉴于政府治理的中

---

〔1〕《李克强：地方政府改革是一场自我革命》，载 https://www.xinhua.net.com/politics/2013-11/08/c_118053776.htm，最后访问日期：2024年6月7日。

〔2〕[美]米格代尔：《强社会与弱国家：第三世界的国家社会关系及国家能力》，张长东等译，江苏人民出版社2012年版，第17页。

〔3〕参见《中共中央关于全面深化改革若干重大问题的决定》（2013年11月12日中国共产党第十八届中央委员会第三次全体会议通过），载《人民日报》2013年11月16日，第1版。

心地位，国家治理体系与治理能力的现代化必须以"政府再造"和政府治理能力质的提升为主要内容和基本目标。

二、决定和影响国家治理能力的基础性要素

明确了国家治理能力的概念，就为探求国家治理能力的结构要素和衡量标准奠定了坚实的基础并明晰了思维路径。按照福山对国家治理能力的认识，国家治理能力是指国家在其治理职责的法定范围内"制定并实施政策和执法的能力特别是干净的、透明的执法能力"，他因此把国家治理能力称为"国家能力或制度能力"。[1]那么，哪些要素决定了国家治理能力的高低？有学者指出，"任何一个成熟的现代治理体系都一定包含价值、制度、组织与机制四种要素"[2]。福山同样认为这个问题主要涉及国家概念中的四个方面：组织的设计和管理、政治体系的设计、合法性基础以及文化和结构要素。[3]要加强对影响甚至决定国家治理能力建构的基础性因素进行选取和考察，必须致力于发掘出那些真正濡养和框定国家治理素养与强度的有形和无形的观念及制度构造。那么，内在地看，国家治理组织就是首要应予考虑的因素，组织的内在结构先在地决定着外在功能并有条件地转化为治理能力。从外部看，在社会制度既定的情况下，一个国家特定时期的顶层设计无疑是决定国家治理体系发挥其能力的制度性、方向性与资源性硬约束；国家治理利益取向与过程的民主性或曰国家治理的合法性程度，则作为持久的基础性约束发挥着愈来愈显著的影响力并深刻影响其治理效能。而历史地看，任何国家的治理都逃脱不了政治法律文化的嵌套，而毋宁是以特定政治法律文化传统为视野的基于现实政治需要的"视域融合"过程，由此对文化及作为其内核的主导性价值的考察必不可少。在此，让我们对塑造国家治理能力的上述四个要素稍作深入考察：

其一，国家治理体系的组织结构设计。其核心问题是以何种组织理论和

---

〔1〕 参见［美］福山：《国家构建：21世纪的国家治理与世界秩序》，黄胜强、许铭原译，中国社会科学出版社2007年版，第7页。

〔2〕 唐皇凤：《新中国60年国家治理体系的变迁及理性审视》，载《经济社会体制比较》2009年第5期。

〔3〕 参见［美］福山：《国家构建：21世纪的国家治理与世界秩序》，黄胜强、许铭原译，中国社会科学出版社2007年版，第23~30页。

组织理念去设计国家治理体系的主体结构。按照传统的组织理论,组织体系的设计和管理就是如何构建并管理好等级森严、纪律严明的官僚机构,即科层制的设计和管理问题。对于科层制的官僚组织结构在统治技术方面的优越性,马克斯·韦伯曾经作出精当的概括:"精准、迅速、明确、熟悉档案、持续、谨慎、统一、严格服从、防止摩擦以及物资与人员费用的节省,所有这些在严格的官僚制行政(尤其是一元式支配的情况)里达到最理想状态。比起任何合议制的、名誉职与兼职等等形态的管理,训练有素的官僚表现——就上述所列要求而言——都显得更优秀。而且在复杂的任务里,支薪的官僚做事不但更精确,(在最后结算时)较之形式上不支薪之名誉人员的办事,往往还来得便宜[1]。"就此而言,"官僚制构造的拓展,乃基于其'技术的'优越性",这种优越性,使得"官僚制一旦确立,即为社会组织中最难摧毁的一种。官僚制乃是将'共同体行动'转化为理性且秩序井然的'结合体行动'的特殊手段。以此,作为支配关系之'理性组织化'的工具,对于控制官僚制机构的人而言,官僚制一直都是种无可匹敌的权力手段[2]。"现代国家的行政体制完全是按照科层制的官僚制度模式组织起来的,即便是由民选代表组成的现代立法机关以及实行均衡对抗式庭审结构并通过正当程序追求裁判正义的司法机关,在其内部组织形式上,也普遍采用了科层制的官僚制度模式。可以说,垂直化的官僚制管理模式,一直都是现代国家统治的强固形式,"只要行政管理已彻底官僚化之处,支配关系的形态实际上即无从摧毁"[3]。但在当代治理理论视野中,严密的科层制构成了国家治理体系的主要问题所在,科层制官僚模式内在地造成了当代国家治理的一系列主要问题:由于科层制官僚模式所导致的国家治理模式必然是集权的"权威体制",而"从权威体制的角度,中央政府权威需要以严密有效的组织制度和观念制度维护之,体现在权力、资源的向上集中,并通过中央政府政策指令在日常工作中的贯彻落实而延续和强化之。但从组织有效治理的逻辑来说,权力、资源和治理能力应该放在有效信息的层次上,即加强基层政府的能力,而这一思

---

〔1〕 〔德〕韦伯:《支配社会学》,康乐、简惠美译,广西师范大学出版社2004年版,第45页。

〔2〕 〔德〕韦伯:《支配社会学》,康乐、简惠美译,广西师范大学出版社2004年版,第65页。

〔3〕 〔德〕韦伯:《支配社会学》,康乐、简惠美译,广西师范大学出版社2004年版,第65页。

路与权威体制的基本原则相悖，产生了紧张和冲突。"〔1〕这就使得采取官僚体制的现代国家在整体上并不能很好地发挥其治理能力因而限制了其治理效能；另一方面，在每一层级的治理组织内部，由于官僚体制过于强调自上而下的压制性的任务体制及其执行力，就在很大程度上因其僵死性而抑制了具体制度创新和个体能动性的发挥。因而，在现代国家治理规模急剧扩张（在很大程度上与当代福利国家制度的推行和"反恐"安全形势的挑战密切相关）和治理任务空前繁重的条件下，仅仅依靠"技术治理手段"的改良已经无法解决"无力和失败国家"（weak or failed states）〔2〕问题。在国家治理方面，紧迫地需要一场以"善治"原则为导向的通过对国家治理体系的重构以提高国家治理能力的革命性变革。以作为其中心部分的政府治理为例，西方工业化国家业已成熟并趋于衰败的"韦伯式"官僚体制正处于被废弃、被新的治理模式所取代的过程中，但"对于体制转换中国家和发展中国家而言，在追求政府部门最大经济效益的同时，必须重视建立一个可被预测的、属于全民的、正直的韦伯式官僚政府"〔3〕也就是说，对于行进在现代化路途中的中国和广大发展中国家而言，科层制的权威性的韦伯式官僚政府仍然是维护秩序和实现现代化目标所必需的，但同时必须在相当程度上克服官僚制的专制和僵化的问题。可选择的改革方略主要是：通过引入市场机制以限制国家权力的合理范围并提高其能力强度和效能；通过扩大官僚组织内部员工的平等参与权以激活其能动性和创造力；通过拓展广大公民对国家管理的参与度强化治理的民主性以增进国家治理的实践效果。经由上述多维模式过滤的国家治理组织结构，将是基本保留韦伯式科层制的内核但同时充分注入了民主性和沟通理性精神的、具有多元共治结构特性和组织形式的较为均衡的体制，既有助于发挥科层制的执行力优势，又有利于组织成员主体能动性和创造力的释放，也在客观上有助于形塑一个公民有效参与和监督制约公开化的运作机制。

---

〔1〕 周雪光：《权威体制与有效治理：当代中国国家治理的制度逻辑》，载《开放时代》2011 年第 10 期。

〔2〕 See Francis Fukuyama, "The Imperative of State-Building", *Journal of Democracy*, Vol. 15, No. 2., 2004, pp. 17–31.

〔3〕 B. Guy Peters, *The Future of Governing: Four Emerging Models*, University Press of Kansas, 1996, p. 7. 中文版见：［美］B·盖伊·彼得斯：《政府未来的治理模式》，吴爱明、夏宏图译，中国人民大学出版社 2013 年版，第 6 页。

对于经常被诟病为傲慢、低效、贪腐形象的传统国家治理体系而言,新的组织结构模式将不仅大幅度提升其治理效能,还将赋予其前所未有的活力机制和清新形象。

其二,国家治理的顶层设计。我国自从在《国民经济和社会发展第十二个五年规划纲要》中首次提出"顶层设计"概念以来,"顶层设计"就成为国家体制改革路径选择的关键词。但是对于什么是顶层设计,学者们众说纷纭。在有的学者看来,顶层设计意味着"着眼于国家的长治久安,着眼于广大人民群众的根本利益,遵循增量改革的路径,着力打破阻碍改革与发展的既有利益格局,构筑公平正义的新利益格局"[1],"顶层设计"是从调整利益格局入手的改革路径设计。有学者明确指出,"改革的顶层设计,实际就是对未来改革的整体谋划,也是从人民的最高利益出发,站在国家的层面,对制约我国未来改革发展的全局性、关键性问题进行顶层判断,提出解决的整体思路和框架,以此作为规范各类具体改革的标杆,作为制定具体改革政策的依据,从而最大限度地化解改革的阻力,降低改革的风险,确保改革的顺利推进"[2]。吴敬琏认为,社会经济体制是一个巨型的系统,为了保证各个子系统之间的协调和互动,必须有从上到下的顶层设计和总体规划,过去曾以"目标模式"名之。许多基层的制度创新,往往都能为整体改革提供重要的方向提示和实施经验,甚至本身就具有全局意义。为此应当热情支持,使顶层设计和基层创新更好地结合起来,协力推进改革。[3]就此而言,"顶层设计"的核心问题是国家治理体系的总体设计问题,它主要包括治理目标模式的选择、治理机制的调整和治理方法的考量等重要内容,这与福山所言的"国家整体层面上(而不是各个组成机构)的制度设计"可谓基本同义。概而言之,顶层设计意味着"确立中国制度的经纬坐标,对中国巨大的体制、机制和制度进行现实定位、测量和评估,从提高制度效率的角度进行定性梳理和定量研究,以问题为导向倒逼改革"[4]。顶层设计之于中国国家治理体系重构的重要性,俞可平的论断可谓一语破的:"……事关国计民生和民主法

---

〔1〕 陈家刚:《"顶层设计"之辩》,载《人民论坛》2012年第17期。

〔2〕 汪玉凯:《准确理解"顶层设计"》,载《北京日报》2012年3月26日,第17版。

〔3〕 参见吴敬琏:《"顶层设计"的误读》,载《商周刊》2012年第11期。

〔4〕 徐晓冬:《制度体系现代化:理论经纬和技术细节——宏观、中观和微观分层研究框架》,载《人民论坛》2013年第34期。

治的重大制度改革，事关社会政治经济的全局性制度改革，只能由中央决策层规划，由中央统一推动。没有中央的权威性支持，最出色的地方改革举措，也可能会事倍功半，甚至功败垂成。因此，'顶层设计'在中国有着特殊的重要性〔1〕。"顶层设计之于国家治理体系完善和治理能力建设的意义，主要体现在国家治理目标模式的选择、治理机制的调整和治理方法的转变三个方面：从治理目标模式的选择来看，选择国家治理的哪些领域作为改革突破口、建立何种模式的基本体制，实际上与国家在特定时期如何选取和确定其职能范围密切相关，且必然极大地影响其治理能力与效能的发挥。福山以横轴代表国家职能范围、以纵轴代表国家力量的强度考察世界若干国家治理能力的强弱后发现，那些治理能力弱的国家却管理着它管不了也管不好的极广范围的事务；而美国却属于另一类型，一方面其国家权力的职能范围相当有限，另一方面美国又是一个治理能力非常强的国家，"美国建立的是一套有限政府制度，在历史上就限制了国家活动的范围。在这个范围内，国家制定及实施法律和政策的能力非常之强"〔2〕。中共十八届三中全会在国家治理顶层设计上，强调"紧紧围绕使市场在资源配置中起决定性作用深化经济体制改革"，"紧紧围绕坚持党的领导、人民当家作主、依法治国有机统一深化政治体制改革"，"紧紧围绕更好保障和改善民生、促进社会公平正义深化社会体制改革"，则改革开放以来市场化、法治化和民主化的改革进路就是中国改革的顶层设计的全面体现，核心价值体系、民生问题、党的领导体制和执政方式的改革亦应列入顶层设计的目标范围。市场化、法治化、民主化改革进路必定深刻影响国家治理的机制和方法，它意味着：第一，政治国家必须与市场适当分离，政治事务归国家，资源配置归市场，让市场机制对资源配置和价格形成起到基础性和决定性的作用，国家和政府必须加大简政放权的范围和力度，由是"以简驭繁"必须被视为"国家治理的首要定理"〔3〕；第二，必须实现治理的法治化，它意味着必须将宪法、法律确认为社会的最高权威，以控权制度的确立和国家法定权力与法律责任相统一制度的建立为基本前提，

〔1〕 沈刚：《政府创新需"顶层设计"和"基层探索"良性互动——访中央编译局副局长、著名学者俞可平》，载《经济》2012年第4期。

〔2〕 [美]福山：《国家构建：21世纪的国家治理与世界秩序》，黄胜强、许铭原译，中国社会科学出版社2007年版，第6页。

〔3〕 参见任剑涛：《国家治理的简约主义》，载《开放时代》2010年第7期。

实现国家治理向法治思维与法治方式的转换，并以之约束立法、执法、司法、守法和法律监督的全过程，最终"使善法达到真治"[1]；第三，要实现治理的民主化，它要求根据民主的原则再造国家治理的主体结构并将民主商谈、民主参与、民主决策机制贯穿于治理活动的全过程，因此社会组织与公民的政治参与管道的开放和保障必须纳入治理法治的范畴，治理民主化因其"从根本上超越代议制民主体制的局限"而具有"推进公共事务治理结构革命性变革的旨趣"[2]。治理体制、机制的变革带来的是治理思维和方法的更新：国家治理必须以宪法法律为规范前提、以法治秩序的达成为系统目标和思维取向，在法治前提下非命令性地协商、合作、服务、契约、劝告、疏导、自治与严格执法司法合理结合、互为表里，共同构筑起国家治理的创新方法系统。由此可见，中共十八届三中全会对国家治理顶层设计的确立不但开创了治理体系的体制改革，也能够促进治理机制、治理思维和治理方法的创化与更生，这对于当下中国的国家治理能力建设而言不啻一场新的革命。

其三，国家治理的民主合法性基础。治理的合法性基础既涉及治理的利益取向、治理过程的程序正当性，又必然地反映为治理后果的正义性。福山指出，"尽管历史上有许多形式的合法性，但在当今世界，合法性唯一真正的来源则是民主"[3]。自从近代民主政治发轫以来，国家治理的民主性程度就成为考量一个国家政治生活合法性的最重要指标。马克斯·韦伯在谈及近代德国的国家政治民主化的前途时曾指出，"这里存在的只有两个选择：要么，公民大众在一个徒具议会制统治外表的官僚制'威权国家'中丧失自由权利，像一群家养牲畜一般被置于'行政管理'之下，要么，公民作为共同统治者被整合进国家之中"[4]。韦伯的提示直至今天仍具有深刻的警醒意义：对于一个致力于民族复兴与国家崛起的政府而言，选择前者可能会获得暂时的虚假的稳定秩序，但付出的代价是整个国家和民族的未来，一如近代德国走过

---

[1] 徐显明：《论"法治"构成要件——兼及法治的某些原则及观念》，载《法学研究》1996 年第 3 期。

[2] 参见何显明：《治理民主：一种可能的复合民主范式》，载《社会科学战线》2012 年第 10 期。

[3] ［美］福山：《国家构建：21 世纪的国家治理与世界秩序》，黄胜强、许铭原译，中国社会科学出版社 2007 年版，第 26 页。

[4] ［德］马克斯·韦伯、［英］彼得·拉斯曼、［英］罗纳德·斯佩尔斯编：《韦伯政治著作选》，阎克文译，东方出版社 2009 年版，第 106 页。

的历程所昭示的那样。基于此，致力于崛起与复兴大业的中国国家治理事业，必须毫不犹豫地将自己的合法性根基铸造于民主制度之上。于是，对于国家治理事业而言，"政治民主既是一种思想与价值，又是一种以民主制度为主要内容的国家形式；既体现为一种以权利、协商、自主和自治为关键词的社会行动，又体现为一种对民主决策和科学决策加以特别重视的治理机制与治理结构"〔1〕。公民对国家治理行为的认同是国家治理合法性的基本表征，而公民与社会组织参与国家治理的广度和深度亦即国家治理主体结构及其行为过程的民主化，就成为铸造合法性基础的不二选择。合法性形成的基本过程机制是，"在制度化成熟、民主化完善的国家政治生活中，社会成员通过或多或少的个体或集体参与行动，特别是他们的诉求通过政治体系的输入输出系统得以体现。社会成员经过如此反复的政治行为过程，就会日积月累地形成对此等政体的持续认同与认可"〔2〕。经此，充分民主化的国家治理运作过程本质上被转化成公民的"自我统治"。从根本上说，国家治理的民主合法性之所以有助于其治理能力的提高和良好治理绩效的达成，就在于这种治理范式必然内含的对政治输出秩序的自愿性遵从。但民主必须受制于法治，才不致走向非理性的歧途："只有在以'法的统治'作为主导的价值系统的社会，组织才能获得理性统治形态〔3〕。"国家治理的民主化与法治化相结合，就从合法性与合理性两个层面较为彻底地解决了"公民不服从"的历史难题。

其四，政治法律文化传统与价值。此一因素主要涉及一个国家政治文化传统以及作为其意识形态核心的价值系统。文化的重要性在于，"文化提供了各种政治、经济、社会力量得以运行的背景；反过来，制度、社会关系或历史事件规定了文化得以显现自身的方式"〔4〕。政治文化传统与价值对国家治理体系及其能力的影响是多方面的，一个国家的政治文化传统、社会主流价值体系、社会规范体系都会对该国家的正式制度的供给与执行产生显著的影响，它们共同构成了国家政治法律制度的主要渊源，其质量高低在相当程度

---

〔1〕 林尚立等：《政治建设与国家成长》，中国大百科全书出版社 2008 年版，第 62 页。

〔2〕 丁志刚、董洪乐：《现代政治文化与民族国家治理》，载《新疆社会科学》2012 年第 1 期。

〔3〕 [日] 佐藤庆幸：《官僚制社会学》，朴玉等译，生活·读书·新知三联书店 2009 年版，第 61 页。

〔4〕 P. R. Moody, Jr., "Trends in the Study of Chinese Political Culture", *The China Quarterly*, September, 1994, p. 740.

上决定着国家治理体系主体结构的建构及其输出治理行为的质量和绩效。鉴于中国政治法律传统的历史断裂性,古代中国的政治法律传统对当今中国国家制度和治理模式的影响相比西方政治法律制度居于次要地位,但仍旧不可小觑:古代中国的文官制度是现代官僚体制的直接渊源,且仍对当下国家治理体系的构造发挥主导性影响;在国家治理法治基础建设方面,"本土资源"取向仍然对于法治体系的建构和完善发挥着显著影响,古代中国的政治法律文化遗产仍旧是立法、执法和司法判决不断回顾和汲取资源的重要历史库存。在这种情况下,当代中国的国家治理体系建构和治理能力的培育,必须善于向古代遗产汲取良性甚至中性资源。[1]对当今中国国家治理体系构造和治理能力培育影响至深的政治法律文化传统和主要价值,乃是来自中国共产党在延安时期创立并长期主导中国国家治理事业的"政法传统"[2]:政法传统作为一种将政治工作与司法工作融合为一体的、人民民主主义的治理范式,在特定历史条件下实现了把司法技术与权力组织网络结合在一起的独特政治效果,使得中国共产党终于寻找到一种新的"权力技术",实现了对"以党的领导为前提、以政治目标的实现为目的、以司法工作为手段的实现社会治理法制化的政治技术体系"的成功建构。从此,中国人民在经历了长期的近代挫折以后,终于能够借助这种治理技术寻求到一种凝结国民、改造社会,从而实现现代化,最终走向民族独立和国家富强之路的政治组织手段,民族救亡历史重任的完成由此得以可能。在中国共产党领导全国人民治理国家、建设现代化的历史过程中,政法传统以及作为其当代形式的"政法体制",一直是中国国家治理体系的核心构造所在。那么,当下中国国家治理体系的重构和国家治理能力的培育以及国家治理事业的顺利推进,也必须将政法传统所蕴含的基本原则发扬光大:中国的国家治理事业必须始终坚持中国共产党的领

---

〔1〕 武树臣先生将中国法律文化遗产概括为三类:劣性、良性和中性。其中良性遗产主要有:朴素的唯物主义辩证法和无神论精神、"人治"与"法治"相结合的"混合法"样式和日臻纯熟的法律艺术。中性遗产主要包括:立足于社会总体利益的"集体本位"、行为规范的多元综合结构以及司法中的温情主义和统一完备的法律设施。而劣性遗产则是"亲亲""尊尊"的差异性精神和"重狱轻讼"的专制主义色彩。从总体上看,良性遗产主要是形式性的,而劣性遗产则主要是价值性的,中性遗产则二者兼具。这样看来,对古代中国法律文化传统的汲取主要以良性和中性的形式性遗产为主,价值性遗产则因其与现代法治精神相悖而不足取。参见武树臣等:《中国传统法律文化》,北京大学出版社1994年版,第737~757页。

〔2〕 参见魏治勋:《司法现代化视野中的"马锡五审判方式"》,载《新视野》2010年第2期。

导，国家治理体系必须服务于党的政治目标——民族复兴和国家崛起的中国梦——的实现；中国的国家治理事业必须坚持以政法传统所奠立的基本价值体系为基础，构筑起当代中国的社会主义核心价值观，它表现为层层相依的三个层次：中国国家层面的价值目标是富强、民主、文明、和谐，明确了我们要建设什么样的国家；中国社会层面的价值目标是自由、平等、公正、法治，明确了我们要发展什么样的社会；中国个人层面的价值目标是爱国、敬业、诚信、友善，明确了我们要塑造什么样的个人。三个层面的价值目标实体化为三重主体的协调共进、有序发展，最终体现为民族振兴、国家富强、社会发展和人民幸福。[1]可以说，历史文化传统的优秀遗产、历久弥新的政法传统及其生发、选择和固化的核心价值体系，是塑造并将进一步强有力影响中国国家治理能力和治理方向、形态的基础性要素。

需要特别指出的是，在塑造中国国家治理能力的影响因素中，中国共产党的领导绝非可以忽视的、可有可无的因素，而是居于统帅与枢纽地位的核心要素。从前述党的政法传统可见，它内含着党对国家治理事业的领导方式，经由老一代党和国家领导人的阐述而更加清晰化："政法机关坚持党的领导，是由人民民主专政的国家性质和法律的阶级性决定的，离开了党的领导，政法工作就会出乱子。党对政法机关的领导，根本的是要通过形势决定决策来实现。党委对极少数案件的过问仅限于政策指导和组织协调，组织协调的目的是查清案情，而不是要求司法机关在实体和程序上执行党委的意志[2]。"在新的历史条件下，决不能淡化、软化党的领导，也不能一成不变地固守传统的领导思维，而是要在法治前提下"改变党对国家治理事业的领导方式"[3]：党的领导方式应当实现从直接、具体的领导转向主要包括思想领导、政治领导、组织领导在内的宏观的、总体的、方向性的领导。无论国家治理的顶层设计、组织结构设计、民主合法性制度基础的奠立还是优秀政治法律传统的持续与改新、核心价值的培育和创化，都离不开党的领导。基于党在国家治理中的这种优越地位，党自身的改革对于整个国家治理体系及其能力的建设无疑是具有首要决定性的因素。

---

〔1〕 参见王淑芹：《国家、社会、个人：中国梦的价值主体》，载《光明日报》2013年4月10日，第11版。

〔2〕 刘松山：《彭真论党的领导与政法机关独立行使职权》，载《法学论坛》2013年第4期。

〔3〕 参见喻中：《改进党对法治建设的领导方式》，载《北京行政学院学报》2013年第1期。

三、"国家治理能力"的基本构成及其现代化取向

影响与型塑国家治理能力的基础性要素虽然对国家治理能力的发育与发挥作用显著，但毕竟不是国家治理能力本身。那么，构成国家治理能力的有机成分是什么？或者说，国家治理能力包含国家治理体系在哪些制度性行为方面的能力？国家治理能力的构成也不同于国家的职能范围，国家治理能力应当是对国家在必要职能范围内所有制度能力强度的类型化抽象。国内有的学者从系统论角度，按照国家提供有效制度供给和秩序治理的功能的分类标准，将国家治理能力划分为三个构成部分：国家的制度形成能力、国家的制度实施能力、国家的制度调适与学习能力。[1]这是一种富有概括力的表述，但仍旧不够全面，在国家与社会多个层面突出强调制度创新和管理创新的情势下，不能忽视"制度创新能力"之于国家治理能力内涵的构成性意义，缺乏制度创新能力的任何国家治理体系都必然是缺乏活力的和没有前途的。在福山看来，国家制度能力主要包括制定和实施政策以及制定法律的能力，高效管理的能力，控制渎职、腐败和行贿的能力，保持政府机关高度透明和诚信的能力以及（最重要的）执法能力。福山强调，对于国家构建而言"最佳的改革路径是缩减国家职能范围的同时提高国家力量的强度"[2]，亦可见"改革力"或曰"制度创新能力"的重要性。基于此，笔者将国家治理能力具体解析为国家治理体系的制度形成能力、制度实施能力、制度调适能力、制度学习能力和制度创新能力五个方面的构成要素，[3]并从这五个方面审视国家治理现代化对其提出的基本要求。

---

〔1〕 参见黄秋菊：《经济转型进程中的国家制度能力演进——中俄转型的比较政治经济学分析》，经济管理出版社 2013 年版，第 37 页。

〔2〕 ［美］福山：《国家构建：21 世纪的国家治理与世界秩序》，黄胜强、许铭原译，中国社会科学出版社 2007 年版，第 16 页。

〔3〕 当然，也有学者从社会抽取能力、社会控制能力、社会规范能力和社会适应能力四个维度来定义国家行动能力或国家制度能力维度。在笔者看来，这种解析国家制度能力的方法是从外在视角即从国家能力输出而非从"国家构建"的角度进行的。参见郑红娥、刘健：《从制度能力与职能范围看新中国成立以来国家与社会关系的演变》，载《云梦学刊》2010 年第 4 期。还有学者将国家能力粗略地区分为对社会的统治与管理的能力和应对他国竞争与挑战的能力，这种区分既缺乏"善治"的视野，也未能从制度建构的视角入手分析。参见黄清吉：《论国家能力》，中央编译出版社 2013 年版，第 26~27 页。

首先，国家的制度形成能力是国家治理能力的基础部分，也是国家其他方面治理能力的重要规范前提。现代国家的治理以法治为前提和手段，而国家的制度形成能力则为这种前提提供规范基础。"唯有依靠制度，才能将权力整合至一个统一的治理通道中。"[1]对于一个现代国家而言，决定和影响其制度形成能力的主要因素是：其一，国家的目标偏好，它所反映的是国家在特定时期对其利益目标的设定和追求。任何国家都存在目标偏好问题，国家发展的不同时期和阶段，其目标偏好也有所不同甚至存在根本差异。当然也存在始终不变的一般性国家偏好，这主要是指国家对于维护自身统治稳定性的追求。从中国当下体制改革的顶层设计来看，通过体制模式的转换实现经济社会发展的现代化并维持政治的稳定性是现阶段中国的主要国家目标偏好，国家用于制度建设的相当多的资源将会集中于这一目标方向，这将有助于进一步培育国家在推进改革和维持稳定方面的制度能力。其二，社会的制度需求程度，深刻影响国家的制度供给。福山注意到，制度或制度改革的国内需求不足，是贫困国家制度发展的一个最大障碍，在这类国家出现制度需求的窗口期往往是社会危机或特殊情况状态。[2]一般而言，社会对制度需求的敏感程度，根本上取决于这个社会的民主化程度和公民培育的水平。富有责任感的公民对于国家制度的发展需要以及自身权利保障的需求程度，往往会通过社会交往媒介作出较为理性的判断和表达；而民主化的发展又为公民的意见表达提供了正当化的渠道。于是，社会发展对制度的需求就能够较为顺利地上升为国家意志，并最终实现于国家的立法活动之中，以国家法律制度的形式固化下来，从而推动制度的形成与供给。其三，国家官员的素质及国家动员社会知识的能力，在很大程度上决定着国家的制度形成能力。国家官员构成了国家机构运作的基础，国家对社会制度需求的敏感度表征着国家官员对社会变迁的反应能力，国家制度建设也必须通过官员来组织。同时，国家能否将社会主要精英团结在其麾下并投入到立法、修法及其论证等制度发展活动中，即国家对社会智慧的总体提取能力，决定着其制度发展的效率和成色。其四，国家的自主性决定着国家制度形成能力的发挥力度。国家的自主

---

〔1〕 李强：《"制度能力"体现执政能力（人民论坛·90 年激荡历史的篇章）——"七一"重要讲话启示（11）》，载《人民日报》2011 年 7 月 27 日，第 4 版。

〔2〕 参见［美］福山：《国家构建：21 世纪的国家治理与世界秩序》，黄胜强、许铭原译，中国社会科学出版社 2007 年版，第 35 页。

性是指国家超越利益集团的压力或要挟自主地决定和形成法律制度和政策的自由度。任何国家都存在大量的利益集团和分立联盟，它们在很大程度上影响着国家目标偏好的选择和制度形成的方向，奥尔森通过对二战后发达国家制度发展与经济增长情况的考察发现，发达国家的经济与社会在稳定中走向衰落的一个重要原因，就在于大量利益集团和分立联盟的冲突与博弈推动了纯粹的再分配性活动不断增长，最终导致社会生产和创新动力趋于衰竭。[1]但对于发达国家而言，由此导致的经济增长的停滞并不特别可怕，因为，发达国家的民主制度为其提供了较为充分的合法性。但对于大多数民主制度尚未建构完成的发展中国家而言，它们往往要借助较高的社会发展速度来掩盖合法性的缺乏，一旦经济增长陷入停滞，则社会动乱就会如影随形，在这方面中国亦不例外。为此，应当通过民主化和法治化进程以公开合理的民意表达来抑制特定利益集团对公共权力的控制和影响，确保国家对制度形成的掌控力。

其次，国家的制度实施能力是国家治理能力的中心环节和客观化表现，在国家治理能力系统中居于显要地位。现代国家作为社会暴力的唯一合法垄断者，在推行和实施国家法律制度与政策方面具有天然的优势，从根本上克服了其他任何主体行为可能存在的"搭便车"问题，特别是在市场和私人无法有效供给的公共产品问题上能够发挥稳定而有效的作用。国家通过对社会资源的有效汲取而掌控的巨大财政力量，不但能够为社会的发展和秩序的形成提供有效的激励机制和惩罚机制，同时也能够为社会阶层中地位最不利者提供有尊严的基本生活保障。这就决定了，国家既是制度实施的最佳能动主体，又是现代社会、经济发展以及公民基本权利和发展需求的责任主体，同时国家必须具有强大能力才能够在全球竞争体系中获得优越地位。中国近代以来的历史遭遇提出的一个基本要求是，中国必须更好地实现现代化才能从根本上克服"救亡"魔咒，救亡的全部压力在全球化语境下都转化为了朝向现代化发展的"时间压力"。因此，对于与中国有着同样历史遭遇的发展中国家而言，打造一个有着强大制度实施能力的国家体系就是走向民族复兴、国家富强的必然选择，"如果没有高效的执行机构切实加以落实，'顶层设计'

---

〔1〕 参见［美］曼瑟·奥尔森：《国家的兴衰——经济增长、滞胀和社会僵化》，李增刚译，世纪出版集团 2007 年版，第 71 页。

即便有着精致完美的规划方案，也不会形成广泛的社会实效"[1]。如前所述，在走向现代国家的征程中，有必要首先建构起强大的科层制国家体系以保证制度的执行力，但同时应注意通过汲取"国家构建"和"政府再造"的制度建设经验，努力建设有活力的"国家治理体系"，避免发达国家曾经经历过的国家体制僵化的困境。这就要求将国家建构转换为与社会互动和"交换能量"的过程，因为，"现代国家管理活动的一个突出特征在于，政府不再像封建王朝那样是一个封闭的体系，不再是由家族血缘联系构成的王室或皇室亲族的统治体系。相反，它深植于社会之中并始终与社会保持'能量交换（energy exchange）'。这种巨规模交换的最直接的体现是，包括政党政治、选举系统在内的整个机制，都逐渐在主要西方国家建立起来。通过政党政治，外在于政府的人能够置换进政府或至少可以切近政府；相应地，已进入政府之人也能够被置换出来。透过社会利益集团（social interest group）的活动，外在于政府的统治阶级、其他集团的政治观点能够影响整个统治阶级政治决定的制定。立法、行政和司法机构能够根据特定规则在相互之间实施检查与监控"[2]。其结果是，"所有这些都将现代治理打造成一个开放式过程。就政府过程而言，政府不再是'狭义的政府'——国家行政机构，而是'广义的政府'。概而言之，政府是国家机构的总体或总和，或者说它等同于通常被称为'民治'的'权威'"[3]。国家所获得的合法性"权威"必然反过来会全方位地提升其制度实施效果，而这不过是其制度实施能力的因果反射而已。由此证明了，"真正具备强大制度能力的国家绝非独断专行的国家，而是善于在与社会的协调互动中增强制度实施能力的国家"[4]。为此，国家必须在制度实施的民主化、法治化、公平化、透明化、程序化上迈出实质的步伐。

再次，国家的制度调适能力，是国家在面临内部需求和外部环境变化形成的压力条件下，通过各种较为温和的制度手段或制度形式，主动地推动法

---

〔1〕 徐晓冬：《制度体系现代化：理论经纬和技术细节——宏观、中观和微观分层研究框架》，载《人民论坛》2013 年第 34 期。

〔2〕 Zhu Guanglei, *Governing China*：*Decision Making and Implementation*：*Interpretation of the Processes of Chinese Government*, Foreign Languages Press Co. Ltd, 2013, p. 3.

〔3〕 Zhu Guanglei, *Governing China*：*Decision Making and Implementation*：*Interpretation of the Processes of Chinese Government*, Foreign Languages Press Co. Ltd, 2013, pp. 3-4.

〔4〕 黄秋菊：《经济转型进程中的国家制度能力演进——中俄转型的比较政治经济学分析》，经济管理出版社 2013 年版，第 50 页。

律制度和国家政策的变迁以适应社会经济发展形势和应对外部挑战的制度化能力。亨廷顿在《变革社会中的政治秩序》一书中将调适性列为衡量政治秩序制度化的指标之一,并将组织存活的时间、领导精英的继承以及功能的变化作为调适性的测量指标。[1]现代国家在其发展过程中,面临的"变动性"或曰不确定因素越来越多:一是经济增长的不确定压力。民众对社会福利水平的要求越来越高,没有较高的经济发展速度,国家就不可能维持其财政供给能力和转移支付能力;但经济发展的不确定性具有全球关联性,其风险并不是单个民族国家就能够决定和把握的。二是政治参与和个人权利发展不确定性的压力。当代社会由于权利意识的觉醒和国际比较的透明化,民众对政治参与度的要求和个人权利发展的需求都空前增长;但同时,社会阶层的分化和利益集团对国家政治生活的影响力的扩展,又必然导致民众享有的政治权利和个人权利的不均衡。而现代社会权利斗争的一个显著特征是:权利越是平等化,民众对哪怕稍微的不平等就愈加敏感和难以忍受。[2]更何况在许多发展中国家,广泛存在着利益集团垄断政治生活、居民收入差距急剧扩大、基本权利屡遭侵犯的现象,群体性事件频发、政治社会秩序不稳定等问题随时挑战着国家能力的极限。三是人为与自然灾害的风险加大。气候变化、环境污染、饥饿、瘟疫、核事故、恐怖等活动出现的频率加大,其不可预测性、不可控性和破坏性都空前增长,"风险社会"时代已然降临。现代国家面对众多的内部危机与外部挑战,唯一可以求助的就是强化自身的制度调适能力,以制度的力量凝聚国民意志、争取外部支持,才有可能在风险中实现平稳发展。国家的制度调适能力建设要求:在政治生活面向全民开放的前提下,法律制度和国家政策应当在获得人民知情和赞成的前提下,通过法定的程序予以合理修改并不断实现"良性变迁",制度变迁与社会命题(social propositions)之间关系的顺应性有助于提高制度实践的弹性和适应性。迪克森(Bruce Dicson)区分了两种类型的适应性:"效能型适应"(efficient adaptation)源于治理主体目标的转变,通过推行组织机构改革和新制度、新政策的出台,使之在与外部的社会经济实践复杂互动中维持和实现自身地位或利益的

---

[1] 参见[美]塞缪尔·亨廷顿:《变革社会中的政治秩序》,李盛平等译,华夏出版社1988年版,第12~16页。

[2] 参见[美]昂格尔:《现代社会中的法律》,吴玉章、周汉华译,译林出版社2001年版,第162页。

现实主义取向的功能性调整，其目标在于提高治理效能；"回应型适应"（responsive adaptation）是治理主体在应对来自国内外环境压力时，所作的按照社会的需求改变治理体系的目标、体制、机制，以更为根本地满足广大人民群众不断变化的社会需要和政治期望的深层次调整。[1]客观地讲，在改革进入深水区之后，国家治理体系的变革必须实现从"效能型适应"向"回应型适应"的转换，只有及时、主动、根本性地置换其内在观念制度与外在组织体制、机制，改革者才能够把握住历史的主动性而不至于沦落为被改革的对象。因此，治理体系的制度调适能力构成了其自身的生命线。制度调适能力是治理体系对自身提出的要求，它内含国家公权力机关必须进行一场内在的自我革命，一方面要切实克服官僚风气，充分发挥包括每一位公务员在内的主观能动性，调动其参与决策、联系群众的积极性；另一方面也要充分向社会开放，通过听证、协商、座谈、论证、公开征求意见等形式积极吸收社会公众对政治决策的参与；国家工作人员必须时刻保持与人民群众与社会的血肉联系，保证国家机关对社情民意的充分了解；必须建立保证社会实情和群众意见真实有效地得到反映的畅通渠道和处理机制，保证国家机构对社会舆情的及时准确地把握和判断；国家机关及其工作人员必须讲政治，必须保持政治敏锐度，对国内外政治经济和社会形势的变化及其基本趋向应当能够作出理性的分析与评估。所有这些都是国家充分发挥其制度调适能力、顺应时势推动制度良性变迁，从而时刻把握国家治理方向主动性的必要前提。

复次，国家的制度学习能力。学习能力是国家的一种核心能力，是国家构建其软实力并发展其硬实力的重要基础。尤其对于当下的中国来说，欲尽快建成现代化强国，实现民族复兴的中国梦，不断地向制度发达国家学习是一条便捷的门径，而且在相当程度上也构成了制度创新的能力的基础："作为一个现代民主建设历程很短、经验不足，而且文化传统悠久，国内情况多样的大国，中国的民主建设应该是一个制度学习和制度创新的过程。学习，就是学习世界上民主建设成功的经验和有效的制度；创新就是要在学习的基础上，结合本国、本地区的实际情况，建立起适合自身情况的制度。学习和创

---

〔1〕 参见唐皇凤：《增强执政党调适性：中国政治发展的核心战略取向》，载《浙江社会科学》2013 年第 2 期。

新是同步进行的,互相促进,缺一不可。"〔1〕从理论上讲,任何国家的制度体系都不可能永远处于领先的位置,即使处于制度领先位置的国家,也不可能在制度的一切方面都是领先的。于是,任何国家和社会组织都需要不断地学习,学习构成了制度变迁和社会发展的重要动力机制。制度经济学的著名理论家诺斯非常重视学习在制度变迁中的突出作用,他将组织"从实践中学习"界定为一个组织通过重复互动而获得协调的技巧和发展出日常规则的过程。他认为,知识发展的方式塑造了我们对周围世界的认知,而这些认知又在引导我们对知识的追求;知识影响着我们如何解释、合理化和正当化这个世界,进而影响着人们形成制度、建立契约的成本。不仅如此,学习活动还可以产生新的制度构想,进而成为制度变迁的起点。在一个充满不确定性的世界里,没人知道我们所面临问题的答案;而允许更多尝试的社会才最有可能经过一段时间后解决这些问题。〔2〕制度学习对于从根本上迅速提升一个国家的制度能力和治理水平是极其重要的,以至于有的学者肯认国家能力中最根本、最核心的能力就是国家的制度学习能力,并将其视为国家一切硬力量和软力量的终极基础。〔3〕当然,制度学习的目的并不是模仿和照搬先进国家的制度体系,而是通过学习获得自主设计本国的先进制度的能力,最终建立起发达完善的国家治理制度体系。中国近代以来社会发展的历程,充分证实了制度学习对于中国现代化实现的决定性影响。但中国自身的深厚且统一的文化传统在制度经济学派看来并非一个天然的劣势和负担。诺斯非常关注文化在制度学习与制度变迁中的重要作用,文化的功用在于它是信息载体,生长在同一文化传统的人们共享着它所负载的信息,交易成本由此而降低。在此视角下,回首审视我们的文化传统,我们发现:从积淀了数千年的传统文化到近代受西方文明冲击因而包含了新文化基因的近代文化,再到中国共产党领导下积累的社会主义新文化特别是制度领域的政法文化,"所有这些文化层次,或厚或薄,都是改革或制度创新所必由生长的土壤"〔4〕。一个重要问题是如何在

---

〔1〕 北京远东太平洋经济研究中心国情课题组:《在制度学习和创新中改革政治体制》,载《领导决策信息》1998 年第 27 期。

〔2〕 参见李振:《制度变迁中的制度学习》,载《中国社会科学报》2012 年 12 月 7 日,第 B02 版。

〔3〕 参见孙林:《全球化进程中的制度学习与国际权势变迁》,载《国际关系学院学报》2011 年第 6 期。

〔4〕 汪丁丁:《制度创新的一般理论》,载《经济研究》1992 年第 5 期。

现代化视野中、在我们所追求的发展目的之下，从已有的多层次文化传统中拣选、诠释和重构出适应于全新的国家治理事业的文化价值、文化制度和文化形式。国家制度学习能力的建设除了必须正确对待自身文化传统，关键举措是必须打造一个"学习型国家"和"学习型社会"，它有赖于国家规划和形成一套完善且先进的学习网络和学习机制，在充分把握何为先进、如何才能先进的认识基础上，持续不懈地推进国家机关、公务员以至全社会的学习制度建设。历史告诉我们，"那些在全球化过程中被边缘化的国家，常常不是因为地理位置的偏僻，而是由于其制度体系缺乏竞争力。因此，我们常常可以看到在差不多相同的客观自然条件下，却因为制度导致巨大的发展差异"〔1〕。制度落后的首要原因就是制度学习能力的衰退，打造一个强大的制度学习能力，也就为国家的改革发展、为国家治理事业的发达奠定了最为坚实的基础。

最后，国家的制度创新能力。国家的制度创新能力在国家治理能力体系中居于枢纽地位：国家的制度学习能力需要转化为制度创新能力，才能够为国家治理提供有效的制度供给；国家制度调适能力的强弱在很大程度上同样依赖于其制度创新能力，国家要对新出现的政治经济社会变化适时作出体制性反应，其变革源泉主要来自自身的制度学习和创新能力；而具体领域和具体程序方面的制度和机制创新，则能够推动制度实施能力的提升。因此可以说，"创新是一个国家发展的不竭动力，创新最重要的是制度创新。制度创新是改革的红利之源，是根本性问题"〔2〕。解决制度落后和短缺的基本途径是以制度创新方式扩大制度的实际有效供给，制度创新构成了整个国家制度能力的中心环节。从制度创新的具体发生机制来看，制度创新主要通过影响制度变迁的两种模式发挥作用：〔3〕其一是"诱致性制度变迁"，指的是对现行制度安排的更新或者替代，主要通过某些个人或社会组织群体基于自我发展的目的而自发地倡导、组织或实施，这种形式的制度变迁往往会引发自下而上的制度变革，社会或基层组织的自发性制度变革因而就可能具有全局性的意

---

〔1〕 杨明佳：《制度移植与发展中国家的政治发展》，载《湖北社会科学》2005 年第 11 期。

〔2〕《制度创新是改革的红利之源》，载《光明日报》2013 年 4 月 9 日，第 B02 版。

〔3〕 关于"诱致性制度变迁"和"强制性制度变迁"及其与制度创新的关系，详见 ［美］科斯等：《财产权利与制度变迁：产权学派与新制度学派译文集》，刘守英等译，上海人民出版社 1994 年版，第 384 页。

义。在中国，此类制度创新的典型之举是小岗村的土地包干试验，它直接引发了迄今未竟的中国农业社会经营模式的根本性变革。其二是"强制性制度变迁"，指的是政府通过政策、法规和命令强制性推行的制度变迁，此模式是中国当代制度变迁的主导形式，中国的改革开放和法治建设都是政府推动型的自上而下的主动性变革。在此模式的制度变迁过程中，政府的制度学习能力和制度创新能力相互融合在一起，不仅为中国的改革发展提供了源源不断的制度资源，并且这种变革方式本身业已内在地成为进一步制度变迁的重要推动力。在当今国家之间进行激烈的制度竞争的全球化时代，"制度决定国家的命运、文明的延续和民族的存亡。推进国家治理体系和治理能力现代化，立足点是中国制度体系的优化"〔1〕。而制度的优化依靠的则是通过国家强大的制度学习能力和制度创新能力不断供给优质的制度体系，因而国家的制度创新能力强弱在很大程度上直接决定着国家在国际政治经济竞争中的命运。提高国家制度创新能力本身需要制度学习和制度创新，在这里，制度创新通过自我循环逻辑固化了自身并凸显出其本质重要性。正是在此意义上我们说，制度创新是中国国家治理能力建设的中枢命脉。制度创新是需要以创新型体制、机制和思维为基本前提的，而其起点则是政治经济法律制度的合法性危机，"合法性危机是变革的转折点"〔2〕。中国自 20 世纪 70 年代末期开始的改革不断走向深化并为制度创新提供了不竭的需求和动力，而持续不断的制度创新则有助于强化改革思维推动新一轮制度创新，由此形成一个良性循环，彻底打破中国历史长期形成的静态、守旧的制度惯性，为中华民族的伟大复兴开辟顺畅的制度通道。

将国家治理能力的五种构成的基本取向予以概括化表述，我们发现，民主、法治、责任、交往、透明、有效、合法性等体现"善治"特性的制度要求，共同构成了国家治理能力建设现代化的主要内涵。其中，法治被认为是"推动国家治理体系和治理能力现代化的唯一途径"〔3〕。尽管此说有绝对之嫌，但法治之于国家治理能力构建的基础性作用确是不容置疑的。而"民主

---

〔1〕 徐晓冬：《制度体系现代化：理论经纬和技术细节——宏观、中观和微观分层研究框架》，载《人民论坛》2013 年第 34 期。

〔2〕 [美] 利普塞特：《政治人：政治的社会基础》，刘钢敏、聂蓉译，商务印书馆 1993 年版，第 53 页。

〔3〕 徐晓冬：《制度体系现代化：理论经纬和技术细节——宏观、中观和微观分层研究框架》，载《人民论坛》2013 年第 34 期。

导向的公共选择"则同样被视为制度现代化的基本实现路径，其长效推进机制则有赖于"自由与民主的有机协同"；"交往"的制度价值在于，"一国制度的具体形态只能在各种主体相互交往的过程渐进性成形，是各种主体之间相互交往、相互作用和相互博弈的产物"[1]。相比之下，责任、透明、有效、合法性则对国家治理能力提出了制度质量的和实践绩效的测度标准，表征着国家治理能力建设的应然努力方向。当然，自从现代化启动其开端以来，现代化就必然展现为一个无止境的单向的历史过程，正如人类追求自由的过程从来就不会中止一样。在此历史过程中，自由乃终极性的目标，民主则是这一过程的手段，"民主是共同体所有成员个体自由偏好的共同展示形式和社会实现路径，自由则是民主的活力内容和终极目的，当自由与民主两者高度统一时，我们就可以认为制度安排处于人性化发展的最优状态"[2]。在此意义的观照之下，一个民主的、法治的、公正的、廉洁的、高效的国家治理能力体系才真正是值得全体公民期待的。

四、小结：改革是构造强大国家治理能力的必由之路

中共十八届三中全会史无前例地提出"推进国家治理体系和治理能力现代化"的改革目标并将其提升至国家顶层设计的战略高度，这本身就意味着历史性的制度变革，可以说，"从统治、管理到治理，言辞微变之下涌动的，是一场国家、社会、公民从着眼于对立对抗到侧重于交互联动再到致力于合作共赢善治的思想革命；是一次政府、市场、社会从配置的结构性变化引发现实的功能性变化再到最终的主体性变化的国家实验；是一个改革、发展、稳定从避免两败俱伤的负和博弈、严格限缩此消彼长的零和博弈再到追求和谐互惠的正和博弈的伟大尝试"[3]。对于这样一场伟大的变革性尝试，中华民族全体儿女都肩负着不可推卸的历史责任，这不仅是基于国家治理体系建设自身需要社会组织和公民个人的积极参与，更是基于这种根本性的国家层面上的变革将深刻地影响每一公民的未来命运，因为"推进国家治理体系和

---

〔1〕 徐晓冬：《制度体系现代化：理论经纬和技术细节——宏观、中观和微观分层研究框架》，载《人民论坛》2013年第34期。

〔2〕 俞宪忠：《制度现代化的演进取向与路径选择》，载《江海学刊》2012年第4期。

〔3〕 江必新：《推进国家治理体系和治理能力现代化》，载《光明日报》2013年11月15日，第01版。

治理能力现代化"与民族复兴的伟大复兴中国梦之间具有必然的内在联系，从而积极推动国家各项制度的改革，就成为构造强大国家治理能力的必由之路，也是中国真正走向复兴、强大的必由之路。

形式法治的必然性及其中国关怀

本章提要：从法治发展的历史起源来看，人类最终选择法治有一定的必然性，法律作为一种社会发展的产物来源于原始禁令，国家的出现同时也伴随着法律的诞生，随着理性的逐渐觉醒，形式法治开始取代其他治理方式而成为主要的社会控制工具。从法律的概念本身来看，形式法治其实是由法律的本质和特性决定的，只有作为一种形式化的概念，法律才能成为权威性指引进而产生合法性和正当性，以建立持久和稳定的行为预期。坚持形式法治建设对当下的中国社会而言具有巨大的现实意义，在尊重和信任法律过程中凝聚社会共识，以程序和制度为手段最大限度约束公权力、保障广大公民的基本人权，同时在全社会建立起法律人的思维方式助力中国梦的实现。

走向法治是人类社会发展的普遍趋势。对于像我国这样的后发国家，推动政治、经济和社会各个领域的法治建设显得尤为迫切，全面深化改革背景下所产生的社会矛盾和社会问题也只有通过不断完善和加强体制机制等方面的法治建设才能够得到妥善解决。从实现法治的前提条件来看，法治需要一整套从宪法规范到具体法律法规的体系化存在，这意味着立法机关依照一定的程序制定出来的法律应当是有效的，体现为所有社会成员都能依法办事，自觉运用法律处理相互之间的权利义务关系，当出现纠纷时，司法机关严格按照法律的明确规定进行裁决。从宽泛的意义上说，这就是形式法治的基本要求，它力求最大限度地实现法律本身的内在价值，通过一般化条款以及相应原则的制度设计，设置统一、明确和固定的标准化要求，注重法律的安定性价值和社会秩序的维护。

形式法治可能带来的形式主义的典型特征，不少学者认为这种形式化和程序化的形式法治不仅导致了体制机制的逐渐僵化，还造成了许多明显的不公正和本能够避免的恶，因此这些学者主张应当更加强调追求结果正义的实质法治，甚至只有从形式法治走向实质法治才能破解我国社会转型时期的法治难题。[1]形式法治固然不是完美无缺的，特别是在我国当前处于社会矛盾突发的转型时期，形式法治甚至不可避免地会造成社会肌体的持续性阵痛，但由此否定形式法治的内在价值甚至彻底抛弃形式法治是不可取的。本文认为，只要我们仍然确信实行法治是我国全面深化改革和推进社会主义现代化建设的必由之路，形式法治就是我们一体建设法治国家、法治政府、法治社会的基本实现方式。从法治发展的历史起源来看，人类最终选择法治并走向形式法治有一定的必然性，法律作为一种权威性的宣示必定在某种程度上依赖于法律的自治性，法治的权威从根本上说建立在人们对法律本身的尊重之上。因此，现代法治首先就是一种形式法治，对当下的中国而言，坚守形式法治具有诸多现实意义。

一、形式法治的必然性

历史上法治并非只有这一种治理形式，可以说法治作为一种普遍的社会控制手段是比较晚才出现的现象。人们最终放弃了早期诸如神明裁判、长老统治等治理方式，这不仅是当时人们作出的共同选择，也在某种程度上暗示了人类历史的发展规律，换言之，法治比之于人治、神治等其他治理方式显现了与众不同的优势，能够给当时的人们带来更多的秩序和安全感。对于人类自身发展而言，形式法治成为实现法治的主要途径其实是人类理性不断进化和发展的结果，对效率和秩序的追求使得形式法治逐渐被人们所接受。

（一）法治的历史必然性

原始社会下的初民生活在一种混沌初开的洪荒时代，他们的意识和智力水平还远没有现在这样发达，甚至可以说理性尚未觉醒。从流传下来的神话故事和历史传说中可以推测，这些开始过着群居生活的初民最先确立的是时

---

[1]　主张实质法治的代表性论文有，江必新：《论实质法治主义背景下的司法审查》，载《法律科学（西北政法大学学报）》2011 年第 6 期；王峰峰、郭庆珠：《从形式法治走向实质法治：我国法治转型现实课题的法理解析》，载《社会科学家》2005 年第 3 期；侯健：《实质法治、形式法治与中国的选择》，载《湖南社会科学》2004 年第 2 期。

间和空间观念，从历史记载来看，在当时的各种神话人物中时间神是最早出现的，因为人们需要知道何时应该采取集体行动以及何时应该完成每个人的任务。随着时空观念的逐渐确立，原初民开始在日常的狩猎活动中寻找自身得以存在的参照物，图腾的观念萌发了，不难发现，在一些早期原始部落中，猪、狼等原初民狩猎的对象成为他们的图腾标志。从人类考古学的角度来看，正是因为这些狩猎对象经常出现在原初民的群居生活中，甚至构成了他们日常生活的一个重要组成部分，原初民的自我意识才直接依赖于这些图腾标志的出现。换句话说，这些图腾标志不仅可以是像猪、狼等需要通力合作才能捕捉到的动物，也可以是任何在原初民群居生活中占据重要地位的其他物件，因为图腾的存在就是为了保证所有部落成员能够确定"我"还是"那个我"，前一刻还在洞穴中以食物充饥的"我"仍然是加入到狩猎队伍中的"我"。

图腾之所以如此重要，就因为它关系到自我的同一性，对于整个部落来说，同一性决定了部落不至于因环境变迁而分崩离析，因此，破坏同一性的行为将会遭到部落成员的严厉制裁，"乱伦禁忌"等原始禁令就是明显的例证。其实，人类的部落时期就存在着与现代社会乱伦罪相类似的禁忌，"对于乱伦的处罚甚至比西方社会还要严格，往往都是死刑"，并且"简单社会禁止乱伦的亲属范围非常宽泛，甚至扩展到没有任何血缘或拟制血缘关系的同一个氏族或部落成员之间"〔1〕。对"乱伦行为"的处罚甚至超过了故意伤害、盗窃财物等破坏性恶行，因为它从根本上威胁到了部落及其成员作为同一性的存在，而就是这种同一性成为像"乱伦禁令"等规范性约束力量的来源，"如果你想要有任何一种实践同一性，你必须承认自己有道德同一性——被构想为一种规范性的实践同一性形式的人类同一性。和其他同一性一样，这个同一性蕴含了义务"〔2〕。如果"我"还是"我"，就必须能够维护此种同一性，由此生发的义务观念正是为了维系自我的存在，否则，"我"将丧失存在的基础。因而，"乱伦禁忌"等原始禁令就成为早期社会进行社会控制的治理手段。

早期人类对大自然和神明的崇拜逐渐发展到对宗教的信仰，"乱伦禁忌"

---

〔1〕 王伟臣：《论人类学关于乱伦禁忌的文化解释》，载《贵州民族研究》2011 年第 4 期。
〔2〕 ［美］科尔斯戈德：《规范性的来源》，杨顺利译，上海译文出版社 2010 年版，第 143 页。

等原始禁令不仅没有消失而且变得更加坚定。从中世纪基督教发展的历史来看，虽然世俗社会对于近亲结婚具有非常明显的缓和倾向，但基督教的立场"却是坚定不移、自始至终的"[1]，对于异端行为，基督教的做法是非常明确的，发展到后期出现了专门针对异端分子的宗教裁判所。然而，随着理性的逐渐崛起，教会的极端做法不仅难以阻止异端行为的层出不穷，而且质疑教会权威的声音也愈演愈烈。尽管类似基督教的一神教都曾出现制止异端以维护教会内部乃至整个社会同一性的统治形式，但是使用上帝至上和教会权威不容挑战等非理性的治理形式终将导致合法性危机，因为这种统治的边界是由它的反对力量界定的，而一种合法性秩序应该能够将不同声音放在统一体内部加以解决，也就是说，合法性秩序应该由自身来界定。随着文艺复兴、启蒙运动等人类思想史上里程碑式思想革命的出现，一种新的统治形式呼之欲出。

民族国家为主权观念的产生提供了广阔的现实土壤，主权至上和人人在法律面前一律平等的思想迅速传播开来。国家就是由人们按照社会契约自愿结合在一起的政治共同体，"我承认这个人或这个集体，并放弃我管理自己的权利，把它授予这个人或这个集体，但条件是你也把自己的权利拿出来授予他，并以同样的方式承认他的一切行为"[2]。国家由此产生的治理方式也决定了统治者的治理方式，统治者通过制定法律的形式明确规定公民的权利和义务，公民享有政治自由和其他政治权利以参与社会共同体的事业之中，规定这些权利和义务的法律必须具有普遍性和一般性。从霍布斯以来，卢梭、洛克和孟德斯鸠等人都对政体形式和法治原则作出了开创性的贡献，权力分立、人民主权和保护私有财产权等思想进一步巩固了依据法律进行统治的理念。

（二）理性化进程催生形式法治

国家的出现同时也就伴随着法律的诞生，无论是在西方社会还是在中国古代的奴隶社会，法律与国家总是相伴而生的，国家的起源特点决定了法律所具有的形式化特征，归根结底，这都是在人类理性的指引下完成的。

---

[1]　薄洁萍：《乱伦禁忌：中世纪基督教会对世俗婚姻的限制》，载《历史研究》2003 年第 6 期。

[2]　[英] 霍布斯：《利维坦》，黎思复、黎廷弼译，商务印书馆 1985 年版，第 131~132 页。

首先，从国家层面来说，自然状态和社会契约模式虽然是当时的理论家们虚构出来的理想模型，但确实被多数民众接受了，其中很重要的原因即在于它符合人类自我保护和进行相互利益妥协的需要，也就是说，按照这样一种模式进行统治与人们对秩序和安全的预期是一致的。追溯人类发展的历史，我们发现私有制是国家得以最终成形的关键因素，"谁第一个把土地圈起来并想到说：这是我的，而且找到一些头脑十分简单的人居然相信了他的话，谁就是文明社会的真正奠基者"〔1〕。一旦出现了"我的"、"你的"和"国家的"等观念的区分，部落社会和群居生活就开始瓦解了，因为当人们都开始盘算着怎样可以从集体中更多地获取一些物品或资源并据为己有时，个人利益已经明显在每个人的心中觉醒了，越来越多的个人利益最终将蚕食掉集体生活的所有资源。因此，为了防止人类重新回到一盘散沙式的原子化社会，个人利益之间就必须相互妥协进而达成一致意见，每个人都让渡自身的一部分权利组成国家无疑是大家都能接受的可行方案。当然，后来许多学者都对启蒙思想家构想的传统社会契约模式提出了质疑，认为这种理论虚构完全是为当时的资产阶级启蒙运动造势，严重背离了人类历史发展的真实状况，"国家不是什么'公共权力'，而是一族一姓施行其合法武力的恰当形式。所以，国家并未取代氏族组织，而是与之融洽、互渗，形成一种'严密的上级控制系统以求保持一个可能不稳定的系统'的稳定"〔2〕。然而，理论虽然并不完全符合现实，却可以反过来影响现实，启蒙运动以后的西方政治文明显然受到了社会契约学说和分权理论的极大影响。即使对于像中国这样的传统东方社会而言，国家的运作也绝非君主一个人的意志就可以完全决定，古代帝王同样受到礼法、官僚体制以及其他因素的制约，国家整体的制度安排和法律规定从某种程度上说也是不同利益集团相互妥协的产物。因而，作为个人利益、不同集团利益相互进行妥协的最终产物，其本身并不追求什么特殊的价值，换句话说，国家是内在无价值的。由于国家与法律之间的相互依存关系，法律也将带有这种内在无价值的特征，法律只是作为一种与国家相伴而生的社会控制工具，寻求不同利益之间的妥协，并以文本的形式将大家最终达成

---

〔1〕〔法〕卢梭：《论人类不平等的起源和基础》，李常山译，商务印书馆1982年版，第111页。

〔2〕梁治平：《法辨：中国法的过去、现在与未来》，中国政法大学出版社2002年版，第81页。

的一致意见固定下来，人人皆得遵守。

其次，从现代性本身来看，"上帝已死"和"诸神诸魔"宣告了人类理性化时代的到来，人们已经不再受绝对唯一至上神的指引，科学取代宗教成为我们日常生活的行为准则，韦伯将这种理性化的进程描述为"去魅"的过程。纵观东西方历史，似乎都曾出现过人性解放和追求自由成为时代潮流的特殊时期，这种理性化进程使得每个人注重自身的价值并为自己的行动负责，进而成为一个具备独立人格的完整的人。这种理性的觉醒过程总是伴随着社会经济的迅猛发展，个人的价值体现在经济活动领域中的巨大成就，韦伯对资本主义宗教根源的解剖正反映了这种理性化进程，"对财富的贪欲，根本就不等同于资本主义，更不是资本主义的精神。倒不如说，资本主义更多的是对这种非理性欲望的一种抑制或至少是理性的缓解。不过，资本主义确实等同于靠持续的、理性的、资本主义方式的企业活动追求利润并且是不断再生的利润"[1]。理性的经济活动对效率和可预期的强调逐渐对法律的制度化安排提出了要求，商品经济依赖于产品交换和贸易往来，统一化和标准化的法律条款不仅保证了人们对经济活动的信心，而且客观上极大地促进了经济效率的提升。现代性的最终成形离不开政治、经济、法律和社会等各方面的协同转变，因此，法律的发展和逐步完善总是与相应的经济形式配套，商品经济或市场经济的普遍发展趋势所需要的正是形式化和制度化的法律，更确切地说，就是一种形式法治，这种形式法治下的法律制度属于一种最纯粹和最成熟的类型，其中法律以一种"形式上的理性化方式被统辖，也即以一种逻辑连贯的和具有内在联系的方式；并且只要法律按照既定的程序被制定出来进而符合形式化的要求，它就具有正当性"[2]。理性化进程对形式法治提出的要求具体体现为：立法上，法律的制定原则上应当以普通理性人为基本假定，法律条文力求简洁、明确和容易理解，并且法律一经颁布即不得任意修改和废止，除非特殊情况出现，以便人们依据现有法律安排各自的经济和社会生活；司法上，法律被认为是自给自足的系统，法律的普遍性和一般性得到突出强调并且反对个案处理与特殊照顾，"司法机关严格依法判决不允许擅

---

〔1〕　[德] 马克斯·韦伯：《新教伦理与资本主义精神》，于晓、陈维钢等译，生活·读书·新知三联书店 1987 年版，第 8 页。

〔2〕　Donald H. J. Hermann, "Max Weber and the Concept of Legitimacy in Contemporary Jurisprudence", *DePaul Law Review*, Vol. 33, No. 1., 1983, pp. 7–14.

自通融人情，非常重视程序公正"，甚至某些时候不惜以牺牲实质公正为代价。[1]从生产力决定生产关系的角度来看，法律作为上层建筑必定要服从经济基础的现实要求，既然现代性主要体现为理性化在社会经济等各个领域的扩展，形式法治就是实现社会治理的必然趋势。

二、形式法治与法律的概念

形式法治作为一种特殊的社会治理方式，其产生不仅具有深厚的历史背景，也与法律的本质和特性存在着内在的必然联系。相比于习惯、道德和宗教等其他社会现象，法律具有形式化、强制性和权威性等特征，法律的这些特征使其成为当代社会最主要的社会控制方式，因此，依法办事，建设法治国家、法治政府和法治社会必然选择形式法治。

（一）法律作为一种形式化概念

从词源学上进行考察，"律"在古代社会经常被用来指称我们现在所说的法律，《说文解字》中说："律，均布也，从彳聿声"，故而"律者"，既为"均也"，也为"布也"，大致来看，"律"字的含义有：指音律、乐律、声律；指用来校正乐音的器具；也指军令、纪律、法律；也可与"率"同义互代，而率的本意是捕鸟的大网。[2]从这几种含义中不难发现，古代法律就是作为一种形式化的标尺或准绳而使用的，"不别亲疏，不殊贵贱，一断于法"，法律就是一种统一化的准则，只有这种客观的形式化标准才能最大限度地做到不徇私情、不掺杂恣意的价值判断，从而保证公平正义的实现。具体来说，法律作为一种形式化的概念可以从以下几个方面来加以认识：

第一，法律与道德等实质性价值之间不存在概念上的必然联系。虽然在不同国家和地区法律经常包含明显的道德内容，甚至直接以条文的形式将这些实质性价值规定为法律，但这只能说明法律的内容与道德的内容是可以兼容的，法律本身并非完全封闭的自足系统，它有时会对道德、习俗和宗教等

---

〔1〕 现代法治所面临的问题其实就是形式法治可能造成的缺陷，即使实质法治能够在某些方面弥补形式法治的弊端，但形式法治仍然应当作为社会治理的主要形式。相关论述请参见高鸿钧：《现代法治的出路》，清华大学出版社 2003 年版，第 75 页。

〔2〕 参见武树臣：《寻找最初的"律"——对古"律"字形成过程的法文化考察》，载《法学杂志》2010 年第 3 期。

其他准则保持开放，但这不能用来证明法律必然包含道德的内容。因此，我们可以说法律与道德等实质性价值在经验上存在着某些关联，同时对法律的界定可以不依赖于这些实质性价值，这也是一种"概念上的真实"，"虽然在法律与道德之间有许多不同的偶然联系，但法律和道德的内容之间却没有必然的概念上的联系；也就是说，道德上邪恶的法律仍然可以作为法律规则或原则而有效"[1]。法的存在是一回事，而法的优劣又是另外一回事，法律的内容及其运行效果需要接受社会道德观的检验和批判，并不意味着法律本身就必须是善的。主张实质法治的学者认识到法律在实际运行中可能带来的某些不公正现象，于是主张执法机关应当在行政裁量或司法裁量中融入道德、习俗或舆论等后果考量，比如在轰动一时的"泸州遗赠案"中，实质法治论者认为，这时法官就应该搁置对法律条文的考虑而将社会舆论和道德因素作为形成判决的内在依据。然而，如此一来，即使当事人的确能够获得个案正义，但人们关于"法律应该怎样"的观念开始取代对"法律实际上是怎样"的关注，由此将滋生对法律本身正当性和有效性的怀疑；久而久之，道德等实质性价值的考虑将逐渐融入法律之中，并把法律塑造成评判人们行为的最终标准，法律将不再会出错，人们也就不再能够对法律提出批评。[2]如果法律完全成为主张实质法治的人所设想的那样，法律与道德等实质性价值融为一体，法律中不仅有严格的法律条文，也有温情脉脉的人际关系和因人而异的崇高理想，那么不仅法律的形式化特征将不复存在，法律也开始披上了道德和价值的外衣，法律的规定开始越来越像真理，变得不容置疑，任何对法律的批评都是不应该的，必定是对法律的恶意攻击，实质法治的极端化将暴露出专制主义的狰狞面孔。

　　第二，对于大多数人而言，认识法律和判断法律是否存在的途径是查找法律从何处产生的，包括法律是由谁或哪个机关制定的，法律经由怎样的程序被制定出来等来源问题。在现今大多数国家里，法律一般都由民众选举产生的代议制机关通过特定的程序制定出来，从一般民众的常识观念来看，无论是国王、议会还是法院，它们对法律的忠诚总是投向机构或虚构的政治共

---

　　〔1〕　H. L. A. Hart, *The Concept of Law* (second edition), Clarendon Press, 1994, p. 268.

　　〔2〕　See H. L. A. Hart, "Positivism and the Separation of Law and Morals", *Harvard Law Review*, Vol. 71, No. 4., 1958, p. 598.

同体，因此，立法者制定出来的法律能够具有约束力和实际效果来源于整个法律体系的正常运作及其在所有民众中留下的观念。[1]换句话说，立法者总是相对于一套立法程序而言的，法律被制定出来与其说是立法者的功劳不如说是立法程序的自然结果，因为一般民众不会将立法程序中立法者的个体行为与一部法律的最后出台联系在一起。法律一旦被制定，立法者就被遗忘了。虽然法律的制定过程本身离不开立法者具体的操作，立法者出于流行的道德观念、原则政策、社会舆论或社会效果的考虑而对法律的内容作出权衡，但法律就像作家创作的小说一样，一经完成和发布，读者或普通民众所能认识到的就是一个具有独立意义的文本，它不再属于哪一个人或哪一个机构而是一种非人格化的社会实体。从这个意义上说，立法者只不过是法律得以产生的媒介，法律是以其形式获得民众的普遍服从，形式法治是人们遵守法律的题中应有之义。那些以纳粹德国和古代秦朝残暴统治来批评形式法治的人，其实在作出批评之前"未充分地讨论形式法治论者所主张的形式法治究竟是什么样的法治，未认真地追问纳粹德国、中国秦朝是否真正符合形式法治论者所主张的形式法治"[2]。实质法治论者所批评的对象其实是一种"依法而治"的理论，而在如今，形式法治更多的是强调形式合法性或者加上民主的形式合法性，民众之所以服从法律，很大程度上在于法律的产生方式是具备合法性的，比如经过大多数同意和严格的既定程序被制定出来。

第三，从本质上来看，法律的功能在于为全体社会成员提供行为指引，"应当""必须""不得"等规范性术语被用来指示人们采取特定的行为产生、改变或消灭相互之间的权利和义务关系。对于法律有明确规定的情形，人们只需严格依照该规定缔结合同、订立遗嘱、转让财产以及安排其他涉及自身利益的事务，我们相信按照法律的规定行事能够给我们带来采取行动之前所预期的利益或效果，而且我们也相信他人或社会中的其他成员也将依照法律的规定办事，这使得我们能够避免对他人的行为进行逐个预测，而只将法律的规定作为你我都将遵守的行为准则。即使在法律没有明确规定或者规定比较模糊的情形下，法律的间接指引功能还是存在的，法律规定遭遇交通事故

---

〔1〕 See Karl Olivecrona, "The Will of the Sovereign: Some Reflections on Bentham's Concept of a Law", *American Journal of Jurisprudence*, Vol. 20, No. 1., 1975, p. 108.

〔2〕 黄文艺：《为形式法治理论辩护——兼评〈法治：理念与制度〉》，载《政法论坛》2008 年第 1 期。

的当事人一方享有主张对方赔偿的权利，但是对于特殊事故类型的赔偿标准、该标准被满足的条件如是否有过失或可预见或不可抗力以及谁应该分担损失等事项没有非常具体的规定，出于不同的道德理解以及对具体情况具体分析的直觉，我们在这些事项上不能达成一致意见，分歧不可避免。但是法律自身给我们带来了一种相对而言高程度的稳定性，在我们进行道德理解和自觉判断的过程中，通过具有某一特定内容的规则之治的建立对这些理解和判断进行约束。[1] 换言之，法律的角色就体现在通过提供一种独立于规则内容的规范性力量在人们心中建立起稳定的预期，只要法律能够经常有效地对人们的这种预期作出回应，普通民众将始终以这种预期作为服从法律的一个好的理由。因此，法律的指引功能以及普通民众预期的建立都必然需要落实形式法治的要求，只有将法律的安定性放在首位才能保证民众对法律的信心不至于落空，法治所追求的社会效果才能最终实现。

（二）法治何以具有权威性

人们普遍认同法治就是法律的内在价值，法律作为一种形式化的概念决定了法治的实现方式。究其实质，法律就是通过规则及法院对规则的适用来对人们的行为提供指引，法治意图通过特定的社会组织形式实现人们合理且恰当的目标，它可以服务于民主、平等和自由等多种价值，但法治本质上是"一种否定性价值"，它仅仅是被用来最小化对自由和尊严的伤害，这些伤害是法律在追逐其他价值的过程中引发的。因此，形式法治作为法律的一种内在价值，意味着法律只扮演一种辅助性的角色，实行法治是达到其他目标的工具，但服从法治本身并不是最终目的。[2] 从这里也可以看出，实质法治论者所主张的法治其实是将法律之外的诸多价值附加在法治之上，他们设想中的法治更多是一种良法之治或善治。然而法治本身在道德上是中立的，它既可以被用来为社会主义现代化建设服务，也可以成为剥夺人们自由和限制人们基本权利的社会控制工具。也许，我们对法治的理解应该回归到法律的概念本身，将形式法治作为对法律概念的最佳诠释。接下来的问题是，既然形

---

〔1〕　See Sean Coyle, "Practices and the Rule of Recognition", *Law and Philosophy*, Vol. 25, No. 4., 2006, p. 448.

〔2〕　See Joseph Raz, "The Rule of Law and Its Virtue", *The Authority of Law: Essays on Law and Morality*, Oxford University Press, 1979, p. 228.

式法治只是实现各种社会价值的工具，那么它的权威性从何而来，比之于道德和正义概念以其实质内容获得正当性，形式法治如何能够被正当化呢？

一般而言，人们做出某种行为总是以一定的理由为基础，不同的动机和信念催生了形色各异的理由，包括道德理由、宗教理由以及其他特殊的理由。如果我们认为某人去做某事分别存在 A、B 和 C 三种理由，它们各自出于我们对自身利益不同方面的考量，并且都能从该方面获得理由的支持，经过全盘考虑和实质权衡之后，我们认为理由 A 比理由 B 和 C 具有更大的优势，如果我们按照理由 A 行事将感觉更加愉悦或受到更少的伤害，于是理由 A 成为我们做某事的行动理由。在此种情形下，如果法律出现了，情况似乎就要改变。法律本身并没有为我们的行动提供更多的理由，它只是对包括理由 A、B 和 C 在内的所有理由进行了综合考量，从而替代了我们自身对这些理由的权衡。也就是说，理由 A、B 和 C 等实践理由是作为一阶理由而存在的，而法律则是不按某种理由行事的排他性理由，作为二阶理由而存在。当这些一阶理由与排他性理由相冲突时，"这种冲突不能通过相互竞争的理由的强弱来解决"，根据实践推理的原则，"一个人就不应该基于理由的权衡而行动"，而"总是应当出于一个不败的理由而行动"。[1]法律具有权威性正在于它并非通过理由的权衡来为我们的行动提供正当化支持，而是作为一种排他性理由而存在，这种排他性理由要求法律必然主张自己具有正当权威，这种权威体现在我们作出某种选择或采取某种行动时，无需通过参照和引用道德等实质性价值作为行动的依据，而直接以法律的规定来为行为提供指引。相反，如某些实质法治论者所主张的，形式法治的弊端需要实质法治来弥补甚至取形式法治而代之，将法律之外的各种实质性理由融入法治之中，如此一来，法治的权威将难以维持，"因为不愿意接受规则的约束，找出很多的理由要灵活地对待法律的规则和程序，造成了对法律、法治的信任危机。一些法律人对这种危机并不愿意承认，而是换了个说法叫做实质法治"[2]。法治的权威依赖于法律作为一类特殊类型的理由而存在，实质法治主张将原本已经过衡量的理由再次拉入人们的眼帘，无疑取消了法律宣称具有权威性

---

〔1〕 参见［英］约瑟夫·拉兹：《实践理性与规范》，朱学平译，中国法制出版社 2011 年版，第 33~34 页。

〔2〕 陈金钊：《实质法治思维路径的风险及其矫正》，载《清华法学》2012 年第 4 期。

的基础。

之所以将法律作为一种不败的理由而排除对各种实质性价值的考虑，很重要的原因在于在当代社会，价值分歧和道德多元化将人们分裂为越来越细小的个体单位，几乎在任何一件事情上都难以达成绝对一致的意见，分歧和不同的声音总是存在。因此，面对这样一个分散化和张扬个性的"原子社会"，如何寻求共识以作出集体决策是个不容回避的现实难题。哈贝马斯为我们走出共识难题提供了一套解决方案，在他看来，"商谈如果满足一定形式，比如程序性条件，又具有真诚性，就假设经过这个程序，最后产生的结果是可接受的"[1]。因为人们往往会在道德判断和价值选择上存在诸多实质性的分歧，而且这种分歧难以通过协商或妥协彻底消除，因此诉诸特定的程序和形式化的过程明显就是比较好的替代选择。对于法律而言，我们关注的焦点将不再是那些实质性价值，而是强调通过一种程序性的制度安排，使得利害相关的人都能参与到法律的制定中来，开展平等协商和沟通对话，即使最终的结果仍然不符合一些人的要求，却是可接受的，程序的正当性和合法性保证了法律能够得到大多数人的充分尊重，形式法治的权威性由此而来。

三、坚持形式法治的现实关怀

通过对法律概念的重新梳理和分析，我们发现形式法治是法律作为一种权威性指引的必然选择，法律所追求的诸种价值目标都有赖于形式法治的充分实现和彻底落实。对正处于社会转型时期的中国来说，培育形式法治的成长土壤、完善形式法治的实现方式显得尤为重要。新一届领导集体在政治、经济和社会各个领域提出了一系列改革措施和改革目标，尤其是"法治中国"的提出，这对于我们重新思考形式法治的功能及其角色定位提供了许多现实契机。

（一） 以法律文本凝聚社会共识

当前，具有中国特色的社会主义法律体系已经初步形成，各方面和各个

---

〔1〕 有学者认为可接受性是哈贝马斯在《在事实与规范之间：关于法律和民主治国的商谈理论》里提出的一个很核心的概念，通过借用"以言行事"这一概念，哈贝马斯发展了自己的商谈理论。参见陈燕：《"形式法治与实质法治"研讨会实录》，载姜明安主编：《行政法论丛. 第13卷》，法律出版社2011年版，第596页。

领域的法律法规及其相应配套制度基本上都得以建立，因此可以自信地说我国已经进入了"有法可依"的法治阶段。然而，从宪法到具体法律法规这样一整套法律体系被制定出来，这只能表明立法者的任务完成了，接下来的问题是我们应该如何对待这些法律文本。虽然法律对人们日常生活的调整已经渗透到了各个领域和方方面面，我们关注房产税条例对切身利益的影响，关注消费者权益保护法的修订可能带来的一系列变化，各种亮点、不足甚至"倒退"的言论充斥在我们周围，这种"众声喧哗"的复调叙事令许多人觉得立法的制定出台和修修改改只不过是不同利益集团竞相争夺立法资源的"游戏"，由于过早"看透"了所谓的立法运作过程，故而对于法律的信任就无从谈起；但是，我们最容易忽略的恰恰是法律文本，这些记载着公民权利的白纸黑字自从制定出来就具有独立的价值和意义。首先，法律文本为人们认识法律提供了看得见摸得着的物质载体，在法律被制定之前，人们对某一领域中的问题可能持有不同的看法甚至产生纠葛，当有了法律文本，人们就可以在这一问题上寻找到一个中立客观的标准化依据，进而在类似问题上都能达成某种共识；其次，即使有些人认为法律不够公正，存在某些缺陷，主张法律文本应该被修改以做到更加客观和公正，但在这一批评过程中，我们就是在不知不觉地尊重法律文本，而对法律文本的尊重正是形式法治的首要前提，也是我们寻求社会共识的最大公约数。

以宪法实施为契机，许多学者都开始认识到宪法文本的重要意义，从新中国第一部宪法到1982年宪法，一直到随后的几个宪法修正案，宪法文本的变迁反映了我国社会状况以及价值观念的巨大改变，同时也说明了宪法对民心民意和社会共识的凝聚。韩大元教授认为宪法和社会共识的形成是社会治理的内在因素和基础，通过对1982年宪法的分析，他认为1982年宪法对我国社会发展的贡献是多方面的，而关键之处就在于"通过宪法治理初步形成了社会共识，为凝聚民心、维护社会共同体奠定了基础"[1]。宪法不仅作为一国社会的基本结构而存在，也作为一种特殊的法律文本而存在，实施宪法和凝聚社会共识离不开对宪法文本的尊重和信任。尊重宪法文本不仅仅停留在理论认识层面，还应该转化为现实的、具有实效的社会共识，因为"现实中的宪法价值共识需要每一个社会共同体成员把宪法价值加以内化为个人始

---

〔1〕 韩大元：《宪法实施与中国社会治理模式的转型》，载《中国法学》2012年第4期。

终奉行的价值信仰之后才能生成"〔1〕。对宪法文本持有一种敬畏之心，是宪法得以有效实施的内在逻辑理路，也是形式法治对社会共同体提出的必然要求。

（二）以程序和制度保障根本人权

从对法律概念的分析中可以看出，形式法治是法律所固有的内在价值，程序性和制度化是形式法治在社会运行过程中体现出来的两大特征，这与法律作为一种形式化概念是紧密联系在一起的。法律的程序化和制度化至少将产生两大方面的影响：其一，任何公权力的行使都需要得到合法性授权，任何滥用行为都将受到来自程序和制度本身的抵制以及随之而来的不利后果。法治既然作为治国理政的基本方式，这就意味着所有国家机关都必须在宪法法律的范围之内行使权力，执政党带领人民依法治理国家和社会。立法机关只有按照既定的立法程序才能获得合法性，这样制定出来的法律才能为现存的法律体系所认可；行政机关只有将日常行政工作建立在法律法规确立的既定制度之上才能合法有效地运作，由此作出的行政决定和行政处罚才不至于丧失约束力；司法机关只有遵循特定的司法程序将法律的明确规定作为裁决案件的依据才能产生司法公信力，这样的判决才能避免被撤销的风险。其二，在公民权利的内容和类型既定的条件下，严格的程序和精密的制度是保障公民基本权利的最重要防线之一。对于作为个体的公民而言，相比于强大的国家机关，个人的力量始终是微弱和渺小的，在政府机关凭借公权力侵犯公民的私权利之前，相应的程序安排和制度设计将能起到阻止公权力肆意蔓延的作用，此时公权力如想越过特定的程序即使并非不可能也是代价巨大的；一旦公权力侵犯个体基本权利的情形出现，法律又将为个体主张权利提供一套以程序和制度为保障的救济机制，以使公民权利在司法层面得到伸张。其实，约束公权力和保障人权乃是程序和制度同一作用的两个方面，公权力得到约束的同时也就是潜在地保障人权，二者是形式法治得以落实的集中体现。

---

〔1〕　范进学：《宪法价值共识与宪法实施》，载《法学论坛》2013 年第 1 期。长久以来，宪法一直被赋予非常强的政治色彩，在很大程度上被作为政治宣言而存在，因而宪法实施面临许多困境和障碍，有学者指出这反而需要公民宪法意识的勃兴，以推动宪法的实施。具体请参见苗连营：《宪法实施的观念共识与行动逻辑》，载《法学》2013 年第 11 期。

就当下情形而言，对程序的重视以及对完善制度设置的倡导得到了社会各界的强烈呼应，因为人们相信一种好的程序和制度将给社会带来持续和稳定的有效治理，而这对有限的个人或群体来说是难以做到的。党的十八届三中全会确立了全面深化改革的总体目标，将完善和发展中国特色社会主义制度与推进国家治理能力现代化结合在一起，而国家治理体系和治理能力体现的正是一个国家的制度及制度的执行力。具体来说，国家治理体系就是"在党领导下管理国家的制度体系，包括各个领域的体制机制、法律法规安排"，而国家治理能力是指"运用国家制度管理社会各方面事务，使之相互协调、共同发展的能力"。[1]小到具体问题的解决，大到国家事务的处理，依赖于制度和程序的良性运作而不是某个领导的个人品质和道德素养才能做到国家治理能力的整体提升，从而真正实现从"管理"到"治理"的转变，有学者概括出决定国家治理能力高低的三个要素，即精良的制度、合理的结构和充分的绩效。[2]国家治理体系的制度化、科学化、规范化和程序化是为了将各方面的制度优势转变为治理国家的实际效能，最终落脚点是公民权利的全面保障和真正落实。对于当前正在进行的"法治中国"建设来说，不断完善和保障人权应当成为我们开展制度建设、打造法治国家、法治政府、法治社会的内在逻辑理路，甚至可以说，法治建设的逻辑起点就是权利的保障，"法治中国的核心问题还是认真看待权利的问题，也就是国家、政府和个人的关系问题"[3]。权利的实现和最终落实始终离不开程序和制度的不断完善，从全局来看，这不仅需要我们在认识层面树立形式法治的基本观念，也需要我们在实践中继续推进形式法治的建设。

（三）以法律人的思维方式践行中国梦

如果没有任何主体的参与，程序的完善和制度的落实只能沦为一句空话，形式法治的建设也只是纸上谈兵，因此，追根溯源，法治建设还是人的问题，法律文本需要由人制定并加以落实，而制度和程序也需要由人来具体运作。

---

〔1〕 参见中央党校中国特色社会主义理论体系研究中心：《如何认识推进国家治理体系和治理能力现代化？——三谈深入学习贯彻十八届三中全会精神》，载《光明日报》2013 年 11 月 28 日，第 01 版。

〔2〕 参见陈朋：《决定国家治理能力高低的三要素》，载《学习时报》2014 年 3 月 10 日，第 A6 版。

〔3〕 葛洪义：《"法治中国"的逻辑理路》，载《法制与社会发展》2013 年第 5 期。

不同的人运用不同的思维方式将会产生截然不同的社会效果，对于法治建设而言，法律人的思维方式应当成为全体社会成员想问题、办事情的基本思维方式。形式法治就是强调这种法律人的思维方式，根据法律而不是法律之外的其他因素来处理眼前遇到的问题，从法律的规范化和制度化角度来看，法律人的思维方式是一种典型的法治思维，相反，实质法治论者倡导的其实是一种以具体结果和个体正义为导向的实质思维，所谓的实质"由于存在太多的含义，因而是模糊的、不确定的。这种思维方式本身带有瓦解法治的思维倾向，因为实质法治所倡导的思维方式重点不是根据法律的思考，而是对法律外实质因素的把握，把实质因素当成思考判断的依据"〔1〕。换句话说，实质法治的思维方式可以非常轻易地抛弃既有规则和特定程序以达到所谓的"实质正义"和社会效果，在这种思维导向之下，规则、程序和制度都只是追求特定目标的单纯工具，如果出现实质法治论者所认为的特殊情况，这些工具就是令人生厌的阻碍，继续恪守规则和程序将被排斥并视为迂腐、刻板和不通人情，甚至被认为是在制造不公正。然而，法律人的思维方式并非如此，首先，何为公平，何为正义以及怎样的结果才算是良好的社会效果，这些其实都带有强烈的价值判断色彩，不同的人站在不同的价值立场上将会得出不同的结论，因为每个人的道德观以及特定时期的社会道德观都是不一样的，凭什么说实质法治论者认为的公平正义和社会效果就一定是对的；其次，法治思维要求一种形式化的思维方式，这并不意味着法律从来不关心价值目标和社会效果的实现，它"只是更多地关心法律之内的善，而疏于关心法律之外的善；要用法律祛除立法者认定的恶，而没有顾及法律本身也可能产生恶，对于善恶这种基于主观评判的结论采取了漠视的姿态，而钟情于法律已经明确的标准"〔2〕。虽然法律作为一种形式化概念，但实现法治本身并非最终目的，我们希望法治能够给社会带来安全和稳定、公平和正义、平等和自由等社会价值。由于形式法治可以服务于多种社会目标，在某一具体情境下，这些价值目标极有可能产生相互冲突，更多地追求社会秩序不可避免地将对公民的自由带来不同程度的限制。因此，绝对的完美状态几乎是不可能达到的，

〔1〕 陈金钊：《对形式法治的辩解与坚守》，载《哈尔滨工业大学学报（社会科学版）》2013 年第 2 期。

〔2〕 陈金钊：《实质法治思维路径的风险及其矫正》，载《清华法学》2012 年第 4 期。

实质法治论者往往容易片面追求某一方面的价值而忽略其他的价值，而强调法律人的思维方式就是看到法律本身所具有的对各种不同价值进行调和的功能，同时也认识到在实现价值目标的过程中牺牲某些方面的价值和利益是不可避免的。

尽管我国的法治建设已经有了数十年的积累，制度建设滞后、程序配置不规范、法律意识普遍薄弱等问题依然没有得到非常有效的解决，其中很重要的原因就在于法律人的思维方式没有真正确立起来。从长远利益和国家大局来看，依规则行事、按程序办事应当成为全体社会成员的生活常识，国家治理体系和治理能力现代化需要"国家治理者善于运用法治思维和法律制度治理国家，把各方面的制度优势转化为治理国家的效能"〔1〕，也有赖于普通民众增强对宪法和法律法规的信任，自觉运用法治思维参与到对国家和社会事务的治理中来。中国梦的提出为我们开展法治建设描绘了一幅生动且具体的基本蓝图，"国家富强、民族振兴和人民幸福"是三个环环相扣的基本目标，"个人权利和利益在'中国梦'和中国社会正义建设中具有重要地位，但必须遵循'国家好，民族好，大家才会好'的逻辑序列"〔2〕。对于社会成员来说，正确处理国家、集体和个人之间的关系也是培育法律人的思维方式的重要组成部分，只有法治思维和法治方式在全体社会成员的心中牢固地确立起来，不同的利益关系才能得到妥善安置，中国梦的最终实现才有了强有力的保障。

四、小结

现代法治的明显特征是一种以规则、程序和制度为基础的形式治理，它必然体现为形式法治。通过对国家和法律得以产生的起源分析，我们可以看到人类社会最终选择法治有其历史必然性，换言之，不同国家和地区纷纷以形式法治作为社会治理的有效控制手段，彰显了社会发展的普遍规律。从法律的概念本身来看，形式法治其实是由法律的本质和特性决定的，只有作为一种形式化的概念，法律才能成为权威性的指引进，而产生合法性和正当性，以建立持久和稳定的行为预期。坚持形式法治建设对于当下的中国社会而言

---

〔1〕 江必新：《推进国家治理体系和治理能力现代化》，载《光明日报》2013 年 11 月 15 日，第 01 版。
〔2〕 魏治勋：《"中国梦"与中国的社会正义论》，载《法学论坛》2013 年第 4 期。

具有巨大的现实意义，在尊重和信任法律过程中凝聚社会共识，以程序和制度为手段最大限度约束公权力、保障广大公民的基本人权，同时在全社会建立起法律人的思维方式助力中国梦的实现。

法治的根基在于培育具有
"内在观点"的公民

本章提要：在"法治中国"建设进程中，培养具备"内在观点"的现代公民具有构成性意义。公民既是法定权利的享有者，又是法律义务的承担者，只有公民真正享有了权利、切实履行了义务，法治秩序才是圆满的。中国法治建设遭遇的诸多困难的症结都在于公民培育方面的问题和不足，培育公民因此成为"法治中国"建设必须予以认真对待的基础性工程。在传统中国"家国同构"的政治逻辑与纲常伦理等级秩序下，"公民意识"与公民人格都难以形成。因而，在中国法治建设独特的历史语境中，公民培育不仅是促进民族整合、建设现代民族国家的根本进路，也是为实现法治中国目标奠定主体与法治文化基础的必由之路，更是国家走向制度现代化的必然选择。通过大力推行法学教育、爱国主义教育和各种各样的公民实践训练，与公民自身的成长和社会参与的素质积累相结合，有助于将广大民众逐步培养成具有"内在观点"和自治能力的现代公民，从而为法治中国的最终建成奠定坚实的社会文化基础。于是，中国法治建设就被逻辑地呈现为具有双重目标的复式结构：法治必须先有助于推动中国的复兴强大，法治保障民权的目标才有现实意义和实现之可能；它同时历史地预置了中国公民培育的内在逻辑和基本路径——在制度建设中训练公民，通过公民的成长推动法治的成长并臻于至善。

引 言

为什么很多国家在拥有良好的法律规则体系的情况下，却仍然难以建立起真正运行良好的法治社会？这几乎是任何一个有着人治集权传统的国家都曾经面对或正在面对的问题；在百年来的中国现代化进程中，建设一个现代化法治国家的思考与尝试从未停止过。自党的十一届三中全会以来，我国的法律体系不断得到健全与完善，可以说我们已经拥有了一套相对完备的法律规则体系，也就是说在经过了近40年大规模立法之后，在大多数领域内、针对大多数社会问题，我们都已经拥有了相当完备的、较为先进的法典，基本实现了"有法可依"。然而，拥有良好的法典，不过是拥有了良好的法律形式体系，却并不意味着真正达成"法治"乃至"善治"的目标，这一问题从中国现代化进程的伊始就始终困扰着我们。

近代"新法家"的代表人物陈启天就这一问题曾经谈到，在很多时候，"法治都只是一副空皮囊"，缺乏的是"法治之魂魄"。他指出，这一问题的根源在于法治文化基础的匮缺，法治成败不在于法律规则是否详尽完备，亦不在于法典制定的水平是否足够高或制定技术是否足够好，它本质上是人的问题：我们的官员与民众缺乏行宪与施法的"民主风度"，他称为"人治"。但此"人治"不同于彼"人治"，此"人治"专指人对待法的具有内在向度的观念、态度和方式。进而他认为，要建立起真正的法治社会，需要靠"人治"与"法治"相结合才有可能。"徒法不足以自行"，陈启天敏锐地发现了法治的实现根本条件仍在于人自身，但是，他给出的答案又是相当宽泛的，究竟什么样的人才可以称得上是具有了"民主风度"？这种"风度"的内核与本质又是什么？具有什么样的标准？以及，如何才能够养成"民主风度"？这些问题都非常值得追问和深思。

一、为什么要培育具有"内在观点"的公民？

近代中国法治思想的先行者们，在新旧文化冲突激烈、急于以制度转型解救民族于水火的特殊历史情境下，尤其能够体验到构建一种全新的伦理文化基础以资法治建设的紧迫性。近代著名教育家、"新法家"重要成员之一的余家菊尖锐地指出："在吾国，武人毁法，政客乱法，而矫激者流又相率为超法之论。法治精神，尚未产生；民主法治，即无成立。此竭忱守法之义之为公民信条之理由也。"[1]在余家菊看来，公民守法的"竭忱"态度对于民主

---

〔1〕 余家菊：《公民教育之基本义》，载《中华教育界》1926年第6期。

法治殊具价值，亦恰为时代之亟须。陈启天同样认为法治的文化基础要在人本身寻找，不能真正实现法治不仅仅是"法的问题"，在中国更是"人的问题"，"是人对法律的态度习惯问题"；一个国家如果仅仅在形式上具有宪法的条文，而没有宪制的态度习惯，就不可能形成真正的宪制。[1]进而陈启天提出其"新法治观"：要真正实现民主与法治，必须将"法治"与"人治"结合起来，宪法之治，"既是一种新法治，又是一种新人治"。[2]但陈启天在这里提出的"人治"并非传统意义上所理解的"以人为治"，而是指一种"与民主法治相应的人本主义哲学"，具体而言就是要实现"群己相涵""人我一体""德智双修"。所谓"群己相涵"，是指个体无法脱离社会存在，同时社会又是由个体组成的，个体与社会并非截然对立，相反个体与社会具有相当的一致性，因而应当"追求社会与个人的'彼此相需'"；所谓"人我一体"，是指人与人之间应当相互尊重，建立起平等的社会关系；而所谓"德智双修"，则是指"公民以及政治活动者，既要有道德的修养，又要有智慧的修养"，应积极培育自身的政治道德与政治智慧。而一旦实现了这三点，也就拥有了具有"独立精神、协作精神、奋斗精神、正直精神、实践精神"这些"民主人格"的公民。[3]陈启天所谓的"人治"实际上是要实现对国民性的改造，以适应现代法治的运作。所以他说，"任何一种政治制度都有与之相适的政治风度，才能圆满运用"，民主政治作为一种新型的政治制度，"也应有与之相应的新政治风度"。因而，其"人治"实质上就是培育起具有"民主风度"与"宪制风度"的公民。[4]

陈启天的这一主张有其现实的根源和理论依据。陈启天发现，历史上的政治弊病多是由于"人治与法治相分离而引起的"。陈启天将脱离"法治"的"人治"称为"私治"，在缺乏法治约束的情况下，使得本来重视政界才德的"人治"无法发挥出其优长特点，却因为缺乏"法治"约束，以致政界常常会陷入各种明争暗斗之中；有才德的人在这样的环境下往往难以进入政界，政界也常常成为"无才无德者"为谋"私利"而"使贪、使诈并使力"

---

〔1〕 参见程燎原：《论"新法家"陈启天的"新法治观"》，载《政法论坛》2009年第3期。

〔2〕 参见陈启天：《新社会哲学论》，商务印书馆1944年版，第117~121页。

〔3〕 参见魏治勋：《陈启天"新国家主义"法治思想及其当代价值》，载《河南大学学报（社会科学版）》2018年第6期。

〔4〕 参见程燎原：《论"新法家"陈启天的"新法治观"》，载《政法论坛》2009年第3期。

的场所，这样的"人治"必然背离其初衷而异化成"私治"。而脱离了"人治"的"法治"，陈启天则称之为"饰治"，其虽存在法律制度，但执政者并不真正具备尊法、守法的德行与风度，法治就只能沦为执政者的政治装饰品或掩饰物，"凡法于治者有利则弄之，无利则毁之"，这种状况下只是"名为有法，而实等于无法"。〔1〕基于此，陈启天特别强调"法治与人治结合"的重要性，在存在法律制度的情况下，以"人治"培育执政者的"民主风度"和"宪制风度"，对于法治的实现具有至关重要的意义。事实上，陈启天所谈的"法治"，即要构建起符合现代民主法治精神的现代制度体系；而"人治"则是要培育出与现代法治制度相称的、具有现代民主法治精神（"民主风度""宪制风度"）的合格公民。

然而，尽管陈启天敏锐地发觉了"人治"之于建立法治的关键作用，却没能进一步对"民主风度""宪制风度"本质作出进一步的解释。陈启天在解释"民主风度""宪制风度"时描绘了很多诸如"尊重民意""尊重法纪""尊重公道"等类表述"民主（宪制）风度"的特征，但这些均只是外在的形式性的表象，却没能进一步揭示出"民主风度""宪制风度"与这些特征间的内在联系。为什么具有"民主风度""宪制风度"的执政者就能够"尊重民意""尊重法纪"？"民主风度"与"宪制风度"的本质与内核究竟是什么？陈启天并没有能够给出确切的答案。而这些问题，我们或许可以用哈特提出的"内在观点"的理论来进行解释和对应，有助于揭示其本质性的维度——实现法治的真正关键在于培育具有"内在观点"的公民，而所谓"民主风度"仅仅是其外在形式的展示。

作为检验法治界限与成色的重要概念，"内在观点"构成了哈特法律概念理论的一个重要支点。在《法律的概念》一书中，哈特在指出传统的"法律命令说"的不足、分析其提出的"承认规则"时，描述了一个法体系下的民众对待法律的两种不同态度：在一种状态下，民众只是普遍地将法律视为某种命令，并习惯性地选择服从这些命令；而另一种状态则是"在接受社会规则，以及任何被视为规范行为态样的一般性行为标准时，人们对这些规则都抱持某种通过批判而接受的态度"〔2〕，也就是对规则体系持有"内在观点"。

---

〔1〕　参见陈启天：《新社会哲学论》，商务印书馆1944年版，第109~112页。
〔2〕　参见［英］哈特：《法律的概念》，许家馨、李冠宜译，法律出版社2006年版，第109页。

而这两种状态或态度之间有着本质性的差别，相比于将法律视作命令而习惯服从者，对规则持"内在观点"者应当具有三点特征：其一，相比于将规则视为命令而不假思索地机械性地服从，持"内在观点"者对规则是抱有一种"通过批判而接受"的态度的，而不具有"内在观点"的人在对待其遵守的规则时并不会对规则本身有所评价，他们遵守规则只是因为长期以来形成的服从的习惯，或是因为遵守规则"对他而言是最有利的"（可以避免因违反规则而产生的不利后果），[1]甚至，他们可能根本就是厌恶某一规则的，选择遵守只是出于不得已，只是迫于某种威慑而不得不服从。其二，持"内在观点"者对规则具有某种义务感。持"内在观点"者在内心中理所当然地认为自己有义务遵守法律或规则，破坏规则是极不道德而应受谴责的。对"遵守并维护既存规则"这件事，持"内在观点"者有着极高的主动性。相反，不具有"内在观点"的人对待规则持有另外的态度，由于他们并没有在内心中形成对规则的认同，他们也就不会产生遵守规则、维护规则的义务感与责任感。其三，沿着前面描述的两点特征继续推进下去，我们可以得出如下的结论，即只有在对规则具有"内在观点"的人眼中，规则才是应然性的，才是一种关于"应当的陈述"。而对不具有"内在观点"的人而言，即便这项规则对他同样有效，这一规则对他而言也不过只是一个简单的事实。只有对规则持"内在观点"的人才会将每一条法律规则规定的内容视为一种"应然"或"应当"，事实上，关于"应当"的陈述就是哈特所指出的具有"内在观点"的人才会运用的"内部陈述"，[2]而不具有"内在观点"的人，纵使规则对其是有效的，他虽然受到规则的约束，但对待规则的态度也只是描述性的，"存在这样一条规则或命令，我不得不遵守或服从，因为如果不这样做便会承受不利的后果"，规则对他而言只是这样的一个客观存在的事实。对于一个对某种规则持"内在观点"的人而言，遵守这一规则是"必须的"、义务性的，这是长久以来在对这一规则的认同中形成的"思维定式"。

而在法治建设进程中，培养具备"内在观点"的"公民"显得尤为重要，现代法治秩序建构于权利保护的基础之上，权利与义务乃是现代法治最重要的概念，而公民恰恰在其中扮演着最重要的双重角色，他既是法定权利

---

[1] 参见［英］哈特：《法律的概念》，许家馨、李冠宜译，法律出版社2006年版，第108页。

[2] 参见［英］哈特：《法律的概念》，许家馨、李冠宜译，法律出版社2006年版，第96页。

的享有者，又是法律义务的承担者，如果公民能够真正实现权利、切实履行义务，那么法治秩序就是圆满的。[1]这样一来，培育公民的"内在观点"就显得尤为重要，一旦公民在对规则的确信与认同下形成了尊重规则、遵守规则的本能，法定权利、法律义务自然可以得到很好地实现与履行。反之，在"内在观点"欠缺的情况下，在社会成员普遍欠缺对规则的真正理解与认同时，法律规则则容易受到漠视。而一旦掌握权力的官员都不具有对法律的"内在观点"，不能成为一个真正意义上的"公民"，法律规则必然转变为权力的工具，法治衰败乃至崩溃从而走向陈启天所言的"饰治"。也正因如此，哈特才将"官员要具有内在观点"视为法治成立的最低限度条件。可见，"民主风度""宪制风度"之说只是触及了问题的形式与表象，法治的文化基础的真正核心与实质，是社会成员对法律制度与法治秩序的"内在观点"，只有社会成员心中产生了对法治秩序的"内在观点"，社会成员才能发生身份上的转变而成为真正意义上的"公民"。要真正实现民主与法治，建设运行良好的法治社会，其关键就在于培育对法治、对规则具有"内在观点"的新时代公民。

二、"培育公民"的历史传统及制度意义

在法治成长的历史过程中，"培育公民"从来就不是一个新鲜事物，而是一个悠久的历史传统，关于"公民"这一概念的重要意义及其实践养成很早就备受关注。公民的概念出现于古希腊时代，"'公民'（polite）一词由'城邦'（polis）一词衍化而来，意为'属于城邦的人'"。可见，"公民"的概念自诞生起就具有高度的政治性，"一个人的公民身份就意味着他是城邦的主人"，得以参与城邦的政治生活，而"城邦就是由若干公民组成的政治团体"；同时，在古希腊"成为公民"还有着"始分神物"的含义，公民与城邦共享着部落、城邦图腾与守护神的"神性"，这就意味着"公民"与作为政治实体的城邦是具有一体性的。[2]古希腊法哲学家们一开始就意识到了培育公民的重要意义，亚里士多德最早关注到"培育公民"之于城邦政治的关键性价

---

〔1〕　参见魏治勋、汪潇：《"法治中国"如何吸收和融通西方制度文化资源》，载《西北大学学报（哲学社会科学版）》2016年第6期。

〔2〕　参见丛日云：《西方政治文化传统》，吉林出版集团有限责任公司2007年版，第32~34页。

值，并将这一理念与其提出的"法治"理论联系起来。尽管古代希腊并不具备产生现代法治的条件，但亚里士多德所提出的"法治"所蕴含的"规则之治"的指向仍与当代法治共享着某些基本的内核，尤其是他关于培育公民与良法之治之内在联系的分析仍然对当代法治建设富有启示意义。[1]亚里士多德认为，城邦的法律与公民德性具有内在一致性，城邦无非是具备了一定道德素质的人的共同体，城邦的成立与否建基于公民德性的一致性；能够提升公民的道德品质是良法的重要标准，"无论对个别的人还是城邦共同体而言，最优良的事物是相同的，立法者应该把这些事物植入公民的灵魂中去"[2]，为了维系城邦，提升公民的品德修养，进行美德教育是十分重要的，唯有如此，城邦的法治根基才能牢靠。古罗马的西塞罗也关注到公民品格对社会制度的重要意义，共和国乃是公民天然联合的结果，公民所具有的共同的善与德性对共和国而言就显得格外重要。西塞罗认为应当警惕公民的堕落，公民的堕落使人与人之间的自然和谐受到破坏，构成共和国基础的"公民联合"便不再稳固；[3]而贵族的堕落是尤其危险的，贵族的堕落会给其他公民带来坏的示范效应，从而导致大面积的公民堕落现象的出现，最终危害到共和国的存在。因此，法律应当极力避免公民堕落现象的出现，"成为善的改造者和善的促进者"[4]。亚里士多德与西塞罗都关注到了公民素质之于制度构建的构成性意义，但受时代局限，他们的思想都存在很多的不足之处。亚里士多德在培育公民的理论中带有显著的国家集权主义色彩，他提出的美德教育是为了使每个人都能在灵魂上具有"德性的本态"，而要求城邦、家庭直接承担起塑造公民心理的责任，[5]这毫无疑问是对公民个人自由与个人尊严的吞噬与破坏，与现代法治的要求格格不入。而西塞罗虽然关注到了"人的堕落"会对共和政体带来危害，但却没有能够更深刻地发掘公民堕落的根本原因，

---

[1] 参见魏治勋：《亚里士多德"法治"概念之"谬误"》，载《苏州大学学报（哲学社会科学版）》2011年第2期。

[2] 颜一编：《亚里士多德选集 政治学卷》，中国人民大学出版社1999年版，第266~267页。

[3] 参见[古罗马]西塞罗：《国家篇 法律篇》，沈叔平、苏力译，商务印书馆1999年版，第241~251页。

[4] [古罗马]西塞罗：《国家篇 法律篇》，沈叔平、苏力译，商务印书馆1999年版，第179页。

[5] 参见魏治勋：《亚里士多德"法治"概念之"谬误"》，载《苏州大学学报（哲学社会科学版）》2011年第2期。

反而继续将防止公民堕落的希望寄予法律制度本身。而事实上，当公民真的出现堕落时，法律制度便会首当其冲地遭到破坏；制度与人性是互为因果、相辅相成的关系，在既有制度败坏的情势下，不进行根本性制度变革也就无法重塑优秀公民。

在启蒙运动中，启蒙思想家在构建现代民主法治理论的雏形时，也同样关注到了人的素质、人的品德对民主法治秩序的价值。一般观点认为，近代启蒙理论的先驱霍布斯毫无疑义地把主权置于君主专制统治之下，在其中公民仅仅维系了自己的基本权利——"在共和国内生活和工作的自由"。其实不然，霍布斯方案之下的臣民仍然保留了基本的自由权利，而且更重要的是，"对于霍布斯而言，作为人之个体是一个再不可化约的单位，他的全部政治结构都要在此基础上才能建构起来"。因而，"一种共和国的有序存在恰恰首先是源于个体的存在，每一个个体都有他自己的感知、需求、意愿和理性，然后源于大量个体的理性行动的结果，这才可能产生共和国，才能形成一个整体"[1]。可见，即使在不得不现实主义地以专制政体为制度建构取向的霍布斯那里，因为个体权利的存在，"共和国"仍然可以存在，其存续与维系的基础恰恰在于公民的意愿和理性行动，正是先在性的公民及其理性素质，才使得霍布斯的君主专制政体仍然能够投射出"共和国"的理念之光。与霍布斯不同，洛克在论证国家和政府产生之条件时，更多地将遵守承诺的责任交给了个人："当每个人和其他人同意建立一个由一个政府统辖的国家的时候，他使自己对这个社会的每一个成员负有服从大多数的决定和取决于大多数的义务；否则他和其他人结合成一个社会而订立的那个原始契约便毫无意义"[2]。在这里，成为国家之一员的个体公民负有两个始源性的义务——服从大多数的决定以及由此产生的义务，这构成了国家成立和共同体得以存续的基本条件；当然，洛克还论证了公民的第三项义务：行使"社会保留的最高权力"，罢免那些不值得信赖的统治者，"人民就有权行使最高权力，或者建立一个新的政府形式，或在旧的政府形式下把立法权交给他们认为适当的人"[3]。行使最高权力以重建共同体，是人民的权力，更是一项重大的政治义务，正如

---

〔1〕　[美]彼得·雷森伯格：《西方公民身份传统：从柏拉图至卢梭》，郭台辉译，吉林出版集团有限责任公司 2009 年版，第 326 页。

〔2〕　[英]洛克：《政府论》（下篇），叶启芳、瞿菊农译，商务印书馆 1964 年版，第 60 页。

〔3〕　[英]洛克：《政府论》（下篇），叶启芳、瞿菊农译，商务印书馆 1964 年版，第 150 页。

论者所言，"让掌权者面对全体公民，因为后者了解政府的人民基础，不断地判断他们的受托人的公开行为，并且一直准备和愿意当政治权力被滥用时来亲自行使它"[1]。可见，洛克是为其语境中的公民设置了重大的政治责任的，这些政治责任既是共同体成立的条件，又是其得以维系和确保其政治性质与功能的最后保障。虽然霍布斯、洛克都没有直接探讨公民培育问题，但其理论中无疑隐含着公民教育与公民养成的必要性主张，否则，其所论及的公民理性和公民责任就失去了附丽的基础和源泉。

在诸位启蒙思想家中，卢梭尤其重视"公民"的重要性，在卢梭的理论中，"公意"的概念是最为重要的，"公意"乃是全体人民不可分割的共同意志，它的出发点仅仅是公共利益，而不带有任何的私利性。卢梭认为，现代民主国家的本质就是"每一个人都把我们自身和我们的全部力量置于公意的最高指导之下，而且把共同体中的每个成员都接纳为全体不可分割的一部分"[2]。而要实现这一点，形成真正的"公民"就显得尤为重要。卢梭认为，一个民主国家中公民必须具有高度的政治主动性，时时刻刻参与到政治活动中，否则"公意"与"主权"便容易被某些人的"私利"篡夺。[3]在卢梭构想的社会中，每个人都必须是绝对的"公民"，他们不能考虑任何的私利，公民的活动都必须从全体公民共同的利益的角度出发，因为卢梭认为，一旦"个人利益开始占据上风"，公共利益就会面临与之对立的利益从而陷入危险之中，这时全体人民就不再能够达成一致，从而产生矛盾，社会的纽带便会松弛，国家便会衰弱从而陷入崩溃："当卑鄙的私利厚颜无耻地披上神圣的公共福利外衣的时候，公意就沉默了。每一个人都在心中打他自己的小算盘，谁也不像公民那样发表意见了，好像国家从来就没有存在过似的"[4]。这种状态就意味着民主、法治的崩溃。在卢梭看来，理想的民主政治与法治秩序，必须依靠绝对的、不带有任何私性的"公民"来实现，只有绝对的"公民"才可能维护"公意"，使之不被"私利"绑架或被个别人所篡夺。卢梭强调公民对代表公共利益的"公意"的绝对维护而不能带有任何的个人考虑看法，实质

〔1〕[英]詹姆斯·塔利：《语境中的洛克》，梅雪芹等译，华东师范大学出版社2005年版，第296页。
〔2〕[法]卢梭：《社会契约论》，李平沤译，商务印书馆2011年版，第20页。
〔3〕参见[法]卢梭：《社会契约论》，李平沤译，商务印书馆2011年版，第101~105页。
〔4〕[法]卢梭：《社会契约论》，李平沤译，商务印书馆2011年版，第116~117页。

上也是一种扬"公"噬"私"的理论，其理论与现代法治理论强调的权利本位、权利至上的核心理念存在相当大的差距，必因难以获得公民认同而式微。

当代自由主义和社群主义均关注公民之于法治社会成立与维系的重要意义。当代自由主义者在批判古典自由主义的基础上强调公民对于民主和法治的重要性。以索乌坦、埃尔金为代表的"新立宪主义"（New Constitutionalism）指出，古典自由主义置作为立宪制度主体的公民于被动与消极状态之下，往往使立宪制度的设计难以获得运行的保障。因而，当代公民应当从过去的"政治生活观察者"的被动视角，转换为"设计者的主动视角"以分析某些政治与法律问题的根源与解决路径。这种转变实质上要求完成从一个臣民或请愿人到一个负责人的公民的转变过程，而以设计者的眼光分析、批判和改进制度的责任必然赋予公民新的身份和生命。[1]这就要求公民从过去古典自由主义理论预设的纯粹利己的角色假定中解脱出来，唯有公民在政治参与中秉持某种价值判断上的中立并以此态度尝试改进制度而非站在自己的立场上试图操纵制度，才有可能建立起运行良好的民主法治秩序。[2]因而，公民在民主参与中所应当考虑的不是在利益冲突中取胜，而是要站在"仲裁人的"立场去行动，以"发展一些制度，这些制度是那些对政治经济有强烈的义务和深刻的理解的人们可以接受的"[3]。从而，自我约束、良好的公民素质与积极的民主参与乃是立宪民主秩序成立的关键所在。[4]作为传统自由主义政治与法治的批评者，当代社群主义者敏锐地发现了古典自由主义公民观的弊病，认为正是自由主义的"原子化的个人"与"自恋主义"的生活观念极易导致"温和的专制主义"出现，从而埋下法治解体的种子。社群主义代表人物查尔斯·泰勒指出，现代社会真正的危机是市民社会的分裂，"人民越来越不能形成一个共同目标并落实它，分裂发生在人们越来越以个人利益至上主义方式看待自己之时……人们越来越少地认为自己有必要与其同胞公民在共同的事业和忠

---

〔1〕 See Stephen L. Elkin, Karol Edward Soltan, *A New Constitutionalism*, the University of Chicago Press, 1993, pp. 2-5.

〔2〕 See Stephen L. Elkin, Karol Edward Soltan, *A New Constitutionalism*, the University of Chicago Press, 1993, p. 17.

〔3〕 Stephen L. Elkin, Karol Edward Soltan, *A New Constitutionalism*, the University of Chicago Press, 1993, p. 83.

〔4〕 Stephen L. Elkin, Karol Edward Soltan, *A New Constitutionalism*, the University of Chicago Press, 1993, pp. 2-5.

诚里结合起来"[1]。"以致人们越来越感到选民作为一个整体无法抵抗庞大的国家。"[2]而要防止现代民主法治进一步向专制主义滑落，就必须重建公民与他人的连带和对共同体的关怀，"强化与政治共同体的关联"[3]。唯有如此，我们才能从浅薄的自恋主义文化和孤立的个人生活趣味中解脱出来，挽救法治的危机。为此他呼吁，必须批判"人类中心主义"的自由主义范式，重构一个基于公民意志和共同行动的政治共同体，人民才能够从根本上自主地把握政治命运，并借此重构健康的法治秩序，捍卫公民尊严和自由权利。无论是当代的自由主义立宪理论还是作为其批评者的社群主义理论，都将"培育公民"或"重振公民"视为法治的基础性工程，这也是法治发达国家得以不断确立其制度优势的根本原因之所在。

从对西方悠久的"培育公民"传统三个重要阶段的分析可见，自亚里士多德树立这一传统至今，良好的公民教育不仅自始在西方社会播下了法治的种子，使法治主义及其制度形态能够在近代得遇历史机遇而生根、发展、壮大，并且在屡经挑战之后直至今日仍然确保其稳定性和良好成长性。沃特金斯曾言，法治是一项无比艰难的事业，原因在于它只有在社会权利与公共权力之间取得微妙平衡才有可能，而这种二元平衡是最困难的也最需持久不懈地努力才得以维持。[4]由此可见，作为社会权利之构成性要素的公民及其自觉，毫无疑问地成为法治秩序成立与健康存续的不可替代的关键要素。这也许正是法治发展中的中国最需着力而最易忽视之处，因而尤其值得重视与镜鉴。

三、当代中国公民培育的问题与路径

改革开放以来，我国在民主法治建设上取得了非凡成就，但距离建立起一个真正意义上的现代化法治国家的目标还有相当距离。在当下，我国的法治建设仍然存在着诸多的问题，面临着诸多的障碍，其中非常重要的一个不足就在于仍然缺乏一个维系法治社会所必需的具有"内在观点"的广大公民群体的支撑。有学者认为，正是中国历史上根深蒂固的"家国同构"的政治

---

〔1〕 [加] 查尔斯·泰勒：《现代性之隐忧》，程炼译，中央编译出版社 2001 年版，第 130 页。

〔2〕 [加] 查尔斯·泰勒：《现代性之隐忧》，程炼译，中央编译出版社 2001 年版，第 131 页。

〔3〕 [加] 查尔斯·泰勒：《现代性之隐忧》，程炼译，中央编译出版社 2001 年版，第 137 页。

〔4〕 参见 [美] 沃特金斯：《西方政治传统：现代自由主义发展研究》，杨健等译，吉林人民出版社 2001 年版，第 37 页。

逻辑造就的宗法文化，形成了一个"以皇权为顶端、以贫苦农民为底端的纵向隶属等级身份结构，'臣民'、'子民'便成为广大社会成员的基本身份和定位"[1]。在"普天之下莫非王土，率土之滨莫非王臣"观念下，整个国家都不过只是专制君主的私有财产而已，甚至连民众在某种程度上也不过是君主的"一己之私"，秦始皇所谓"六合之内，皇帝之土……人迹所至，无不臣者"的宣示即为显证。[2]被限制于"家国"伦理之内、从无独立社会地位的民众根本无从产生公民意识与国家意识，有的最多不过是"食君禄，报君恩"这样的狭隘观念，在这种社会历史条件下，具有公共性、普遍性的理性规则秩序自然不可能建立起来。

在"家国同构"的政治逻辑与以纲常伦理为基础的等级秩序下，既然"公民意识"不可能产生，独立的公民人格也自然难以形成，而一个可以称得上是"公民"的人格体，必定是对国家及其政治法律制度已然形成基本价值认同的独立主体，否则他便不可能产生"内在观点"而在本质上成为一个"公民"。然而在中国传统的政治文化中，纲常伦理等级秩序之下，每个个体都生活于费孝通先生所言的"差序格局"之中，人人只见亲熟不识"他人"，只见部分不见整体，只讲义务避谈权利，不会也不能直接与国家发生关联，而是要向最贴近自己的上一个等级效忠和负责，"家国天下"距离自己太过遥远，而往往不在民众的考虑范围内；而"家国同构""家国一体"的政治逻辑也不容易使民众对国家产生足够的认同，因为国家与君主在本质上是一体的，国家在本质上是君主的个人财产，民众本质上不过是专制国家的税源和工具，这样的关系之下不太可能产生信赖和认同。当然，这一状况自近代以来逐渐有所改观，自中国现代化进程开始至今，传统的纲常伦理下的等级秩序以及"家国同构"的政治逻辑至少在形式上不再是一个"显性存在"，民主法治思潮渐居主流，这就使得现代中国法治建设在政治文化逻辑上具有了可能性和现实性。

当前法治建设有必要将目光重新聚焦于人的身上，将培育具有"内在观点"的公民作为未来长时期法治建设的基础性工程来进行，无论对于中国法

---

〔1〕 参见马长山：《公民性塑造：中国法治进程的关键要素》，载《社会科学研究》2008 年第 1 期。

〔2〕 参见丛日云：《西方政治文化传统》，吉林出版集团有限责任公司 2007 年版，第 113~114 页。

治的成长还是巩固而言，都是不可缺乏、不可替代的基础性工程。

学界一般认为，公民培育包括公民教育和公民训练，而广义的公民教育与公民培育的含义大致相当。关于公民培育对于国家民主法治制度建设的意义，有学者概括为："通过实施公民教育，可以有效地宣扬国家主权，进行民族整合，培养民族认同，从整体上增强公民对国家的归属感和责任感，同时还可以有利地宣传和普及民主观念，提高公民的民主意识和参与能力，推进国家的民主化进程。……以自由、平等为基础，权利和义务相统一的公民教育是现代国家的必然选择，也是国家走向现代化的一项基本建设。"[1]这一高度概括性的论述充分阐释了公民教育之于现代民主法治建设的重要意义：其一，公民教育是民族整合进而建设现代民族国家的根本进路。当代中国，法治建设的一个头等重要的任务，就是要通过宪法法律的实施尽快将中国整合成为一个现代民主国家，"中华民族"入宪这一重大政治现象充分显示了国家对民族整合和民族建构的充分重视，它关系到中国未来能否作为一个统一的民族国家屹立于世界民族之林。其二，民主法治建设及其制度目标"法治中国"的建成，其根基在于，具有民主法治观念的人的训练，只有勠力推进公民培育工程，才能为法治中国的达成奠定主体的能动的基础，这是中国法治建设的核心任务和基础工程之所在。其三，公民培育的直接目标，是训练具有民主法治观念、敬服自由平等价值、秉持权利和义务相统一信念的现代公民，这样一种现代公民自身蕴含着两个重要的尺度，并构成了"维持民主的必要条件"："一个尺度是政治参与，意味着公民从事自治的能力，同时也包含着对辨别政治倾向，理解政治、发展兴趣所必要的行为和认知。另一个尺度是民主启蒙，意味着通过知识和民主准则及程序的接纳，以达到对民主规则的理解。"[2]一个国家只有达到了能够源源不断地培育或生产出一代又一代的现代公民的能力，民主法治政体才得以创造和健康维持。其四，公民培育是现代国家的必由之路，是国家走向国家制度现代化的必然选择。一个国家的现代化包括政治、经济、文化、社会等多个方面的现代化，其中政治法律的现代化即制度的现代化才是一个国家实现现代化的制度基础和根本保障条件，因而，公民教育或公民培养就其根本价值而言，"不仅是现代国家制度在

〔1〕 苏守波：《美国现代化进程中的公民教育》，山东人民出版社 2011 年版，第 3 页。

〔2〕 转引自苏守波：《美国现代化进程中的公民教育》，山东人民出版社 2011 年版，第 22 页。

教育上的鲜明标志，而且是一个国家得以凝聚、延续、稳定的根本所在"[1]。由此，当代中国的制度现代化建设，就必须将公民培育作为法治建设的重中之重。

那么，如何达到公民培育的目标呢？传统的认识是，凡是人的教育或培育，大可放到学校去封闭进行，待学校生产出了合格的"人力产品"，自可输出到社会上发挥其功用。这种封闭的做法自近代以来就受到激烈的批判，"新法家"代表人物常乃惪在其《全民教育论发凡》一文中指出，"……我们主张只有在真正社会中有达到真正教育目的的机会，只有在实际社会中，才能教育出实际社会的人才来[2]"。"新法家"教育家余家菊则具体列举了"国家主义"教育的基本性质：时间性，"合于此时之需要"；空间性，"合于此地之需要"；历史性，"合于此民族之需要"；渗透性，"可以贯彻于各项教育活动"；确定性，"可以明示教育者以努力之方针"；其中前三点被余家菊称为教育的"国家性"要素。[3]以余家菊教育之五大性质作衡量，恰可揭示公民培育的本质指向：公民教育之推行，正在于满足特定时空内民族国家现代化建设的需要，这正是前三点涵盖的内容；而第四点和第五点，则正好指向公民培育的实践性与社会性特征，即公民教育具有实践可操作性并能够充分贯彻到各种教育活动中。如此定义公民培育和公民教育的特性，端在于公民培育的目的指向的特定历史使命——"国家之立国理想必由教育以滋润之"[4]，公民培育是今日中国实现国家现代化和法治国家理想的必要工具和必由之路。

以上论述亦可得见，公民培育尤其需要教育的社会实践化，法治发达国家在这一方面的经验值得我们认真借鉴。这些经验具有可普遍化的意义，因为公民培育是现代国家的构成性内容，是现代法律制度建设过程中可以通过"移植"达到发展目标的部分。将培育公民视为一个系统工程，包括法学教育、爱国主义教育和各种各样的公民实践训练等举措，都被视为公民培育的重要内容和训练途径，这些都对中国的公民培育工程具有借鉴价值。在当代中国法治建设过程中，可以充分发挥国家各个部门和社会各个领域的功能和能动性，助力公民培育工程：法学教育和普法宣传应注重对有关公民权利义

---

〔1〕　苏守波：《美国现代化进程中的公民教育》，山东人民出版社 2011 年版，第 3 页。

〔2〕　常乃惪：《全民教育论发凡》，载《民铎杂志》1924 年第 3 期、第 5 期。

〔3〕　参见余家菊：《教育原理》，中华书局 1936 年版，第 40 页。

〔4〕　余家菊：《教育原理》，中华书局 1936 年版，第 40 页。

务内容的强化和普及，推动公民养成权利义务均衡统一的基本理念；在立法、执法和司法过程中，广泛吸收公民的有序参与，通过非命令性的听证、协商、契约、论证、劝告、疏导、自治、合作、服务等方式，锻炼公民的民主能力，提升公民的法治意识；同时，通过吸纳公民作为立法顾问、人民陪审员、人民监督员、人民调解员、交通协管员等角色参与国家体制的正式运作，以及通过公民广泛参与各种社会组织尤其是维权组织的运作实践，训练公民的参政能力和社会管理能力。所有这些以国家和政府为推动力的公民教育和公民训练工程，与公民自身的成长和社会观察的积累相结合，有助于将广大民众逐步训练成具有"内在观点"和自治能力的现代公民，从而为法治中国的最终建成奠定坚实的社会文化基础。

四、小结：在制度建设中训练公民

公民是国家的能动有生力量，公民是法治运作和法治实践的社会基础与主要参与者，公民也是民族复兴和国家建构的真正依赖。"法治中国"建设事业的展开，远不只国家法律秩序形态的重构那样简单，而且是一项承托着近代以来民族求复兴、国家求强大之历史使命的复杂政治工程。近代以来中国的特殊历史遭遇，使得一切社会事业的举办都打上了"救亡济时"的烙印，势必深刻塑造这一时期公民教育之目标："教育为立国之本，教育之职志在使国家昌盛。"[1]法治之原本目的在于保障公民权利，在中国则必须转化为一种具有双重目标的复式结构：法治必须先有助于推动中国的复兴强大，法治保障民权的目标才有意义和实现之可能。"法治中国"蕴含的这种独特的复式目标结构，使得公民培育必然自始至终就是法治建设事业的结构性要素，因之，中国公民培育的历程必须深嵌于法治实践结构和历史时空之中，才能寻找到它的意义和归宿。可见，在当代中国语境下，法治事业与公民培育工程具有必然关联，必须启动体系思维，"用体系思维改进结合论、统一论"[2]，在开放的结构和融贯的体系中思考中国法治建设的整体意义和独特路径。而这就意味着，中国法治建设事业的展开、丰富、完善的过程，也就是公民培育

---

〔1〕 参见余家菊：《教育原理》，中华书局1936年版，第34页。

〔2〕 陈金钊：《用体系思维改进结合论、统一论——完善法治思维的战略措施》，载《东方法学》2018年第1期。

和训练的过程；中国法治建设事业与民族救亡复兴事业的同步性，历史地预置了中国公民培育的内在逻辑和基本路径——在制度建设中训练公民，通过公民的成长推动法治的成长并臻于至善。

司法裁判的道德维度与法律方法机制

本章提要：针对"江歌案"民事一审判决，根据被告刘某曦（原名刘某）在江某遇害事件过程中的行为表现，通过对侵权事实因果关系、主观要件和法律依据的深入解析，在法教义学视域下，很难根据现有的侵权责任法体系追究刘某曦的生命权侵权责任。而通过对法律价值与社会正义价值、法律原则与法律规则、法官立场与道德命题关系的分析，可以得到一个基本认识：真正能够支撑起"江歌案"民事一审判决的规范基础，只能是"诚实信用""公序良俗"等民法基本原则。于是，问题就被带入了法律与道德关系的轨道，通过法律原则指引判决方向并规训规则的具体适用，运用法律解释对法律规则"空缺结构"予以价值补充，经由"转介条款"合法导入道德规范或"社会命题"，借助核心价值观与道德话语强化裁判说理的社会效果，对"江歌案"民事一审依然能够作出合理的判决结论，并经得起专业的批判和社会的审思。"江歌案"的判决从正反两面揭示出，司法审判既是一个法律价值得以实现的生动实践过程，又是一场司法正义藉以达成的科学方法演练场域，价值与方法、形式与实质，构成了通向最佳解释的法律实践的一体两面。

法律（司法）与道德的关系问题是一个古老而又常新的议题，每当挑动人们道德关切的司法案件出现时，都会引起较为热烈的讨论，在自媒体高度发达的当下，尤其会不断造就社会热点。"泸州遗赠案"如此，"于欢案"如此，"江歌案"[1]更是如此，它不但引起了中国社会和学界的热烈讨论，国

---

〔1〕 严格地讲，目前媒体和社会所称的"江歌案"实际上是三个案件：日本东京地方裁判所审理的以陈某峰为被告的公诉刑事案件、江某莲诉刘某曦生命权侵权损害赔偿案（一审）、江某莲诉刘某曦精神侵权损害赔偿案（一审）。本书所讲的"江歌案"是指青岛市城阳区人民法院对后二者合并

际舆论也颇为关注。"江歌案"广受社会关注的事实再次引爆了法律与道德关系的问题，"司法过程及其裁判结果应当经得起道德标准的审视"[1]这一判断，颇引起了社会公众和学者的共鸣。到底如何合理地看待司法判决的道德性问题？"江歌案"再次向社会发问。学界、实务界和社会各界对此看法不一，争议巨大。要正确地回答这个问题，应当从两个方面入手，一方面要从法学理论层面合理阐明社会道德与法律的关联与界限，另一方面要在法律方法层面正确回答司法实践如何落实社会向法律提出的道德诉求。司法真理是法学理论与司法实践的有机统一，也是解决司法判决与道德关系问题的不二门径。

一、灼热的道德关切与冷酷的因果关系

"江歌案"作为一起引起巨大社会反响的涉外案件，其刑事判决部分是由日本东京地方裁判所在 2017 年 12 月 20 日作出的，而其民事一审判决则是由青岛市城阳区人民法院于 2021 年 12 月 25 日作出的，其间间隔长达 4 年。社会各界关于"江歌案"的巨大法律与道德争议，也由此可以划分成前后两个部分：前者主要聚焦于对日本东京地方裁判所未能课予被告刘某曦刑事制裁的法律与道德的议论，后者则是关于城阳区人民法院是否应当判处刘某曦负民事赔偿责任以及赔偿数额是否合理的法律与道德争议。

（一）"江歌案"的民事一审判决与主要争议

根据东京地方裁判所的判决，"对于被告人（陈某峰）基于强烈的杀意连续多次捅刺 C（江某）颈部的前述认定，也没有任何产生合理怀疑的余地"。"作出如主文所示的判决，判处有期徒刑 20 年。"[2]对于日本地方法院作出的这一判决，国内舆论普遍认为判处的刑罚太轻而不足以罚当其罪，于是关于陈某峰出狱后国内司法机关是否可以对其进行刑事追诉就成为国内学者重点讨论的问题。根据《中华人民共和国刑法》（以下简称《刑法》）第 7 条关于"属人管辖权的规定"以及第 10 条关于"对外国刑事判决的消极承认的规

（接上页）审理的案件，可见"江歌案"是一个笼统的名称。本书所称"江歌案"只不过是沿用了社会公众和媒体的指称习惯，以便为大众所理解。

　　〔1〕　江国华：《论司法的道德能力》，载《武汉大学学报（哲学社会科学版）》2019 年第 3 期。

　　〔2〕　"江歌案"日本东京地方裁判所刑事判决书，崔涵译，案件编号：平 28（刑わ）2622 号·平 28（合わ）299 号。

定"，凡在中华人民共和国领域外犯罪，依据上述规定应当负刑事责任的，虽经外国审判和处罚，仍然可以再次提起刑事追诉，但可以减轻或免除处罚，此前发生的"黄道金案"，充分认证了这一点。由于陈某峰在日本面临漫长刑期，目前关于对其国内刑事追诉的讨论尚不具充分现实性，而更具现实性的则是刘某曦在该案中的法律责任及其民事赔偿问题。从东京地方裁判所的刑事裁判来看，判决书虽然在事实陈述中多处提及刘某曦及其行为事实，但并未课以刘某曦任何刑事责任。青岛市城阳区人民法院的民事一审判决认为刘某曦的行为构成了对江歌生命权利的侵权，应负民事赔偿责任，该判决的内容主要包含两个部分：

其一是法律责任部分。判决书对刘某曦的民事责任作出如下认定：江歌热心帮助身陷困境的刘某曦，为其提供了安全的居所，并实施了劝解、救助和保护行为，双方在友情基础上形成了一定的救助关系，作为危险引入者和被救助者，刘某曦对陈某峰的侵害危险具有更为清晰的认知，刘某曦并没有充分尽到善意提醒和诚实告知的注意义务；在面临陈某峰实施不法侵害紧迫危险的情况下，刘某曦先行一步进入公寓，并出于保障自身安全的考虑将房门关上并锁闭，致使江某被阻挡在自己居所的门外，完全暴露在不法侵害之下，处于孤立无援的境地之中，从而受到严重伤害失去生命，刘某曦显然没有尽到社会交往中的安全保障义务。法院据此认为，"在面临陈世峰不法侵害的紧迫危险之时，刘暖曦为求自保而置他人的生命安全于不顾，将江歌阻挡在自家门外而被杀害，具有明显过错，应当承担相应的民事赔偿责任。本院综合考量本案的事发经过、行为人的过错程度、因果关系等因素，对江秋莲主张的有证据支持的各项经济损失 1 240 279 元，酌情支持 496 000 元。对于江秋莲主张的其他经济损失，本院不予支持"。同时，认定江某母亲江某莲"人格权受到严重损害"，"有权依法请求精神损害赔偿"，"酌情判令刘暖曦赔偿江秋莲精神损害抚慰金 200 000 元"。[1]

其二是在法律论证部分。该判决书对江某予以道德褒扬，对刘某曦予以道德谴责："江歌作为一名在异国求学的女学生，对于身陷困境的同胞施以援手，给予了真诚的关心和帮助，并因此受到不法侵害而失去生命，其无私帮助他人的行为，体现了中华民族传统美德，与社会主义核心价值观和公序良

---

[1] 参见山东省青岛市城阳区人民法院民事判决书（2019）鲁 0214 民初 9592 号。

俗相契合，应予褒扬，其受到不法侵害，理应得到法律救济。""刘暖曦作为江歌的好友和被救助者，在事发之后，非但没有心怀感恩并对逝者亲属给予体恤和安慰，反而以不当言语相激，进一步加重了他人的伤痛，其行为有违常理人情，应予谴责，应当承担民事赔偿责任并负担全部案件受理费"〔1〕。

但也正是这份充分体现司法部门道德价值判断的判决书，而不是其中的法律判断，引发了媒体、专家和社会舆论的巨大反响。《环球时报》评论指出，从"江歌案"的一审判决，人们感触到一种以法律维护道义的鲜明价值取向。这些彰显中国法治精神的文字，解释了"挥法律之利剑，持正义之天平；除人间之邪恶，守政法之圣洁"的信念，"以社会主义核心价值观之光，积人文之底蕴，昌法治之文明，这是民之所幸"〔2〕。光明网评论员则指出，"江歌案"判决，"意味着存在于传统与现实之中的扶危济困、朋友之谊、以德报德这种价值判断，在法律框架内被清晰地表达了出来，也是法律内蕴的道德力量的一次具象化呈现"。因而，"民众对司法裁判的认知，也由此得到了深化与更新：司法裁判并不只是成文的法律概念、术语、精神相叠加，它也应该直面那些存在于良心、共识、传统之中的价值判断"。民法学者金可可对此一判决亦表达了极高的道德认同，认为这个典型的判决出现得非常及时，有助于厘清救助者与被救助者之间的法律关系，有助于合理建构救助者与被救助者之间的权利和义务，很大程度上弘扬了社会主义传统美德，具有很高的社会价值和意义。至于各大网站和自媒体的反响，基本上都是对该案判决一片褒扬之声，可以说，城阳区人民法院对"江歌案"的一审判决取得了非常好的社会效果——"稳固住基础的道德认知，安慰世道人心"。

（二）"江歌案"法律判断与事实判断存在的缺陷或不足

"江歌案"民事一审判决的成功，特别是它在弘扬道德信念和社会效果方面取得的良好效应，并不能掩盖其在法律判断与事实判断方面存在的缺陷或不足。

首先，一审判决在法律适用方面问题较多。杨立新在"中国法律评论"公众号发表的题为《江歌案的定性、请求权基础和法律适用》的短论认为，

---

〔1〕　山东省青岛市城阳区人民法院民事判决书（2019）鲁 0214 民初 9592 号。

〔2〕　立言：《"江歌案"判决，用天平与利剑托举诚信友善之义》，载 https://mp. weixin. qq. com/s/JTRrOSUq6misJasAQgsong，最后访问日期：2022 年 2 月 11 日。

该案民事一审判决在对法律关系性质的确认、对请求权基础和应当适用的法律的确认方面，都存在着"认识不清、处理不当"的问题，具体表现在：其一，从该案民事一审的法律关系性质来看，杨立新教授认为，"江歌案"的法律关系不是判决书所讲的"生命权纠纷"，而应当是"侵害生命权的侵权损害赔偿纠纷"，因为，被告的行为所针对的并非剥夺江某的生命而是对其构成侵权，这与安乐死案件涉及的生命权纠纷完全不同；其二，侵害生命权损害赔偿的请求权基础，是原《中华人民共和国侵权责任法》（以下简称原《侵权责任法》）中的侵权责任一般条款关于过错责任的规定，而不属于特殊侵权责任的规定；侵害生命权损害赔偿的请求权基础既不来源于《中华人民共和国民法通则》（以下简称《民法通则》）的"民事权益保护原则"，也不来源于该法关于生命健康权的规定，而是直接来源于原《侵权责任法》关于一般侵权责任的规定，这一规定已经写入新颁布的《中华人民共和国民法典》（以下简称《民法典》）。其三，关于"江歌案"适用的法律，杨立新指出，该案作为侵害生命权损害赔偿案件，其真正适用的法律是当时的《民法通则》第 6 条第 1 款关于一般侵权责任的规定，这是它的请求权基础，至于判决书引用的《民法通则》第 5 条关于民事权益依法保护原则的规定则没有适用的必要；至于《民法通则》第 98 条关于生命权的规定则可引可不引。其四，一审判决课予了被告精神赔偿的责任，则原《侵权责任法》第 16 条和第 22 条关于人身损害赔偿和精神赔偿责任的条文应在引用之列，而判决书不引这两个法律条文径直引用最高人民法院关于人身损害赔偿和精神损害赔偿的司法解释，他认为这暴露了当前司法实践中"重司法解释而轻法律规定的法律适用中的不当做法"。

其次，一审判决对法律事实及其因果关系的认定存在着明显的不足或模糊之处。因果关系是司法判断成立的前提和基础，而因果关系又包括事实因果关系和法律因果关系，其中事实因果关系构成法律推理的小前提，对法律适用和司法判决的结论起着决定性影响。从"江歌案"一审判决对事实因果关系的认定来看，法院认为刘某曦对江某因未尽注意义务、救助义务和安全保障义务，而负有民事赔偿责任。虽然有不少学者支持这一认定及其法律论证，比如，西南政法大学张力认为，由于江某是应刘某曦的要求去陪伴和帮助刘某曦的，则刘某曦应当担负起警示提醒的义务；同时，在陈某峰已经显示了非常明确的人身加害可能性之时，刘某曦非但没有警示江某，却以合租居住不合法的理由劝阻了江某的报警，导致江某错过了可能的获救机会；在江某突遇人身危险时，将帮助者完全陷于危难。据此来看，刘某曦不但存在主观过错，而且在侵害江某生命权的行为中还有非常大的参与度，并且她的主观过错和参与度与江某生命权被侵害的恶果之间又有因果关系，因而符合侵权责任法上侵权行为的构成要件。中国社会科学院大学孙宪忠虽然同意一审判决关于因果关系的认定，但他认为，除了判决书列举的事实以外，还有三个要点是不应该被忽略的，一是刘某曦在躲避其男友的过程中把江某作为挡箭牌，从而引导陈某峰产生对江某妨碍其恋爱关系的仇恨，导致江某被害；二是阻却江某报警，与江某未能获得警察保护负有直接责任；三是自己躲进房屋并将房门反锁将江某置于凶犯的刀锋之下，以上刘某曦这些有过错的直接行为，与江某受害存在直接因果关系，且刘某曦的行为存在过错当然应负民事赔偿责任。从民事一审裁判的判决书看，法院对刘某曦侵权行为及其因果关系等基本问题存在认识不足至少是法理分析不足的缺陷。

但问题在于，这种相对宏观的事实因果关系经得住深入细致地分析吗？其实，在一审判决作出之后，很快就有学者对判决书中关于事实因果关系的认定成立与否的问题进行了比较细致的逻辑分析，并发现了其中的问题所在。贺剑在《评江歌案：忘恩负义不应只是道德评价》的评论中提出：对一审判决结果基本持赞同意见，但对一审判决及其论证分析总体持保留意见。他认为，"江歌案"中过错侵权责任的作用有限，甚至在技术上根本行不通。之所以这样讲在于，一审判决判定被告承担过错侵权责任的难点在于过错和因果关系两个要件，对于过错要件法院论证了被告的两项重要义务——被告对江某负有的注意义务和安全保障义务，对于因果关系要件，则基本上没有进行有效的法律论证。问题在于，一方面，法院所列的这两项注意义务在本案中都是行不通的。因为，根据原《侵权责任法》相关规定，只有宾馆、商场、银行、车站、娱乐场所等公共场所的管理人或者群众性活动的组织者，才会负有安全保障义务，一旦未尽到安全保障义务造成他人损害才会承担侵权责任。另一方面，一审法院判决书认为，被告刘某曦未能尽到对江某生命安全的注意义务——对即将到来的生命侵害危险的提醒和告知义务。关于被告刘某曦违反注意义务对江某生命权被侵害的后果是否承担侵权责任，则必须进行"事实因果关系"的分析，才能把问题搞清楚。

因而，核心问题在于：被告违反提醒和告知义务与江某的死亡之间是否成立因果关系？在充分吸收贺剑等学者对于这一问题分析的基础上，笔者尝试对刘某曦违背相关义务及其主观状态与江某死亡之间的因果关系作出如下几个主要环节的分析：

一是刘某曦以两人合住公寓违法为由阻却了江某的报警行为与江某之死的因果关系分析。假如被告刘某曦明知陈某峰具有即将杀人的企图，那么她会阻止江某通过报警来保证两人安全的行为吗？从大众理性的角度推理，这显然是不可能的。这说明刘某曦本人当时并没有意识到危险即将到来，何谈提醒江某呢？二是在陈某峰对刘某曦发出"我会不顾一切"的威胁之后，刘某曦邀请江某陪同返回公寓，但并未提醒江某陈某峰发出的恫吓。那么，刘某曦这一不作为与江某的死亡之间是否存在事实因果关系？假定刘某曦告知了江某这一危险，可以推知作为理性人的江某大概率不会前来；而刘某曦自己因为预知到这一危险，也大概率不会再回到陈某峰所熟悉的刘江二人租住的公寓。这就意味着，刘某曦未能提醒这一不作为与江某之死之间能够成立因果关系。问题是，刘某曦仍然回到租住的公寓，这说明她应当没有能够预见到陈某峰真的会杀人这一巨大危险；而且她还邀请江某陪同她一起回公寓，如前所述，如果刘某曦意识到回公寓会面临巨大生命危险，不但她自己不会冒险，更没有必要将帮助她的同胞朋友拉入危险之中。对此一问题，邹兵建在"法学学术前沿"公众号发表的《江歌案中，为何刘暖曦构成且仅构成侵权?》一文中正确指出，当判决书和诸位学者都认为既然刘某曦知道陈某峰有行凶杀人的危险，就应当第一时间报警并告知江某危险的存在，她不这样做就明显违反了特定作为义务，这种论证显然是用事后视角替代了事前视角。问题在于，即便刘某曦告知了江某，陈某峰已经发出"我会不顾一切"的威胁，江某也会大概率陪同刘某曦一起回公寓。原因在于，从常人理性的角度推理，她会与刘某曦一样不太可能相信一场男女恋爱纠纷会直接导致凶杀；更重要的事实在于，在不久前刘陈二人发生恋爱纠纷时，刘某曦请江某前来劝解，江某不但来了，而且成功劝说陈某峰离开。因而，从经验上讲，江某也不太可能相信，前一次能够被成功劝解离开的陈某峰这次会突然杀人，而且会针对并非其纠纷对象的江某本人。因而，至少在大概率上，即便刘某曦告知了江某陈某峰发出的威胁话语，江某也会前来陪同刘某曦回公寓，而不太可能认为两人会遭遇生命不测的危险。上述推理不仅符合逻辑，而且符合大众理性和常人理性的一般认知。既然，"法律只考虑正常人"〔1〕，那么则可以作出如下判断：无论刘某曦是否将陈某峰发出的威胁话语提示江某，则江某都会前来陪同刘某曦且不认为两人会面临生命危险；如此，则刘某曦违反提醒和告知义务与江某的死亡之间，很难成立因果关系。这是一个可悲的事实。因为江某遭遇的凶手是一个不具有预测可能性的"不正常的人"〔2〕，在这一点上我们只能说，江某的高尚行为遭遇的却是恶劣的"道德运气"，这实在太可悲了。

　　二是关于被告刘某曦关门躲避陈某峰行凶的行为与江某之死之间是否存在因果关系的分析。从日本东京地方裁判所对江某的刑事审判和青岛市城阳区人民法院对该案民事一审判决书的描述看，凶杀发生时的基本事实是：当江某陪同刘某曦回到共同租住的公寓到达走廊之时，手持凶器埋伏已久的陈某峰突然窜出，行走在前面的刘某曦见状快速进入房间并将门反锁，江某则被隔离在门外直接暴露在陈某峰的刀锋之下，连遭十余刀之后抢救无效死亡。在此期间，刘某曦拨打了两次报警电话，这也是警察能够快速到来的原因，但可惜凶杀已经结束，江某的生命也未能被抢救回来。从这一系列事实可见：当凶杀降临时，刘某曦快速躲避进房间并关门的行为，的确是一个纯粹利己的选择，在道德上是必须予以谴责的；但从事实的层面讲，这几乎是一个具有求生本能的正常人在紧急情况下都能够做出的举动，"法律不强人所难"，居高临下的道德谴责在这种情况下几乎没有意义。那种将刘某曦的逃避行为进行分解，认为其中的"将门反锁"这一行为不再具有消极意义而是主动和故意的选择，且正是这一选择将江某置于生命危险的境地的结论，只具形式意义，并不具有实质独立性和现实价值。因为，刘某曦逃到房间之内如果不顺势将门锁闭，则她逃进房间的行为对于她的自我保全将没有任何意义。因而，从实质和现实价值的层面看，刘某曦锁闭房门的行为和她逃向房间的行为是不可分解的，都是她的自我保全行为的不可拆解的构成部分；从而，将刘某曦锁闭房间的行为单独解析出来予以侵权责任的考察并不具有现实意义。

---

　　〔1〕　何柏生：《法律只考虑正常人》，载《华东政法大学学报》2010 年第 4 期。

　　〔2〕　"不正常的人"，是福柯描述的需要知识和权力予以干预的三种生理、行为等方面"不正常的人"，意在揭示知识和权力干预与运作的精微机制。参见林光祺：《"不正常的人"及其控制：精神病学权力的普遍化——解读福柯〈不正常的人〉》，载《医学与哲学（人文社会医学版）》2006 年第 9 期。

且不说刘某曦并不具备侵权责任法上安全保障义务的主体地位，即便我们假定她此时负有安全保障的义务，应当在危险时刻与江某共同进退、共担风险，则大概率的结果是，要么两位赤手空拳的羸弱女子在手持利刃的壮汉面前无一保全，这个结果无疑是更加悲惨的，也是所有人更加不愿看到的；要么作为陈某峰主要报复对象的刘某曦成功吸引陈某峰的注意力，从而被陈某峰如愿杀害，而江某顺利逃走，获得生命的保全。在这种情况下，以一位女子的生命换取另一位女子的生存，会是我们积极追求的更好的结果吗？显然不是，因为所有人的生命都应当是等价的。即便我们从后来刘某曦的表现回溯地审视当时的凶杀过程，在内心里更愿意希望道德更高尚的江某存活下来，我们也要理性地反问：这种情况可能发生吗？正因为江某在道德上是高尚的，在好友刘某曦面临生命危险的生死关头，她几乎不可能作出只身逃走的选择。那么，推理的结果就又回到了原点，即假定刘某曦冲出房间与江某共抗凶险，结果只能是更加悲惨。就此而言，我们从逻辑上可以基本推理出这样的结论：无论刘某曦关门与否，江某的殒命悲剧大概率都是不可避免的；如此而言，则刘某曦锁闭房门的行为与江某之死之间的因果关系就瞬间崩解了。

三是关于被告未能履行提示危险的注意义务和安全保障义务（或共抗风险义务）的主观性问题的分析。这一分析的目的，在于判断刘某曦未能履行两项义务是否存在主观故意和间接故意问题。概括前述分析所展示的涉及被告主观性的内容可见，"江歌案"的几个主要环节，被告刘某曦未能履行义务的主观故意和间接故意都很难成立：其一，在刘某曦阻止江某报警环节，从一个理性正常人的视域审视，刘某曦在当时显然不可能预见到陈某峰具有杀人危险性。因为，在生命侵害与两人同租违法之间进行利害关系判断，孰轻孰重实在太过明显，如果意识到陈某峰具有杀人的危险性，刘某曦不可能做出这样的选择，甚至她在这方面的敏锐性可能还赶不上江某，因为正是江某提出了报警的尝试；但江某也很难预见到陈某峰的杀人危险性，因为这与其几天前刚刚劝解其离开这一成功经验恰相矛盾。可见，在刘某曦阻止江某报警的环节，声言其未能履行注意义务具有主观故意，显然是不能成立的。其二，在二人同返公寓过程中刘某曦未能及时告知江某即刻危险的环节，倘若刘某曦能够预见到陈某峰具有杀人的危险性，则她不可能选择回到公寓，那么也就不可能存在邀请江某陪同回公寓这一事实了。可见在此一阶段，也不能说刘某曦已经预见到了危险的降临而不履行告知义务，因而其主观故意也是不存在的。其三，如前所述，在刘某曦进入公寓并反锁房门的环节，其作为一个面对危情的"避险者"，本能地选择了逃避并关上房门这一自救举措，特别是形式上可能具有"积极行为"外观的反锁房门行为，本质上是不可以从逃避行为中分解出来单独对待的，因为一旦将这一行为视作刘某曦的积极行为分解出来，则刘某曦逃入公寓的举措将对于其保全生命没有任何意义。据此，我们只能将反锁房门的行为和其逃入公寓的行为视作刘某曦"避险行为"的统一而不可分割的同一举措。就此而言，则反锁房门的那种存在的积极行为表象就不攻自破了。因而可以说，即便在这一环节，也难以做出刘某曦具有主观故意的判断。其四，从刘某曦两次报警的举动来看，当遁入公寓的刘某曦意识到门外的江某正在面临即刻生命危险之时，她选择了报警；而当她听到江某的惨叫声之时，她再次报警。可见，刘某曦并非放任江某生命被杀害这一后果的出现，而是选择了当时最能够有效制止陈某峰凶杀行为的可能唯一有效的措施——报警；而在美国，此种情形下只要及时报警就已经被认为是尽到了注意义务。当然刘某曦是自私的，她不可能有勇气冲出门去与江某共担风险；诚如前文分析的那样，即便刘某曦有勇气冲出门去与江某共抗凶徒，两个赤手空拳的弱女子又岂是手持利刃的壮汉的对手？能够合理推测的结果只能是，更加悲惨的一幕将展示给世人。就此而言，我们假定两人共抗陈某峰的举措并不具备更加积极的意义和更好的效果。通过上述推理分析可见，刘暖曦未能履行注意义务和保护义务并不具有主观故意，也难以成立间接故意。

　　关于被告刘某曦的民事侵权责任认定，邹兵建根据"一般侵权责任三阶层构成要件体系"说，根据刘某曦在江某遇害事件过程中的行为表现，在事实要件、违法性、有责性三部分构成要件方面，作出如下推理：因刘某曦未能履行提示江某凶杀风险注意义务、遁入公寓并反锁房门的行为、未能与江某共抗风险履行安全保障义务与江某的死亡之间都不能够成立因果关系，则刘某曦侵害江某生命权的事实要件无法成立；在"违法性"要素方面，刘某曦遁入公寓并反锁房门的行为因符合"紧急避险"的形式要件而具有阻却违法性成立的理由（当然，这一点争议较大）；在"有责性"要素方面，认为刘某曦的一系列行为既不具有主观故意且也难以成立间接故意，因而不具备承担法律责任的主观要件。概言之，仅从法律分析看，刘某曦对江某之死难以承担生命权侵权损害责任，此种观点在其他学者那里也得到了认同。[1]对此，即便不论"违法性"要素方面成立与否的争议，在法教义学分析之下，仅就事实要件和主观要件不能成立而言，无论采取哪种侵权责任构成要件学说，都很难根据现有的侵权责任法追究刘某曦之于江某生命权的侵权责任。

（三）"江歌案"中的法津（司法裁判）与道德的张力

那么，这是否意味着被告刘某曦就可以借此逃脱法律的惩罚，悲苦的江某母亲江某莲不仅要痛失爱女，还要在法律正义的竞技场上同样败下阵来？当然不是。"江歌案"一审审判长嵇焕飞在接受采访时指出，江某无私帮助他人的行为，体现了中华民族传统美德，与社会主义核心价值观和公序良俗相契合，应予褒扬。其受到不法侵害，理应得到法律救济。刘某曦的行为进一步加重了他人的伤痛，有违常理人情，应予谴责。贺剑在评论中将判决书包含的法律救济逻辑解析为："过错侵权责任在该案中的作为有限，甚至技术上根本行不通；作为替代，应当基于社会主义核心价值观以及相关民法基本原则，发掘我国社会中的恩义文化、恩义价值，对《民法总则》第183条的含义重新予以阐释，使得忘恩负义不仅是一种道德评价，也是一项重要的法律评价。在前述第183条的框架下，本案被告诸多忘恩负义之举以及其他因素，都能得到更周全适当的评价，原告所能获得的'适当补偿'数额，甚至可以等于实际损失数额。"这段话表达了三个重要判断：其一，基本否定了通过过错侵权责任课予被告民事赔偿义务在技术上的可能性，原因就是前文论及的侵权行为构成要件不能成立。其二，主张在侵权法的技术规则之外寻求法律原则依据，通过民法基本原则对被告的行为作出法律评价并以之为确定民事赔偿的根据。其三，主张以《民法典》第183条确立被告的侵权责任。[2]《民法典》第183条又被称为"见义勇为条款"，其规范目的在于保护见义勇为者、鼓励见义勇为行为，主张对见义勇为者因其见义勇为行为受到的损害，受益人可以给予适当补偿。

---

〔1〕 参见谢鸿飞：《江秋莲诉刘暖曦生命权纠纷案的关键侵权法理》，载《中国社会科学报》2022年3月2日，第4版。

〔2〕 我国《民法典》第183条规定："因保护他人民事权益使自己受到损害的，由侵权人承担民事责任，受益人可以给予适当补偿。没有侵权人、侵权人逃逸或者无力承担民事责任，受害人请求补偿的，受益人应当给予适当补偿。"

应当说，这三个重要判断，都有较为扎实的理论依据和司法实践价值，但也存在一定的可商榷之处，主要体现在两个方面：一是将江某对刘某曦的帮助与恩义文化挂钩，主张对刘某曦的行为给予法律的负面评价，那么如何将道德上的恩义价值转化为法律价值的判断？这不仅要求有必要的法律依据，还必须阐明转化方法上的正当合理性。二是如何将江某的陪伴与劝解行为认定为"见义勇为"行为，存在很大的难度。从见义勇为行为的构成要件来看，"见义勇为行为人没有法定或者约定的危难救助义务，这是见义勇为'义'之形式所在，行为人为国家利益、社会公共利益或者他人合法权益而实施危难救助行为是见义勇为'义'之实质所在。见义勇为之'勇'主要体现为在紧急情况下实施的防止、制止不法侵害或者抢险、救灾、救人等危难救助行为。"[1] 江某的行为不符合见义勇为条款的规定，主要体现在两个方面：其一，江某是应刘某曦之邀对其进行陪护并对其恋爱纠纷进行劝解，而这恰恰是见义勇为条款"没有约定"所排除的内容；其二，江某对刘某曦的帮助主要是陪同和恋爱纠纷劝解，不符合见义勇为条款所规定的"危难救助"的行为特征，因而很难归入"见义勇为"行为之列。江某的行为更符合传统中国社会所理解的"恩义行为"的特征。但如前所言，一旦将江某的行为认定为恩义行为，则它就失去了《民法典》第 183 条之规定的支持。那么，既然从《民法典》"见义勇为条款"为原告寻求民事侵权赔偿的努力落空了，则可能的法定依据就只剩下一条路径可走，即通过民法典基本原则为这一场生命权侵权纠纷厘清是非界限、确定赔偿方向，这也是"江歌案"一审判决书中明确宣示的基本裁判立场："基于民法诚实信用基本原则和权利义务相一致原则[2]。"

这就意味着，真正能够支撑起"江歌案"民事一审判决的规范基础，只能是"诚实信用""公序良俗"等民法基本原则，而在法律规则层面却找不到合理根据。于是问题就被带入了法律（司法裁判）与道德关系的轨道，这一系列难题再次呈现在我们面前：法律与道德的界限何在？司法裁判道德化的合法性何在？司法裁判如何正确地沟通法律与道德才具有合理性？等等。这一系列问题的合理解决，要求我们对法律与道德的本质关系问题作出深入考察并给出合理回答。

---

〔1〕　王雷：《见义勇为行为的构成要件和认定程序新释》，载《北外法学》2021 年第 1 期。
〔2〕　山东省青岛市城阳区人民法院民事判决书（2019）鲁 0214 民初 9592 号。

二、司法裁判与道德价值的张力及其理论争辩

要在理论上令人信服地将法律与道德予以区分，同时为诸如那些类似"江歌案"的疑难案件，寻求到既令浸淫在道德价值中的广大社会公众信服，又能在法律范围之内而非根据道德规范的正确答案，就有必要在区分法律价值与道德价值的基础上，处理好法律原则与法律规则之间的指导与配合关系，贯彻好限制法官个人立场并在忠诚法律的前提下，为司法判决及时合理地吸纳社会命题和道德价值构建起顺畅稳定的方法机制和渠道，将能够为以"江歌案"为代表的涉道德命题案件的有效解决提供理论基础和路径依赖。

（一）法律价值、正义价值与司法裁判

司法判决与道德原则的关系具有复杂的内涵。就"道德原则"这一语词的语义而言，道德原则可以是社会流行或者主流的道德原则，它是社会规范的一部分；还可以是法律当中的包含道德价值的原则，它是法律规范的必要组成部分。所以在这里，应当对二者作出一个明确的区分：当我们在法律规范意义上谈到原则的时候，它只能专指法律之中的基本原则，而不是法律之外社会之中的任何道德原则，对于前者，我们称为"法律原则"，对于后者，我们称为"道德原则"，二者日常发生作用的领域和法律地位都有着明显的区分，但也存在着重要的联系：法律的基本原则都来自社会道德原则，立法者通过将"维护社会有序化要求所必需的、基本的道德……纳入法律干预的范围，通过上升为立法获得强制性，而法律也因此获得了道德的意蕴。此为立法的道德性"[1]。可见，法律与道德具有天然的联系，通过法律之中的基本原则与道德的勾连及其对法律规则体系的渗透和统帅作用，法律与道德获得了持久捆绑的法定机制。不仅如此，法律与依据法律作出的司法裁判还不断受到社会道德的检验和评价，法律及其包含的道德原则与社会道德始终处于不断变化的张力关系之中，并持续塑造着司法的日常形态："面对道德困境案件的日趋增多，司法之道德话语系统的社会意义得以凸显，法官往往需要将目光往返于法律话语系统与道德话语系统，充分反映民众的共同道德观，并自觉拒斥虚妄的民意诉求对司法的消极影响。当然，也使难办案件意义上的

---

[1] 秦策、夏锦文：《司法的道德性与法律方法》，载《法学研究》2011 年第 4 期。

司法裁判被简缩为'冲击—回应'的被动过程，从而形成了一种基于外在压力影响但又需要慎重对待的压力型司法。"[1]审视"江歌案"民事一审的社会环境、裁判内容和话语意识形态可知，这是一起在受到社会主流民意与道德观念压力之下作出的典型的"压力型司法判决"。

　　司法判决受到其外部社会道德的压力，意味着法律正当程序的运转溢出了本有的边界之外，突破了法律系统的自我统摄，本质上是司法机制的"异化"。[2]法律裁判程序的运作，按照形式法治的基本要求，本应当只受法律体制内的权力和程序步骤的推动而有序展开，一旦其超出本有之规范边界，则需要我们重新审视法律与道德、法律价值与社会正义的关系。凯尔森在论及"法律的价值"和社会的"正义的价值"概念的区分时，表述过一段非常系统的观点："法律规范之可被适用，不仅在于它由机关所执行或由国民所服从。而且还在于它构成一个特定的价值判断的基础。这种判断使机关或国民的行为成为合法的（根据法律的、正当的）或非法的（不根据法律的、错误的）行为。这些是特定的、法律上的价值判断。其他价值判断关系到法律本身或创制法律的人的活动。这些判断宣称立法者的活动或其产物，即法律，是正义的或非正义的。法官的活动的确也被认为是正义的或非正义的，但这只是在他创制法律的能力起作用时才是这样。当他只不过是适用法律时，那么，他的行为，就像从属法律的那些人的行为一样，被认为是合法的或非法的。对一定行为是合法或非法的判断中所包含的价值表语，在这里，就被称为'法律的价值'，而对一个法律秩序是正义的或非正义的判断中所包含的价值表语，则称为'正义的价值'。宣称法律价值的陈述是客观价值判断，宣称正义价值的陈述是主观价值判断。"[3]凯尔森在这段话中表达了关于法律价值与社会正义价值关系的两个非常重要的观点：其一，凯尔森提出了一个重要命题：法律有其自身内部的价值判断。作为法律实证主义的代表人物，凯尔森并不否认法律判断就是价值判断。他认为，无论对执法机关的执行行为、

---

　　[1]　姜涛：《道德话语系统与压力型司法的路径选择》，载《法律科学（西北政法大学学报）》2014年第6期。

　　[2]　有学者把"尚德不尚法""实质思维模式"视为司法异化之积弊的重要表现，这一观点与本文所述司法机制的异化基本符合。参见汪习根、桂晓伟：《司法"异化"的文化反思》，载《政法学刊》2008年第1期。

　　[3]　[奥]凯尔森：《法与国家的一般理论》，沈宗灵译，中国大百科全书出版社1996年版，第51页。

司法机关的法律适用行为还是国民的服从法律的行为，对其进行判断的规范依据只能是法律。而这样一个判断，就是以法律为基础的特定的价值判断。符合法律的相关行为就是合法的、正当的，不符合法律的相关行为就是错误的、非法的或者不正当的，凯尔森关于法律判断的这一阐述已经非常接近哈特的"内在观点"概念了。这一论述在根本上厘清了一个非常重要的问题：法律实证主义并非排除价值判断，只不过是其所承认的价值判断是来自法律之内的价值判断。如此而言，则规范法学视域中法律规范并非与价值断然分开，法律是有其内在价值设定的规范性存在，因而法律评价是以法律为基础的特定价值判断，法律评价只承认那些纳入法律之中的价值。当法律对主体行为作出评价时，法律判断总是与法的目的、宗旨、价值不可分离，而毋宁是浑然一体的。其二，凯尔森提出的另一个重要命题是，"正义的价值"是法律之外的社会价值判断。在法律的价值评判之外所进行的价值评价活动，主要包括对于立法者的立法活动及其产物的法律本身的评价，一般经常使用正义的或非正义的这样的价值表语，这种评价就是根据社会道德或社会价值进行的评价，它体现的是"正义的价值"而不是"法律的价值"。对于法官而言，当他仅仅进行纯粹法律适用的活动时，则对其进行的评价是法律之内的评价，即"法律的价值"评价。但当法官从事与创制法律规范相关的行为时，对这种创制行为及其创制的成果即"法官造法"进行的评价，就会涉及基于社会道德或社会价值进行的正义与否的判断。凯尔森反对基于社会道德价值对法律进行所谓的正义评价，原因在于，"一个时代的价值体系并不是孤立的个人的一种任意创造，而始终是在一个特定的集团中，在家庭、部族、阶级、等级、职业中，各个人相互影响的结果。每一价值体系，特别是道德体系及其核心的正义观念，是一个社会现象，是社会的产物，因而依照其所产生的社会的性质而有所不同而已"[1]。凯尔森指出，即便数量众多的人的价值判断意见一致，并不能证明这个判断是正确的；正义的标准像真理的标准一样，并不因对现实判断或对价值判断的频繁性而增强。因而他不无反讽地指出："正义是一个反理性的理想。无论它对人们的意志与行为可能是多么必要，但它却是不能被认识的。从理性认识的观点来看，只有利益，因而也就只有利

---

[1] [奥] 凯尔森：《法与国家的一般理论》，沈宗灵译，中国大百科全书出版社1996年版，第8页。

益的冲突。"[1]他意在说明，正义是与利益的冲突和争夺有关的集团或阶层的片面价值判断，因而必然是主观的、多元的、冲突的和变动不居的，是无法科学认识和客观把握的。但法律不是这样，实在法能够成为一个科学的认识对象，实在法内含的法律价值也是稳定的客观存在，因而"宣称法律价值的陈述是客观价值判断，而宣称社会道德之正义价值的陈述是主观价值陈述"，前者是可以科学认知的理性存在，后者则是不可认知的非理性存在。基于此，司法适用只能是基于法律和法律之内价值的判断，企图以"正义的价值"对法律问题作出裁判，不仅是价值论上的非理性主义，在认识论上也是不可能的。

对于凯尔森关于法律的价值和正义的价值的重要区分，有学者基于"普遍伦理主义"（ethical universalism）与"相对伦理主义"（ethical relativism）视角进行了佐证：普遍伦理主义认为存在某些客观的普遍适用的伦理准则；相对伦理主义则基于社会与文化的特殊性认为不存在适用于任何社会状况的普适准则。法律作为具有普适性特征的国家规范，只能以普遍伦理主义下的道德作为其价值基础或法律价值来源，"任何企图扩大普遍伦理主义范围的立法或司法尝试都将遭遇法治危机"[2]。因而，在凯尔森将法律与道德在价值判断上的差异性区分为"客观价值判断"与"主观价值判断"的基础上，可以说，"法律对于行为合法性的判断是不以人的主观愿望或情感而转移的，只有依据法律规范来裁判人们的行为才属于客观价值判断。这是司法裁判得到认可的唯一方式。换句话说，司法裁判只遵从同法律保持同质性的那一部分道德"[3]。而所谓"同法律保持同质性的那一部分道德"，其实就是法律之内的价值，也就是宣示于立法宗旨、融汇于法律规则体系，而以法律原则为浓缩性表达式的"法律的价值"。

基于以上分析，当代司法者们理应认识到："一些判决书在使用道德话语时，忽视了在现代司法语境下法律话语与道德话语之间的主次关系，只注重

---

[1]　[奥] 凯尔森：《法与国家的一般理论》，沈宗灵译，中国大百科全书出版社 1996 年版，第 13 页。

[2]　张婷婷：《科技、法律与道德关系的司法检视——以"宜兴胚胎案"为例的分析》，载《法学论坛》2016 年第 1 期。

[3]　张婷婷：《科技、法律与道德关系的司法检视——以"宜兴胚胎案"为例的分析》，载《法学论坛》2016 年第 1 期。

道德话语本身的正当性以及其对判决结果的导向性，而造成对法律话语的'压制'或'遗忘'……无论是'压制'还是'遗忘'，在事实上都造成了这些案件中判决书法律属性的弱化。"[1]司法实践中以道德价值判断取代法律判断的危害性是显而易见的，对国家法制的统一、对司法的形象、对司法制度都是一种污损和破坏，与"法治中国"的目标与要求背道而驰。有学者针对此类现象指出，尽管司法的道德性有助于提升裁判的社会效果，有利于缓解国家法律与社会价值观念之间的紧张，但要防止出现"道德司法"或"价值司法"，以维护现代法治最起码的安定性与可预期性。因为，对于进行中的法治中国建设而言，"法治进程的目标之一在于法律的自治性，即划分法律与包括道德在内的各种外部规范之间的界限，法官裁判必须以法为据，道德因素的考量应尽可能摒除在外，司法应具有中立性而不是道德性"[2]。

通过前文对"江歌案"的分析，业已证明，道德原则和意识形态价值只能够为案件的解决提供令人动容的论证话语，却无法提供令人信服的法律判断；而法治对法律的自治性和可预测性的恪守则提醒每一位法律人，司法裁判必须摒弃外在的道德干扰，这就要求法律理论应当在重构法律概念的基础上，在正确处置法律原则与法律规则关系的前提下，将类似"江歌案"的疑难案件的裁判路径寻求之路再次向前推进一步。

（二）法学理论对法律原则与法律规则关系的论辩

所有的法律人都会同意，任何法律案件都应当依法作出裁判，道德原则、意识形态、社会习俗或者法律之外的其他标准都不应当成为司法裁判的依据。但是，这样一个共识是有条件的，即只有在简单案件中，只有在法律规则清晰明确的案件中，人们才会事实上秉持这样一个共同认识。一旦脱离简单案件而进入疑难案件的语境，问题就发生了根本变化："在没有争议的案件的裁判中，司法的合法性问题隐而不彰，但是，当出现有道德争议的案件时，法官应该如何裁判便马上成为焦点。"[3]德沃金指出："判定道德标准是否，以及如果是的话又在何种情况下属于法律命题的真值条件之一（这些真值条件

是使这样一个命题为真所必不可少的），这一点事关重大。这在像我们这样的政治共同体中尤其重要，在我们这样的政治共同体里，重要的政治决定是由法官们作出的，法官们被认为唯有在真实的法律命题要求或允许的时候，才具有作决定的责任。在这样的共同体里，法官是否以及在何时必须探究道德，以便判断哪些命题是真的，这具有特别重要的意义。"〔1〕

那么，这就事实上将讨论引向了关于法律的概念以及法律与道德原则界限的方向，也就是说，在一个法治社会，只有在道德原则被纳入法律概念的情况下，法官才负有按照这些道德原则作出裁判的责任；前提条件是，这些道德标准必须符合法律命题的真值条件。关于法律与道德关系的讨论，一直是法学理论的核心问题之一。当奥斯丁说，"法律的存在是一回事，其优劣是另一回事"〔2〕，他是在说，是不是法律和法律在道德上的好坏是两回事；从中可以逻辑地推论出，"法律在道德上是可错的"，这是一个非常重要的判断，也是世所公认的事实。但凯尔森提出了相当不同的见解，莱昂斯将其观点概括为："社会事实决定何种法律存在，它们要求与允许什么。这些是一个客观事实的问题。但是，道德判断没有任何事实性基础，只不过是表达我们持有的态度。因此法律不可能是道德的一个函数。法律的确认与解释必须独立于道德条件。"〔3〕凯尔森的道德怀疑主义将道德问题视为完全主观的、相对的，这势必会导出这样一个结论：法律在道德上是不可评价的，这显然不符合基本的社会事实，在真值条件上，凯尔森的前述论断难以成立。哈特则有所不同，虽然亦将法律与道德的分离作为其理论展开的基本前提，但他毕竟是"柔性实证主义者"，不仅因为他认可了"最低限度的自然法"〔4〕，还在于他承认法律有道德上的善恶之分："我们会谴责某些法律是道德败坏的，仅仅因为它要求个人去做一些道德所禁止的事，或者限制个人，使他无法尽他的道

---

〔1〕　［美］罗纳德·德沃金：《身披法袍的正义》，周林刚、翟志勇译，北京大学出版社2010年版，第2~3页。

〔2〕　See John Austin, *The Province of Jurisprudence Determined*, Weidenfeld Nicholson, 1954, p. 13.

〔3〕　［美］大卫·莱昂斯：《伦理学与法治》，葛四友译，商务印书馆2016年版，第71页。

〔4〕　根据哈特《法律的概念》一书的阐述，人的目的是生存，我们所关心的是那些为了持续存在而设的社会措置，而不是自杀俱乐部。因此根据人性以及人类生存世界的事实的明显判断，就必须有某些行为规则，这些规则确实构成所有社会的法律和道德习俗中共同的元素，虽然这些社会都从这些元素发展出不同形式的社会控制。这些行为规则就是哈特所说的"最低限度内容的自然法"。参见［英］哈特：《法律的概念》，许家馨、李冠宜译，法律出版社2006年版，第179页。

德义务。"[1]法学理论关于法律与道德关系探讨的推进，更进一步体现在德沃金与哈特的相关论战之中。

为了论证道德标准纳入法律概念的真值条件，德沃金对法律的概念进行了阶段与类型的划分。德沃金是在承认现有制度的合法性并力图为法律制度发展提供最佳论证意义上给出法律的概念，因而其法律概念必然是教义学的（doctrinal）：教义学"……所探究的，是某地或某个实体之具有特定效力的'法律'的概念。我们所作的关于法律要求什么、禁止什么、许可什么或创设了什么的主张，都是这种类型的主张"[2]。德沃金把教义学的法律概念区分为四个阶段：语义学阶段、法理学阶段、教义学阶段和裁判阶段。德沃金认为，法律概念的语义学阶段又可区分为三个类型——标准性概念、自然性概念和解释性概念。所谓标准性概念是指这种概念的界定依据某种固定的标准；所谓自然性概念是指概念具有某种固定的本质性内涵。在日常生活中，经常用于描述某些社会现象的概念多为语义学概念，例如丈夫、妻子、家庭都属于标准性概念，其确定内涵的取得依赖于社会的语义共识或语义习惯。自然界的事物如植物、动物就属于自然性概念，因为对其内涵的界定取决于对其自然本质属性的把握。法律实证主义将法律视为一种语义性概念，即法律是什么的边界取决于某种社会公认的关于法律的语义标准，因而其法律概念中必然存在一根"语义学之刺"（linguistic stings）。德沃金认为，这种概念的聚合性语言实践既决定了标准型概念的正确运用，也决定了自然类型概念的正确运用，却无法决定法律这种解释性概念的运用。解释性概念既没有一个固定的本质，也没有一个固定的标准来界定其意义，它反而是那种有赖于相关实践中的人们的反思与争论并对之做出最佳解释的概念。法律中如自由、平等、民主、法治、人权等都属于此类概念。在法律实践中的人们共享着这些概念，却往往对这些概念的意义与价值存在巨大争议，在这一点上哈特真正理解了德沃金，因为他说："他（德沃金）极力主张，理论争议本质上就是具有争议性的，因为它们不仅牵涉到历史事实，也经常牵涉到具有争议性的道德判断和价值判断。"[3]因而，法律是什么在很大程度上取决于法律实践中对

---

[1] ［英］哈特：《法律的概念》，许家馨、李冠宜译，法律出版社 2006 年版，第 159 页。

[2] ［美］罗纳德·德沃金：《身披法袍的正义》，周林刚、翟志勇译，北京大学出版社 2010 年版，第 2 页。

[3] ［英］哈特：《法律的概念》，许家馨、李冠宜译，法律出版社 2006 年版，第 226 页。

解释性概念的竞争性解释。正是在此意义上，德沃金断言："法律推理（legal reasoning）是一种建构性解释（constructive interpretation），我们的法律存在于对我们整个法律实践的最佳论证（justification）之中，存在于对这种实践解释的最佳叙事之中。"[1]作为一种解释性理论（interpretive theory），法律概念的法理学阶段的基本任务，是必须对解释性的教义学法律概念的性质给出说明：何种关于法律概念的解释才是最好的解释。为此，德沃金引入了"法律的愿望性概念"——支撑合法性与法治的种种价值，在现实法律实践与合法性和法治诸种价值的圆满性的张力之下，那种对法律实践的解释趋向于愿望性概念的答案才可能是最佳的。于是，在法理学阶段，法律的概念就是教义性与愿望性的合一，即法理学的法律概念，既是基于现有法律制度效力的规范性体现，又是朝向愿望性价值的对法律实践的最佳解释，是对法律制度最佳面向的解释性呈现，它"把这条原则摆在显著的地位：一个国家应当尽可能通过一系列融贯的政治原则来进行统治，它将这些原则的利益扩展到所有的公民身上"[2]。因而，法理学阶段对法律概念的理解，必须是内部参与者视角的（internal perspective），必定包含并融贯了政治道德，"是在政治的道德性中进行的一次操练"。德沃金接着说，"一旦我们在法理学阶段采用了一种有关法律之价值的理论，我们便进展到第三个阶段，即教义性的阶段。在这个阶段，我们要根据在法理学阶段所确定的价值，构建出对法律命题之真值条件的一种解说"。要满足这样的真值条件，就必须将政治道德性的整体价值作为法律实践辩护的根本理由，即"必须把将创制法律的权力分派给特定机构的政治道德性诸原则，以及其他以各种正式与非正式方式限制这些权力的原则，摆在一个显要的位置"[3]。这些具有政治道德性的法律原则来自何处？根据德沃金的概括，英美法系的法律原则既包括明文规定的"实定法律原则"，还包括"法律的隐含原则"（以隐含形式存在于法律之中的原则）和"直接来源于道德规范的原则"。[4]因而，法律必然是一个包含政治性道德原则同时坚

---

〔1〕 ［美］罗纳德·德沃金：《法律帝国》，许杨勇译，上海三联书店 2016 年版，"序言"第 1 页。

〔2〕 ［美］罗纳德·德沃金：《身披法袍的正义》，周林刚、翟志勇译，北京大学出版社 2010 年版，第 14 页。

〔3〕 ［美］罗纳德·德沃金：《身披法袍的正义》，周林刚、翟志勇译，北京大学出版社 2010 年版，第 18 页。

〔4〕 参见 ［美］罗纳德·德沃金：《认真对待权利》，信春鹰、吴玉章译，中国大百科全书出版社 1998 年版，第 41 页。

守对制度忠诚的充满张力的解释性概念，"法律的态度是建构性的，其目标是：秉持解释的精神，用原则涵盖实践以展现通向更美好未来的最佳路线，又保持对过去之恰当程度的信守"[1]。至此，德沃金就将来源于政治道德性的法律原则解释性地吸纳进了法律概念中，在超越实证主义语义学法律概念的同时，为法律概念在法律实践中的不断完善预置了真值条件和理论空间。就此而言，解释性法律概念是不需要一个"裁判阶段"的，法律实证主义者却亟须这样一个法律概念来弥补其缺陷。原因在于，法律实证主义将法律视为由主要规则和次要规则构成的规则体系，这样一个法律规则体系的边界是由语义性的"承认规则"（rules of recognition）划定的。但任何语义性概念都依赖一个语义核心确定其基本含义，在语义的边缘，哈特承认存在着"空缺结构"（open texture）[2]或"不确定的阴影地带"[3]，对规则存在的这种空缺结构的填补，却是实证主义的规则体系无法解决的，正是在这里，实证主义滑向了它所反对的"法律实用主义"（legal pragmatism）的泥潭："法律的空缺结构意味着，存在着某些行为领域，这些领域如何规范必须由法院或官员去发展，也就是让法院或官员依据具体情况，在互相竞逐的利益（其重要性随着不同的个案而有所不同）间取得均衡。"[4]德沃金认为，至此，法律实证主义已经不再是一种法律理论了；而解释学的整全法理论，由于已经在法理学阶段就将政治道德性原则纳入其法律概念，因而对其而言，"我们甚至可以说，一种裁判的理论，根本就不是法律理论的组成部分"[5]。的确，在这一点上德沃金是对的，因为，"一个规范性的裁判理论并不打算预测法官将如何裁决案件；它的目的是解释他们应当如何裁决案件"[6]。由此可见，解释性法律理论与实证主义法律概念，至此具有了完全不同的特征，前者认为法律原则与法律规则一样，都是法律概念的必要部分，而后者只承认法律是一个纯粹的规则体系，却在法律规则的空缺结构之处背离了自己的理论信念而滑

---

〔1〕［美］罗纳德·德沃金：《法律帝国》，许杨勇译，上海三联书店2016年版，第324页。

〔2〕［英］哈特：《法律的概念》，许家馨、李冠宜译，法律出版社2006年版，第123页。

〔3〕［英］哈特：《法律的概念》，许家馨、李冠宜译，法律出版社2006年版，第129页。

〔4〕［英］哈特：《法律的概念》，许家馨、李冠宜译，法律出版社2006年版，第130页。

〔5〕［美］罗纳德·德沃金：《身披法袍的正义》，周林刚、翟志勇译，北京大学出版社2010年版，第21页。

〔6〕See Leslie Green, *The Cambridge Companion to Legal Positivism*, Cambridge University Press, 2021, p. 58.

向了自己所反对的东西。虽然哈特亦曾辩护说："德沃金忽略了我曾明白地表示过，作为法效力的判准，承认规则可以将道德原则或实质价值包括进来；所以我的理论是属于所谓的'柔性法实证主义'（soft positivism），而不是德沃金版的'单纯事实'之法实证主义"[1]，尽管哈特的理论最后纳入了"道德原则或实质价值"，但毋庸置疑的是，在关于法律的概念是否包含政治性道德原则问题上，德沃金与哈特的实证主义的区分是显而易见的。

　　由此带来的逻辑结果就是，德沃金的整全法理论与实证主义关于原则与规则在判决中的关系与功能的不同观点的论述，成为二者之间的又一重大分野。关于这一点，哈特在其《法律的概念》一书的"后记"中有非常完整的表述，我们在此分别予以分析：（1）哈特认为，规则与原则的第一个区分特性是"程度性"。即原则宽泛而规则具体，同一原则的规定性可以具体体现在多个规则上，"我想所有批评我忽视了原则的批评者都同意，原则至少有两种特性能够与规则区别开来。第一个特性是'程度'：相对于规则而言，原则较为广泛、一般或不具体，这个特性显示在一个现象上，那就是许多被当作个别存在的规则可以被视为同一个原则的体现或例证[2]。"（2）规则与原则的第二个区分特性是"可欲性"。原则具有价值上的"可欲性"，从而对规则发挥着说明性和证立性的论证功能："第二个特性是，既然原则多少都清楚地指向某种意向、目标、权利或价值，因此从某个观点来说，原则乃是被视为一种值得去追求、去坚持的事物。它不仅仅给予其具体化的规则以说明及理由，而且对这些规则的证立至少也能发挥些许作用。"[3]他继续阐述说，"从某个观点来看，原则具有广泛性以及可欲性（desirability）这两个特性。这两个特性能够说明原则在与规则的关系中，所扮演的说明性及证立性的角色[4]。"哈特认为，前述这两点关于原则与规则的区分是他及其批评者都能够同意的，当然也包括他最主要的批评者德沃金。（3）德沃金认为原则的司法适用是"非决断性"，而规则的适用是以"全有或全无"的方式运作的；哈特对此持相反观点，认为二者的区别仅仅是"程度性的"："除了这两个相对来说无可争议的特性之外，原则还有第三个特性，这个特性在我看来乃是一个程度问题，

---

〔1〕　[英]哈特：《法律的概念》，许家馨、李冠宜译，法律出版社2006年版，第231页。
〔2〕　[英]哈特：《法律的概念》，许家馨、李冠宜译，法律出版社2006年版，第241页。
〔3〕　[英]哈特：《法律的概念》，许家馨、李冠宜译，法律出版社2006年版，第241页。
〔4〕　[英]哈特：《法律的概念》，许家馨、李冠宜译，法律出版社2006年版，第241页。

但在德沃金看来，却十分关键，因而不只是程度的问题。根据德沃金的看法，规则在适用规则的人的推理当中，以一种'全有或全无'的方式运作。……对德沃金来说，法律原则不同于这种以全有或全无的方式运作的规则，因为当原则被适用在案件中时，原则并不'确保'一个决定，而仅只是指向或有利于某种决定。……为了方便，我将原则的这个特性称为'非决断性'（non-conclusive character）。"〔1〕哈特却认为"这个区分只是个程度问题"〔2〕。（4）按照德沃金的观点，原则与规则在司法裁判中的作用与命运不同，在竞争中落败的原则可以继续有效，而在冲突中落败的规则在该案中将不再适用；哈特对此观点不予认同。哈特说："根据德沃金的看法，法律原则不同于法律规则，因为法律原则具有重要性的面向（a dimension of weight），而不是以有效或无效的方式运作，因此当某个法律原则与其他较重要的原则发生冲突时，该原则可以被凌驾过去，导致它无法在该案件中决定裁判结果；可是这个原则仍可保持完整的存在，有可能在其他的案件中，胜过其他较不重要的原则。另一方面，规则不是有效就是无效，没有这种重要性的面向。因此如果规则彼此冲突，根据德沃金的看法，只有其中之一能够继续有效，而在竞争中落败的规则必须被调整，使其能与另一项规则一致，而在该案件中落败的规则就不再适用。"〔3〕但哈特明确指出，"我看不出有什么理由可以接受这个法律原则与法律规则间的尖锐对比"，从他认为原则与规则的区分"只是个程度问题"的判断可以推知，在冲突中落败的规则不至于"全无"，只是胜出的规则对于案件裁判更加适当而已，因而二者之间仍然只是一个程度性的差别。

那么，在简单案件和疑难案件中，是否都需要法律原则的指导甚至决定性的指向，才能作出正确的判决？按照德沃金的整全法理论，法律是一个整合了原则与规则的解释性概念，这一体系是自给自足的；〔4〕法官在司法过程中对法律的适用应在最佳理解的基础上作出，其中当然包含了对法律规则本身与原则和立法宗旨的价值符合性、在先例中的最佳运用分不开，司法裁判的过程毋宁是不断回溯法律道德蕴涵并寻求最佳解释方案的行动，因而即便

---

〔1〕 ［英］哈特：《法律的概念》，许家馨、李冠宜译，法律出版社 2006 年版，第 241 页。

〔2〕 ［英］哈特：《法律的概念》，许家馨、李冠宜译，法律出版社 2006 年版，第 243 页。

〔3〕 ［英］哈特：《法律的概念》，许家馨、李冠宜译，法律出版社 2006 年版，第 241 页。

〔4〕 ［美］罗纳德·德沃金：《认真对待权利》，信春鹰、吴玉章译，中国大百科全书出版社 1998 年版，"序言"第 5 页。

是简单案件的裁判，也不会脱离原则的指导，整全法的思维路线本身就内涵了这一要素。哈特关于简单案件与法律原则关系的看法与当下通行的看法基本一致，即简单案件无需法律原则的指导可以直接根据规则径直作出裁判。但对于疑难案件，哈特的观点认为，法律规则在语义上可以划分为"核心地带"与"暗区地带"，前者乃语言所描述的事物的典型或标准情形涵盖的范围，后者乃其语义模糊的边缘区域，当法律规则的语义处于"暗区地带"时，裁判者将遭遇疑难案件，此时的法律裁判判断就有可能借助于道德评价："在暗区问题中，一个明智裁决不应是机械地做出的，而必须是依据目的、效果和政策，尽管其并不必然依据任何我们所谓的道德原则。"[1]可以看出，尽管这里哈特借助的是"目的、效果和政策"，是多重原则的混合，但目的所包含的法律原则仍然占有一席之地，而对效果与政策的借助则表明其滑出实证主义立场之后的迷茫，以至于他所反对的实用主义也混迹其中了。

德沃金与哈特关于原则与规则关系的论争，虽然最后分歧仍然比较大，但毕竟达成了某些共识：哈特在其逝后发表的《法律的概念》"后记"中，承认对法律原则的忽视是其理论的一个重要缺陷，认为其理论体系可以纳入法律原则，"但整体而言不会对我的法理论造成任何严重的后果"。作为新分析法学代表人物的哈特不得不说："我将从各个面向加以审视，那个认为我忽略了法律原则的批评，并且我想要证明无论这个批评是如何地有效，这个批评都可以被容纳进我的法理论当中。"[2]哈特承认了原则在法律中的重要地位，认可原则在宽泛性与一般性、在目标、权利或价值方面与规则的明显不同，表明他基本认同了原则作为法律概念必要组成部分的观点，这就为法律理论在涉道德性案件中通过发挥原则的作用求得解决路径，开辟了可能性并提供了理论共识的基础。

法学理论中这一共识的达成，对于涉道德性疑难案件的解决极具指导意义。在美国，"帕尔默案"是借助法律原则裁判的经典案例，德沃金曾以此案例证法律原则与规则的关系。在中国，"泸州遗赠案"的二审判决正是借助法律原则作出的，不但判案指向准确，而且社会效果良好。明晰了法律原则与

---

〔1〕［英］H. L. A. 哈特：《实证主义和法律与道德的分离（上）》，翟小波、强世功译，载《环球法律评论》2001 年第 2 期。

〔2〕［英］哈特：《法律的概念》，许家馨、李冠宜译，法律出版社 2006 年版，第 240 页。

规则的正确关系，自觉接受原则指导之下的法律价值导向的司法判决，应是明智且正确的选择，在普通法系的美国如此，在社会主义的"法治中国"依然如此，这已经成为东西方法学理论界的一个基本共识，这一点对于指导和理解"江歌案"的判决同样殊具价值。

（三）司法判决中的法官立场与对道德命题的吸纳

在"江歌案"民事一审中，法官看上去主要依据法律规则和法律原则作出了裁判，但法官同时以大篇幅的道德论证和意识形态价值的宣教为其裁判结论的合理性进行证成，从中可见法官裁判的基本立场是很清楚的，法官采取了基于社会公共道德和主流意识形态价值相一致的审判立场，这才是其判决获得社会公众普遍赞誉的主要原因，而主要不在于作为其裁判理由的事实认定与法律分析的质量如何。那么，一个重要问题随之浮现：法官在进行司法裁判的过程中，在裁判立场的选择上负有何种义务？法官应以法目的和宗旨为其裁判立场呢？还是以社会公众的普遍道德认知为其裁判立场基本取向？法官可以从私人立场出发作出裁判吗？

我们认为，法官作为以法律为志业的司法者，忠诚于法律是对其职业操守的基本要求，这在现代法治国家是一个基本共识。这一点在美国也毫不例外，德沃金针对美国的情形指出："在英美两国最流行的观点坚决主张，法官在每一个案件中，都应当始终遵循法律而不是设法改进法律。法官可能不喜欢他们找到的法律，……但他们无论如何都必须实施。根据这个流行的观点，不幸的是，一些法官并不接受这种明智的克制，他们隐蔽地，甚至赤裸裸地歪曲法律以迎合自己的目的或政治立场。他们都是不合格的法官，是篡权者、民主制度的破坏者。"[1]美国法学家伯顿亦认为："法官有义务维护法律，并应该按法律理由而行为。偏向于自我、朋友或者法官所加入组织的理由应该予以排除。道德的、宗教的及政治的理由亦应排除，除非法律刚好确认它们为司法判决的基础。"[2]我国也有学者明确指出："法官在适用法律的时候都程度不同地带有创造性，但创造性不应是法官行为的本质，忠于法律才是法官的职业伦理。法官在职业行为中如不表达对法律的忠诚，就会失去其职业的

---

〔1〕［美］罗纳德·德沃金：《法律帝国》，许杨勇译，上海三联书店 2016 年版，第 6 页。

〔2〕［美］史蒂文·J·伯顿：《法律和法律推理导论》，张志铭、解兴权译，中国政法大学出版社 1998 年版，第 189 页。

独立性。"[1]而法官表达对法律忠诚的主要方式，就是在适用法律的过程中坚持对法律客观性的追求，以"发现法律"而不是修正和创造法律作为基本法律方法。

在当代中国的司法裁判发展过程中，其实已经产生了若干体现法官对法律的忠诚的司法案例，这些司法案例几乎都是涉道德的疑难案件。在青岛市中级人民法院作出的轰动一时的"顶盆继承案"中，法官就是借助于"公序良俗原则"和"诚信原则"并根据法律权利与义务的均衡原理作出了裁判，其中贯穿着对利益的衡量和道德合法性的斟酌。"泸州遗赠案"的判决，同样是遵循了这样的立场、思路与精神，就此判决书明确指出，被继承人将遗产赠送给"第三者"的行为违反了《民法通则》第7条的规定，民事活动应当尊重社会公德，不得损害社会公共利益，破坏国家经济计划，扰乱社会经济秩序，因此该遗嘱应当认定为无效。[2]"江歌案"民事一审也是如此，在依据规则判决出现明显不公正结果的情形下，法官立基于社会公共理性的立场引用法律原则作出正当裁判，符合法律施加于法官的忠诚法律之义务的要求。问题在于，当法官这样做的时候，是不是在很大程度上与受到强大舆论压力的影响有关？是不是因此过多地进行了"后果导向的考量"而非真正基于法律分析才作出符合社会公众胃口的具有"政治正确"的裁判？无论如何，过多关联于社会环境压力的司法运作恰恰表明，我们尚且缺乏一种真正能够将此类案件的判决稳妥限定于一定框架结构之中的法律理论与制度机制，"为了能够进入法律领域与解决法律争端直接相关，人们的理想的道德理论必须转变为一种可称为'制度道德'的理论"。[3]

在这方面，普通法系在持久运作历史中形成的司法哲学和机制模式尤其值得借鉴。按照艾森伯格（Melvin Aron Eisenberg）对普通法司法实践的概括，普通法在其司法过程中，要坚持三种标准和两种理想模式：其一要坚持社会

---

〔1〕 陈金钊：《法官如何表达对法律的忠诚——关于法治方法的理论探索之二》，载《法律方法》2002年第0期。

〔2〕 参见四川省泸州市中级人民法院民事判决书（2001）泸民一终字第621号。

〔3〕 麦考密克和魏因贝格尔在《制度法论》一书中描述了"制度道德"的基本内涵："制度道德有两个范畴：一方面，它必须尽可能地适应所设想的文明社会的实际的法律制度和政治制度。另一方面，就符合这一关于'适应'的要求而言，它应当尽可能紧密地接近我们的'背景'政治道德的理想。它包括一组旨在使我们现有的政治制度具有最大限度的道德意义的原则。"参见［英］麦考密克、［奥］魏因贝格尔：《制度法论》，周叶谦译，中国政法大学出版社1994年版，第209~210页。

一致性标准、体系一致性标准和双重一致模式，就是说普通法的司法实践必须以体现社会主流价值和行为范式的"社会命题"（social propositions）为基础，同时，要坚持个别司法判决与法律体系的一致性，这两者合在一起构成了普通法司法实践的"双重一致模式"。它要求，司法实践既要反映同时代社会主流价值的要求，同时也要协调好个案判决与基于既有法律的合理预期之间的关系。其二，是普通法的规则稳定性标准和现实世界模式。规则稳定标准要求，法官在作出司法裁判时，不仅要做到前述社会一致性和体系一致性，同时还要合理地确保规则的稳定性。这三种标准相互整合的结果就是，普通法能够在坚持忠诚于法律同时合理照顾到社会价值变迁之要求的情势下，在避免法律规范多变和混乱前提下，稳定地实现和推进法律秩序的公正性并保有与时俱进的品格。[1]人类道德是多元的，不同论者之间的价值争议也很大，但人类共同的本性以及社会生活的本质一致性决定了，"在一个多元化的社会中，每一个公民的要求并不能被分化，总有一些具有一致性的要求，如安全、平等、尊重等价值要求，并不因为文化多元而毫无建树，某些恒定的价值仍然存在，并且具有其核心的语义"[2]。从普通法司法实践的内在逻辑看，司法者不能弃当下人民的主流价值要求于不顾，否则就在根本上背离了普通法司法实践长久以来孕育的司法哲学，而这种兼顾社会发展与法律体系一致性的司法哲学恰恰是普通法千百年来长盛不衰的根基所在。

就人类现代法律生活的基本事实而言，人的一切理性活动都是有目的的行为；在法律的引导与规制之下，人的行为又应当是合法性兼合目的性的行为，行为目的之指向性与法律价值之引导性基本上是兼容并蓄的。作为政治治理的特殊手段，司法裁判必须以立法宗旨统摄下的价值与规范为根据、以对人类理性和行为的洞察为基础、以法的目的实现为政策目标，"无论得出什么样的结论，判断都必须契合立法意图、人类理性、法政策和法价值"[3]。普通法的司法哲学和裁判模式，对于我们形成自己的贯通法律价值与社会命题的司法哲学和机制模式提供了重要启示，对于社会大众正确看待司法制度的发展、合理理解类"江歌案"案件具有重要指导意义："为提升我们的法治

---

〔1〕 See Melvin Aron Eisenberg, *The Nature of The Common Law*, Harvard University Press, 1988, p. 44.

〔2〕 许娟：《司法判决过程中的道德论证》，载《法学论坛》2012年第2期。

〔3〕 杨建军：《刑法因果关系的司法证明》，载《比较法研究》2020年第6期。

水平，我们应当抱持一种积极进取的态度，要在法治的理想与现实之间为法律行动确定合理的模式。在现实的法治建设与社会治理实践中，重视并善于将法治的现实形态立基于社会秩序奠基其中的社会命题之上并善于把握其渐进之方向，一方面通过保持法律秩序与社会命题的一致性，保证司法实践的社会根基；另一方面并不拘泥于既有秩序确立的事实性，以主流价值和社会情势的发展推动既有法律秩序的进化，从而在变动中实现司法实践与社会需要的动态均衡。"〔1〕

三、通过法律方法落实道德命题的基本机制

与"泸州遗赠案"和"顶盆继承案"近似，"江歌案"属于疑难案件的一个独特类型，在于案件事实无法准确涵摄到任何既有法律规则之下以得出明确裁判结论；而其在道德上的重要性又使得司者必须通过此案达成"政治正确"的判决目标，否则作为社会秩序最后过滤器和稳定器的司法机关将因有负社会对其治理效能的期待而消解其权威和政治声誉。对于司法机关面临的此类窘境，德沃金提问道："法律缺失时，法官应当怎么办？"〔2〕这的确是个严重而棘手的问题，法官们的选择并不多，"别无选择只得制定新法的法官，可能将不同的抱负带入这项事业。他们应当小心谨慎地填补法律漏洞，尽可能维护这些漏洞周遭的法律之精神？还是应当本着民主精神行事，力图获得他们认为体现了民众意志的结果？抑或应当大胆冒进，使最终制定的法律在他们看来尽可能公平而明智"〔3〕。基于尊重立法机关的权威以及表达对法律忠诚的需要，法官此时应当斟酌选择合理的法律方法，努力寻求对案件作出在法律上和政治上都比较妥当的解决方案。就"江歌案"一类案件来讲，以下法律方法的运用对于"正确答案"的达成可能具有重要意义。

（一）通过法律原则指引判决方向并规训规则的具体适用

在一般情况下，原则能够为规则的适用提供指引方向。按照德沃金的说法，在规则不能够为案件的判决提供指引时，应当考虑适用法律原则作出案

---

〔1〕　魏治勋：《判例法的"溯及力困境"及其制度性克服》，载《北方法学》2011年第5期。

〔2〕　[美]罗纳德·德沃金：《法律帝国》，许杨勇译，上海三联书店2016年版，第7页。

〔3〕　[美]罗纳德·德沃金：《法律帝国》，许杨勇译，上海三联书店2016年版，第7页。

件的判决。在论及原则与规则的关系时，德沃金认为，规则的适用是全有全无的，但原则不同，原则是按照它的分量来排序的，分量重的原则优先适用。德沃金的理论尽管具有强大的影响力，但是其正确与否还需要经过司法实践的检验。"帕尔默案"证明了原则对于案件判决具有方向指引作用，而且越是重要的原则，在相互之间的竞争中越能够胜出。但是从"泸州遗赠案"和"顶盆继承案"的司法判决来看，原则的确能够为司法案件的判决提供方向性的指引和价值性的指导，但是原则并不必然能够排斥规则的适用。在"泸州遗赠案"的判决中，判决方向取决于公序良俗原则的指引，这一方向与整个中国法体系的价值具有高度的融贯性，也与婚姻法的基本精神完全一致，能够相互证明原则指导下的判决的正确性。但是在原则之下，规则就失去作用了吗？其实不是这样。按照原则的价值定性，由"二奶"继承丈夫的遗产违背公序良俗和法体系的价值，则她必须被排除在遗产继承的合法主体之外；但是规则并没有因此失去指导案件处理的功能，在原则的指导之下，妻子对丈夫遗产的继承仍然要按照规则去具体落实。在"顶盆继承案"二审中亦然，法官根据公序良俗原则和权利义务均衡原理，承认尽了义务的"过继子"拥有房产继承权，按照继承规则落实继承权利。概而言之，原则为规则的适用指明价值方向，规则对原则指明的判决方向予以具体落实，正是在二者的相互支撑之下，一个比较完满的司法案件的合理判决才能最终达成。

在某些案件中，法律原则之下没有或者并不需要具体规则的作用，仅凭原则就可以达成判决的目标。一个典型的例子是，在广州市中级人民法院作出的"童桂连涉嫌走私毒品案"判决中，法院经审理认为，现有证据不足以认定被告人童桂连具有走私毒品的主观故意，不能排除其被蒙骗的可能性，公诉机关目前提供的证据尚不能证明童桂连具有明知是毒品而不惜以身犯险去走私的合理理由。因而，根据无罪推定原则判决被告人无罪。[1]该案是根据原则作出的"否定性"判决。在相关证据事实无法支撑某一违法犯罪构成要件成立时，根据相关原则可以径直作出否定性的判决结论，这可能是此类司法裁判的一个重要特点。

不容否认，"法律原则是法律的基础性真理、原理，为法律规则和概念提供出发点，对法律的制定和理解法律规则也有指导意义"，但原则裁判的缺陷

---

〔1〕 参见广东省广州市中级人民法院刑事判决书（2019）粤 01 刑初 557 号。

也是显而易见的，由于原则的宽泛性、一般性和抽象性，原则适用过程中必然带来自由裁量空间过大的风险，需要对原则的适用施加必要的限制。一般认为，适用原则时应当满足以下条件：穷尽能够适用的法律规则；目的是确保个案之正义；优先保护法律的稳定性和可预见性，"禁止向一般条款逃逸"；严格说明理由，特别是在排斥规则而适用原则时，法律适用者有充分说明理由的义务。[1]

"江歌案"形式上与"泸州遗赠案"和"顶盆继承案"有相似之处，即都是通过引用民法基本原则为法定依据作出的裁判；但又有明显的差异之处，在于"泸州遗赠案"和"顶盆继承案"通过法律原则确定判决方向之后，法律规则发挥了具体权利义务的落实功能，而"江歌案"则因为事实因果关系不能成立无法涵摄到侵权责任法的任何规则之下，法律规则在裁判中发挥不了作用。"江歌案"形式上与童桂连案的相似性更高，至少在一审法院的判决书中，在刨除了规则的作用之后，公平诚信、权利义务均衡等《民法典》第6条、第7条确立的基本原则，就成为该判决书裁判结论的事实上的规范支撑。当然，根据前文的分析，这两大原则的支撑也是相当虚弱的，反而是"恩义原则"看上去更加合理，但"恩义原则"不在民法典列示的基本原则之内。因而，对于"江歌案"的裁判思维与方法的分析，需要继续推进。

（二）运用法律解释对法律规则"空缺结构"予以价值补充

按照法律的语义学理论，法律概念的含义是由社会大众最经常使用的核心语义确定的。但是，在任何一个法律概念的语义边缘，都有可能存在意义不确定的情况。当发生这类与法律概念的边缘意义相联系的案件情形时，我们寻求到的法律规则在涵摄法律事实时就会发生"空缺结构"的问题。面对空缺结构，哈特认为可以通过利益权衡对之进行补充。从规范法学的角度来说，具有合法性的补充法律规则空缺结构的手段，是受到严格限制的，而法律解释则是对法律规则空缺结构予以意义补充的重要法律方法。在这里必须对法律空缺结构和法律漏洞进行适当区分：空缺结构是在法律语义学的语境下界定的，意指法律概念边缘语义情况下发生的意义不确定情状；而法律漏洞则是事实存在意义上的，是指法律存在规则缺失或者规则表述存在明显的

_____

〔1〕　相关内容参见徐雨衡：《法律原则适用的涵摄模式：基础、方法与难题》，载《甘肃社会科学》2020年第2期；苏治：《法律原则的司法适用问题探讨》，载《理论探索》2007年第5期。

涵盖不能的情况。因而，对于空缺结构一般通过法律解释的方法予以合理解决；但是对于法律漏洞，则一般采取法律修改或者法律续造的形式予以填补。在大陆法系国家或者中国，这种对法律漏洞的填补方式，必须经历合法性的拷问：经由立法机关的法律修改进行的漏洞补充是合法的，但是法官造法在一般情况下则是很难获得合法性地位。

如前已述，法律是有其内在价值内涵的，因而法律解释就不仅是释明法律规范和法律概念的形式性技术，它必定也是一种以解释方法确保法律价值之圆融并推进其实现的思维工具，正如德沃金所言，它是寻求最佳方案的解释性创造的过程。法国学者达姆指出，法律绝不是徒具语言的东西，它有所志，有所意味；它追求着实务的目的，它的眼中有它在生活中要贯彻的价值。[1]既然空缺结构的补充可以视为一项"价值工程"，那么进行补充就必须解决两个问题：一是解决价值来源的问题；二是探求补充方法的运用艺术问题。关于价值来源，学界一般认为有如下几项：其一，可以依据宪法规范来进行解释和补充，从而通过具有价值性内涵和原则性特征的宪法规范指引个案实现个别正义；其二，根据立法的目的、精神和法律原则进行解释和补充，法的目的、精神、原则是统一的，且经常集中体现为法律原则的形式，在法的目的、精神、原则的指引下，法官就能够对价值不足或不明的规则的应然指向做出解释性说明，从而框定规则裁判的合理范围；其三，依据公共政策进行法律解释和价值补充。在缺乏可供援引的规则的情况下，法官根据公共政策的考虑而作出裁判，已经成为适用法律的一种方式。[2]但德沃金认为，"原则是描述权利的陈述；政策是描述目标的陈述"[3]，"通过表明一项政治决定促进或保护了作为整体的社会的某些集体性目标，政策的论点证明这项政治决定的合理性"[4]。因而政策的集体主义、功利主义和实用主义色彩浓厚，不适合为个人权利辩护。现实中一个非常重要的理由在于政策往往具有"溯及力"[5]，这是与法治的要求背道而驰的。笔者赞同这一观点。

---

〔1〕 转引自梁慧星：《民法解释学》，中国政法大学出版社 1995 年版，第 286 页。

〔2〕 参见曹刚：《法律的道德批判》，江西人民出版社 2001 年版，第 117~118 页。

〔3〕 ［美］罗纳德·德沃金：《认真对待权利》，信春鹰、吴玉章译，中国大百科全书出版社 1998 年版，第 126 页。

〔4〕 ［美］罗纳德·德沃金：《认真对待权利》，信春鹰、吴玉章译，中国大百科全书出版社 1998 年版，第 117 页。

〔5〕 参见童振华：《试述政策的溯及力问题》，载《法学评论》1985 年第 6 期。

那么，对于"江歌案"及类似疑难案件而言，通过法律解释进行价值补充的方法是否具有适用的空间？根据前面的分析，"江歌案"民事一审的正确判决方法，在很大程度上已经与规则无关了，反而应当归属于根据"恩义原则"作出的补偿性判断；而它涉及的精神赔偿部分，则是根据侵权法规则作出的，但仅仅纯粹根据侵权法规则，却不太可能对江歌母亲作出高达20万元的精神赔偿。有学者指出，江秋莲因刘某曦的言论而受损的人身权益损害包括心理健康权、名誉权等，故其遭受的这种精神损害也应予赔偿，但赔偿金如此之高，"这在过失侵权案例中绝无仅有"[1]。在我国司法实践中，人命案件精神损害赔偿上限通常是5万元至10万元，而本案一审判决支持了20万元，这显然是"用心良苦"的"道义支持"。如果法官没有在这里经过反复的价值衡量并对侵权法条款、对"精神赔偿"概念进行"价值充盈"后的理解和解释，则这样的判决结果显然是不可想象的。

（三）经由"转介条款"合法导入道德规范或"社会命题"

任何一部法律都不可能在内容上规定得面面俱到，法律毋宁是一个体系性的存在。一部法律只能将符合本法律性质和职能范围的基本条款规定得比较清楚完备，在此之外的相关规定则需要借助法律体系中的其他法律协调配合以满足完整性的需要。这就要求在法律之间内部预置一些沟通引介性的条款，这种条款就是所谓的"引致条款"（Verweisungsnorm）。但同时，整个法律体系也不可能解决一个国家、一个民族社会中所遇到的所有事务，在不少情况下，还需要借助于社会大众公认的道德、价值、习惯等社会规范或社会命题来解决人类事务所遇到的问题。为此，也需要在法律中预置一种跨界性、沟通性的条款，此类条款就是通常所讲的"转介条款"。可见，从起源上看，引致条款和转介条款具有一定的近似性，其目的都是沟通本法律规范与其他规范或价值之间的联系并满足协调适用的需要。但二者也有重要的区别，这就是：引致条款一般用于沟通国家法律体系内某一法律与其他法律已经规定比较清楚的法律规范；而转介条款除了沟通法律规范，还被用于引入国家法律体系之外的社会规范，可见二者沟通引入的规范范围有所不同。

"转介条款"被认为是公私法规范接轨汇流的实现机制之一，其在侵权法

---

[1] 谢鸿飞：《江秋莲诉刘暖曦生命权纠纷案的关键侵权法理》，载《中国社会科学报》2022年3月2日，第4版。

领域的"转介特性"（Umformungscharakter）体现在："该条款使得法院能够对违反其他法律所确立的行为标准而造成的损害提供侵权救济，因此连接了侵权法之外法领域的立法价值，转介其他非属于侵权法的法领域，维持侵权法的开放性，从而使得侵权法之外的立法价值和规范对于侵权责任构成发生影响。"[1]可见，即便是同样沟通引入的是其他法律规范，转介条款和引致条款也存在一个非常重要的不同："在规制性规范和侵权法的整体关系中，进而在公私法的整体关系中，司法者的评价作用始终存在，而恰恰是司法者评价的必要性使得转介条款不同于引致条款。……引致条款的目的虽然在于实现私法和公法的外部接轨，但其遵循的仍然是私法和公法两分的思路，如果只是单纯的引致，司法者基本上没有解释的余地。"[2]概言之，法官对于转介条款沟通引入的规范拥有解释和裁量的余地，而对引致条款沟通引入的规范则主要负有适用职责。根本原因，还在于引致条款联通的基本上都是具体规则，转介条款引入的则多为原则、价值、习惯、惯例等更具抽象性、概括性的行为规范，因而有着较大的解释、裁量的开放性空间。

从《民法典》的相关规定来看，其第6条至第10条、第289条（原《中华人民共和国物权法》第85条），都属于转介条款，其间也夹杂了一些引致条款的内容。其内容分别是，《民法典》第6条，"民事主体从事民事活动，应当遵循公平原则，合理确定各方的权利和义务"；第7条，"民事主体从事民事活动，应当遵循诚信原则，秉持诚实，恪守承诺"；第8条，"民事主体从事民事活动，不得违反法律，不得违背公序良俗"。第9条，"民事主体从事民事活动，应当有利于节约资源、保护生态环境"。第10条，"处理民事纠纷，应当依照法律；法律没有规定的，可以适用习惯，但是不得违背公序良俗"。第289条（原《中华人民共和国物权法》第85条）："法律、法规对处理相邻关系有规定的，依照其规定；法律、法规没有规定的，可以按照当地习惯。"此条前半句属于引致条款，而后半句则属于转介条款。

正是《民法典》转介条款的存在，为"江歌案"的解决提供了可能和合法路径：首先，第6条阐述了公平原则，其实体内容则是"权利义务均衡原则"，那么作为冒着人身危险为被告刘暖曦倾尽了安全陪伴、纠纷劝解、纾解

---

[1] 朱虎：《规制性规范、侵权法和转介条款》，载《中共浙江省委党校学报》2014年第3期。
[2] 朱虎：《规制性规范、侵权法和转介条款》，载《中共浙江省委党校学报》2014年第3期。

心情、避险住处等义务的江歌，在被残忍杀害之后，根据该条款，当然应当获得相应补偿的权利，否则就违背了公平原则。其次，根据第 8 条"公序良俗原则"，江歌对刘暖曦的所尽义务，乃是对其有恩的"恩义行为"，按照中华民族"有恩必报"之善良风俗，江秋莲唯一爱女江歌的生命都失去了，难道刘暖曦不应当给予适当的补偿吗？当然应当。这一观点也得到了学者的支持，如谢鸿飞就指出："……可以考虑受益人补偿请求权的思路。尽管江秋莲并没提起这种诉讼，但在解释上，江歌生命权受损导致刘暖曦受益，刘暖曦自然应承担补偿义务。"〔1〕再次，转介条款不仅是引入道德规范和社会命题的合法通道，还是合法的授权规范，它实际上授予了法官引进适当的道德规范、社会命题、核心价值并予以解释、适用的权力，因而有着较大的裁量空间。最后，鉴于法官在运用转介条款引入非法律规则的过程中，对于法官拥有的选择权、解释权、裁量权都缺乏法定的限制，因而容易失去权力行使的制约。通过转介条款引入的规范形式本质上多属于"社会规范"（social norms）的范畴，对于社会规范司法适用必须的司法程序，国内外有着较为成熟的研究，一般认为至少要具备"体素"（对规范事实存在的证明）和"心素"（民众普遍视规范为约束自身的规则）两项证明程序，有的甚至要在经过四项证明程序（体素、心素、时间长久、法未规定）的基础上，才能获得法官适用的基本条件。〔2〕当然，对于核心价值观的引入和采纳，则主要是一个"事实显明的发现过程"，无需冗余的检验程序。

（四）借助核心价值观与道德话语强化裁判说理的社会效果

一个司法判决的推理过程、结论的成立及其社会效果如何，在很大程度上取决于法律论证的质量，法律论证对于司法判决方案选择、获得社会的信任性评价都具有非常重要的作用。法律论证的任务在于，如何证明某一司法判决具有正义性、权威性？为了达成这一重要司法政策目标，法官需要回答两个层面的问题：其一，司法判断正确或正义与否的标准是什么？这种标准包括实质标准和形式标准。所谓的形式标准，主要是要在程序、逻辑上能否

〔1〕　谢鸿飞：《江秋莲诉刘暖曦生命权纠纷案的关键侵权法理》，载《中国社会科学报》2022 年 3 月 2 日，第 4 版。

〔2〕　参见魏治勋：《民间法核心概念辨析——基于规范法学的立场和司法的视角》，载《民间法》2010 年第 0 期。

证成法律判断之推理；而在实质标准上，则要证明法律判断具有符合法律价值或社会正义价值的正当性，且能够获得社会大众的信赖和批判性认可。其二，司法判决要获得社会大众的信赖和认可，法官必须运用合理的思维、逻辑与方法予以证成，必须经得住理性的怀疑和科学分析的检验。

关于法律论证的研究在国内已经较为成熟，借助核心价值观与道德话语强化裁判说理的法律论证研究虽然开展较晚，但也正在取得越来越多的科研成果。关于运用核心价值观与道德话语进行法律论证的方法，这里无需赘述，主要强调其作为国家社会治理工程的关键环节和最后步骤的司法判决论证手段的功能与社会效果。"江歌案"民事一审判决书充分运用核心价值观与道德话语论证对被告予以民事制裁之判决的正当性，取得了良好的社会效果和政治效果，再次印证了学者的一个重要判断："法官须将结论诉诸于逻辑、法政策与国民价值观，并通过普通公民的日常生活经验与法感加以验证。"[1]

四、小结：通向回应性的司法善治

在自媒体高度发达的数智时代，关涉道德命题的司法案件经常会引起社会公众的强烈关注，对于社会治理和法治意识形态安全的影响特别巨大。疑难案件都有一个共同特征，在于其问题焦点集中于法律规范依据的缺失、存在空缺结构或意义不明，而且往往会涉及复杂的政治道德价值和社会命题，亟需司法者借助于科学合理的司法技艺弥平张力，以达成个案正义。"江歌案"就是此类案例的代表性范例，因此它是否最终获得稳妥解决，是否能够产生良好的政治社会效果，在很大程度上考验着司法者的智慧和裁判艺术。这就要求，一方面，司法者必须洞悉案件置身其中的社会情势，准确把握法律价值与社会正义的张力和沟通必要性，因为在"回应型法"语境下，法律判断和道德判断的逻辑理应具有一种和谐的状态："在具体案件中决定法律上的是与非，就必须考虑多种目的，考虑各种情势约束和实际选择。"[2]不同的目的或价值会有冲突，多种情势不仅会给司法者带来巨大压力，也会影响司法判决的方向选择，但无论如何，法律价值都是司法裁判的基调和根本立场，

---

〔1〕 杨建军：《刑法因果关系的司法证明》，载《比较法研究》2020 年第 6 期。

〔2〕 [美]诺内特、塞尔兹尼克：《转变中的法律与社会》，张志铭译，中国政法大学出版社1994 年版，第 99~100 页。

只有具有公共性的社会命题，才具有通过合法通道弥补法律开放结构或适当调适法律的僵化性的特质。另一方面，合理的法律思维和科学的法律方法是破解疑难案件的根本手段依赖，法律方法不仅是解析案件的必要科学手段，更是合法化司法判决与塑造说服力的利器。社会情势的发展变化对司法判决提出了更高要求，"当下法律实践需要清晰而确定的科学法律方法"〔1〕，司法者必须善于辨别不同法律方法的功用并予以妥善搭配使用，才有可能作出精细而合理的判决结论，并能够经得起专业的批判和社会的审思。从这两个方面来看，正是由于"江歌案"民事一审判决的不完美，反而从正反两面揭示出，司法判决既是一个法律价值得以实现的生动实践过程，又是一场司法正义藉以通达的科学方法的演练场域，价值与方法，形式与实质，构成了通向最佳解释的法律实践的一体两面。

---

〔1〕　魏治勋：《类推解释的思维结构及其与类推（适用）的根本区分》，载《东方法学》2018年第1期。

中国老龄法治的主体性重构

本章提要："老龄化社会"的全面来临意味着老龄人正在成为法治建设中不可缺失的重要参与性力量。但从根本上看，老龄人一直作为被国家和社会所保护的对象、客体存在，这并非对老龄法治主体性的正确解读。传统老龄法治主体性学说存在认知误区，有必要从回应型法、多元治理、主体间性等三方面理论观点作出重要回应，以期重构中国老龄法治的主体性学说。对老龄法治主体性理论的证立要坚持真理符合论的验证方法，须从老龄法治发展主体性中进行事实性回顾。事实证明，老龄人从来都不是治理的客体和对象，而是主体性存在。走一条符合中国现实国情的老龄法治主体性道路是当下我国老龄法治建设的实践面向和具体要求。

引言：老龄法治的主体性问题

随着社会的发展转型和民众生活的有效改善，我国老龄人口的数量和规模日益剧增，现代社会俨然已经成了"老龄化社会"，老龄人群正在成为法治建设中不可缺失的重要参与者。然而，在急剧变化的时代面前，老龄人群体始终是一个较为弱势的整体性存在，如老龄人受教育条件有限、老龄人维权意识较弱、"数字鸿沟"的技术障碍等都是老龄人难以逾越的现代性障碍。为克服老龄人在法治建设中所面临的现实性难题，国内不少学者提出要不断推进老龄法治建设，试图通过法治化途径来解决老龄人所面临的教育、医疗、技术、信息等一系列难题〔1〕。尽管这种理论构思的出发点是好的，但从根本上看，老龄人作为被国家和社会所保护的对象、客体存在，各种关怀和福利都是基于老龄人应当被治理和被照顾的基本逻辑展开的。严格地讲，这并非对老龄法治的正确解读，毋宁说是一种对老龄的法治，而非老龄的法治。这就引出了老龄法治的关键性问题即如何重构老龄法治的主体性。一般而言，任何的法治体系都有其主体，而且主体一定是作为各项事务的谋划者、主持者和行动者的角色而存在，并不是被客观化、被物化了的可悲对象。基于对当下老龄法治主体性地位的深刻反思，有必要重构老龄法治的主体性，以回应老龄法治建设的时代号召。

一、传统老龄法治主体性理论的反思性批判

欲建立和推广一种规范的老龄法治主体性理论，有必要针对我国当下学界通常理解的老龄法治主体性理论进行反思批判。不难发现，当前学界关于老龄法治主体性的整体认知仍存在相当程度的局限，尤其是对于主体性理解把握的价值偏离是导致老龄法治建设遭遇理论诘难的主要诱因。

（一）老龄法治被曲解为对老龄的法治

所谓老龄法治，是指在维护国家法治统一的前提下，充分运用法律手段管理各项老龄事务，以维护和保障老年人的正当权益，进而为老龄问题的解决提供强有力法律保障的社会主义法治子系统。〔2〕老龄法治主要是以老龄人为核心而展开，我国当下的老龄法治建设已经取得了一定成就。从法治理念来看，对老龄人的特殊照顾和关爱已经成为全社会的普遍性共识，对弱势群体的保护符合公平和人权的一般要求；从保障领域来看，关于老年人的经济权益、保险安全、医疗保障、社会福利、老年教育等领域的法治建设取得重大进展；从立法建设来看，对老年人的法律保护从宪法、法律、法规、规章、政策文件中都可以找到依据，甚至还专门制定了《中华人民共和国老年人权益保障法》。尽管我国老龄法治建设得到了大力推进，但"与我国人口老龄化

---

〔1〕 如有学者提出"法治本身作为基本的治国方略，在破解老龄问题方面具有自己的独特优势，无论是行政调控还是司法救济，如果缺乏法治的监督与制约，则很难实现解决老龄问题的初衷"。参见汪地彻：《中国老龄法治研究》，华龄出版社2017年版，"前言"第1页。

〔2〕 参见汪地彻：《中国老龄法治研究》，华龄出版社2017年版，第11页。

日趋严重的客观形势相比，对于老龄化问题的研究在我国开展得还很不到位，特别是涉及老年人法律问题的研究，基本上处于刚刚起步阶段，老年法学研究还很薄弱"[1]。而且更为致命的是，对何为老龄法治的认知存在严重偏离，立法机关和法律实施机关只是一味地对老龄人进行关心和爱抚，并没有真实地考虑到老龄人的主观感受和利益诉求，以至于老龄法治被理解为对老龄的法治。

放眼我国老龄法治的立法规划和具体实践，不难发现把老龄人客观化的价值思维倾向非常常见甚至普遍。在老年教育、医疗、卫生、科技等诸多立法领域[2]，老龄人的真实性需求并没有有效表达出来，那些所谓的保护原则和具体操作都是以立法机关和福利机关自身的判断为标准依据展开的，至于哪些老龄人群应受优抚、老龄人保障待遇的判定等都需要对被保护群体的严格审查，各种客观因素的层层阻隔和严格筛选使得老龄人群体被分割成如困难群体、一般困难群体、特殊困难群体等，所依据的仅是立法者自身的标准和依据，老龄人在各种福利事业面前没有尊严和地位而言，只能充当规则的被动接受者。以老龄服务补贴为例，有学者统计了 20 个规范性文件中关于补贴资格的区别对待情况，这些考量因素一般涉及年龄、职业、是否为华侨、贡献大小、城乡户籍、是否实际居住、自理能力、经济能力等[3]。从中不难看出，老龄人在服务补贴中非但没有成为该服务的权利享有者和继受者，甚至是作为被选择的对象而存在，其实在无形中已经偏离了老龄法治的主体性要求。其实，不论是老龄人特殊利益的立法保护还是老龄人福利的社会供给，都应当以老龄人主体性需求为核心展开。然而，我国当下理论和实践中的老龄法治根本没有凸显出老龄人的主观需求，老龄法治被简单理解为对老龄人的法治。这一理解偏差直接导致老龄人在老龄法治建设中的全面退却，老龄法治便成了无源之水、无本之木。

---

〔1〕 肖辉、孙文胜：《构建我国老年法学学科和老年法体系初探》，载《河北法学》2017 年第 1 期。

〔2〕 当前学界对老龄人的关心和爱护更多是主张通过立法的修改和完善来实现的，类似的提法有老年教育立法、老年人口特殊权益保护立法、老年监护立法、老年福利立法、老年社会保障立法等等。

〔3〕 参见袁维勤、于新循：《我国政府购买养老服务中的平等权维护——基于有关区别对待规定的审视与选择》，载《四川师范大学学报（社会科学版）》2011 年第 3 期。

（二）对何为"主体性"欠缺正确认识

学界对于老龄法治的总体性理解之所以会存在如此严重的概念混淆而不自知，实际上是受传统"主体性"理论直接影响的结果。主客二分法是传统看待、理解事物的主导性理论，即对主体的理解和掌握总需要客体的依附和陪衬，主体和客体总是会一并产生存在。[1]在主体和客体严格区分的立场之下，主体永远是客体的影响者、控制者和主导者，正是客体的付出和奉献成就了主体的荣耀和辉煌。主客二分的价值立场将主体和客体置于彼此对立的紧张局面之下，很容易造成一方对另一方的全面性压制。在较长的一段时期里，主客二分观一直是人类看待、认知事物的基本立场。正如考夫曼所说，"一个想要理解某种意义的人完全必然地将持先入之见，从而也首先将其自我带进理解过程。这样一种理解并不是对象性的（因为意义并非本质），但也不是主观的（而是反射的和取向于传统的，如同取向于情境一样）"[2]。事实证明，"现行的'主、客二分法'法律关系结构和法律秩序承认者已经陷入了先入之见的泥沼"[3]。而且，从法学研究来看，主客二分的研究对象既包含人与人关系，也包含人与物关系，其实在某种程度上造成了认知的混淆。将主体等于人、客体等于物这种极端而典型的"主、客二分法"在中国法学界表现得尤为突出而明显，主体与客体的二分或对立，成为某些法学家对人与自然关系的概括性理解。[4]但是，从发展的阶段来看，这种"主、客二分法"的方法会产生诸多现实性问题，正在被"主、客一体论"观点所替代。当然，老龄法治所谈及的"主体性"与人与自然关系中的"主体性"并不相同，尽管老龄人与大自然都是相对弱势的一方，但老龄人的主体性并没有丧失，只有处理不同人与人关系的学说才能称为真正的老龄法治的"主体性"。

---

〔1〕 如"客体可以是自然界的物体、社会历史中的他人和自我。主体是相对于客体而言，没有客体也就谈不上主体，换言之，一谈主体必然要涉及客体，所以主体、客体二者密切相连，互为条件、互为关联性概念。"参见李鹏程：《从"主体性"到"主体间性"再到"MITSEIN"》，载《华中科技大学学报（社会科学版）》2017年第6期。

〔2〕 ［德］阿图尔·考夫曼：《后现代法哲学——告别演讲》，米健译，法律出版社2000年版，第33页。

〔3〕 常纪文：《动物有权利还是仅有福利？——"主、客二分法"与"主、客一体化法"的争论与沟通》，载《环球法律评论》2008年第6期。

〔4〕 参见蔡守秋、吴贤静：《从"主、客二分"到"主、客一体"》，载《现代法学》2010年第6期。

关于主体性方面的研究，黑格尔曾经有过十分精彩的论述，黑格尔关于主体和客体的分析是基于主仆关系展开的。黑格尔关于人或人性的论述离不开对"为获得认可而斗争"的理解。"为获取认可而斗争"意味着人从一开始就是一种社会性存在，他的自我价值和身份意识与他人赋予他的价值密切相连，从根本上看他是严重依附于他人的。人要获得其他主体的认可需要人付出一定的危险或努力，如对名誉、奖章或旗帜等的追求预示着自身对恐惧和危险的克服，从而标志着自身实现了新的突破和飞跃。"人类自由只有在人能够超越他的自然性和动物存在并能为自己创造一个新的自我时才会出现。自我创新这一过程的象征性起点就是为纯粹的名誉而拼死战斗。"[1]当人与人之间开始交往或冲突时，一方主体通过自身的自我证明实现了对恐惧或死亡等因素的克服，获得了另一方主体心理上的接受和认可，进而产生了身份和分工差异，构成了社会结构的基本秩序。"黑格尔的'本性之战'，并不像洛克认为的那样，直接导致以社会契约为基础的公民社会的建立，而是带来了主人和奴隶关系的产生。原始战士中的其中一方由于怕死，'认可'另一方并愿意做他的奴隶。但是，主人和奴隶的社会关系并不能保持长期稳定，原因在于无论是主人还是奴隶最终都需要满足自己获得认可的欲望。"[2]但黑格尔关于主体和客体的对立是建立在武力的征服和奴役之上的，并不能提供一种十分稳定的社会等级秩序。其实，随着时间的推移，奴隶或仆人也会逐渐获取自由理念，从而拥有与主人相同或类似的主体性人格。"主人通过血腥的战斗和冒着生命危险来证明他的自由，并以此说明他战胜了本性的制约；而奴隶则是通过为主人劳动来构思他们的自由理念，并在此过程中意识到，他作为人，完全有能力进行自由的和有价值的劳动。"[3]与奴隶社会或不民主社会非理性认可手段不同，当人人平等、人人自由社会到来之后，所谓的主人和奴隶之间的身份和等级差异就逐渐消失了。正如马克思所说，人民群众永远是历史的创造者，所有人都是社会活动的参与主体。

---

〔1〕［美］福山：《历史的终结及最后之人》，黄胜强等译，中国社会科学出版社2003年版，第172页。

〔2〕［美］福山：《历史的终结及最后之人》，黄胜强等译，中国社会科学出版社2003年版，第218页。

〔3〕［美］福山：《历史的终结及最后之人》，黄胜强等译，中国社会科学出版社2003年版，第222页。

二、当代老龄法治主体性理论的系统性重构

当下我国的老龄法治建设存在着明显的认知性谬误，老龄人的主体性地位被错误地理解和对待了。"社会是由人构成的共同体，人在社会生活中起积极作用是题中应有之义。"[1]之于老龄法治而言，老龄人毋庸置疑是其中的重要参与者、引导者，所以对老龄人主体性理论的重构必须坚持以老龄人为核心的中心立场而展开。

（一）回应型法时代的到来呼唤对老龄人群体利益的关注

老龄人群体正在成为国内法治建设中不容忽视的重要力量，老龄人在现代社会中扮演着越来越重要的参与性角色。尤其是随着时代的发展，对社会群体客观真实需求的理解和回应构成了现代法治发展的一个积极转向。人类社会总是变动不居的，没有一成不变的社会，更没有一成不变的法律，法律总是随着社会关系的不断变化而相应地改变自身。法律作为一个相对稳定的制度性存在，总会面临着时代发展的新变化和新挑战，如何在守法和变法之间保持平衡便成为法治发展的主要调整目标，其中很重要的努力方向就是要改造法治，努力建立起适应社会发展的法治新模式。按照学者的分类，人类社会的法律现象大致可以分为三种类型："压制型法""自治型法"以及作为改革方向的"回应型法"。从法治发展的历史进程来看，每一种新法律类型的出现往往都是对旧有法律类型的继承和超越，意味着法治取得进一步的发展与进步，如"压制型法"具有浓烈的强制和权威偏向，过于强调对国家强制力的推崇，"自治型法"则通过设置一套专业化、自治化的法律制度将国家权力限制在一定范围内，"回应型法"在保持自身稳定性的同时，也在积极考虑周围环境中新力量的变化。这些发展模式既包含瓦解，又包含重建；既涉及旧事物的衰亡，又涉及新事物的出现。[2]

"回应型法"的出现是必然的，它意味着法治发展到更高阶段，同时也是对前些状态中延续性问题的更好回应。"对回应型法的需求来源于人们在自治

---

〔1〕　陆幸福：《人工智能时代的主体性之忧：法理学如何回应》，载《比较法研究》2022年第1期。

〔2〕　参见［美］诺内特、塞尔兹尼克：《转变中的法律与社会》，张志铭译，中国政法大学出版社1994年版，第27页。

型法的体系中所察觉的局限性。然而，回应型法在竭力想达到某种综合成就的过程中，对政治共同体的能力和恢复力提出了很高、甚至更高的要求。回应型法不仅仅是一种抽象的理想，因为它根植于历史的迫切需要。"〔1〕当然，从某种意义上说，"回应型法"也意味着政治参与和法律参与的逐步扩大化，法律秩序内部增加了更多的参与机会和参与途径，协商和对话构成了法治建设的有效路径。国内老龄法治的发展也要与时俱进，努力克服以往法治模式的弊端和局限，朝着更为开放和民主的方向发展，尤其是要克服"压制型法"的高压束缚，积极保护老龄人群体的合法权利。在老龄法治建设面前，老龄人不应当失声，应当在法律制定、实施、监督中发挥应有作用，通过自身的行动和努力来推进老龄法治建设的发展和完善。"回应型法"时代要求必须正视和回应老龄人所面临的现实性难题，并且要充分考虑老龄人这一主体性要素，推进法治建设的进步和完善。

（二）老龄人群体的主体性参与是多元治理的必然要求

在"治理时代"日趋来临的今天，老龄人作为重要的治理一方当然不能缺席。国家治理问题业已成为世界各国政府颇为关注的重要性议题之一，特别是在旧式"统治"手段日益式微的时代背景下，对国家治理能力的大力推进是符合法治发展的内在要求的。"只要人类的理性之光被点燃，怀疑精神与权利意识的增长就不可遏制，任何追求同一性规范秩序的企图都不再具有现实性，法律秩序必须只有以人的自身需求为组织手段而不是压制这些需求，才能获得合法性和有效性。"〔2〕治理很显然突破了旧有统治的单向度僵化思维，实现了研究范式的质的飞跃，于是在世界各国"治理理念占了上风，成为对旧式统治风格而言的一种前景光明的现代化"〔3〕。

治理与善治的评价性概念，是1989年世界银行在分析非洲国家治理的糟糕情况时提出的，目的是走出以往的"治理危机"，而后逐渐成为评价政治发展的重要指标。"善治"可以理解为治理的一种衡量手段和裁判标准，同时也

〔1〕［美］诺内特、塞尔兹尼克：《转变中的法律与社会》，张志铭译，中国政法大学出版社1994年版，第29~30页。

〔2〕魏治勋：《法的"规范性稀薄化"及其历史谱系》，载《法学评论》2012年第2期。

〔3〕［法］让-皮埃尔·戈丹：《何谓治理》，钟震宇译，社会科学文献出版社2010年版，"引言"第3页。

内在蕴含着"良好的治理",是治理发展的未来方向。至于何为治理,有学者指出,治理是指"在一个既定的范围内运用权威维持秩序,满足公众的需要。治理的目的是指在各种不同的制度关系中运用权力去引导、控制和规范公民的各种活动,以最大限度地增进公共利益"[1]。统治之所以遭到摒弃在于统治的权威来自政府,过于强调公权力运行模式的单向度,从而忽视了与社会、非政府组织、私人机构等的合作和协商。而"治理强调的乃是使得冲突或不同的利益得以协调并采取联合行动的持续过程,由此在规则基础上的多元互动、协调与合作的过程才是治理的核心所在,治理因之必然是以多元主体间的合作求得公共利益最大化为取向的"[2]。那么,从治理与善治的视角来看,老龄人并非国家法治建设的局外人,尤其是在老龄法治领域,老龄人完全可以成为立法机关、法律实施机关、社会福利机构的共同合作者和谋划者,对有关老龄人优抚的标准和政策理应有老龄人参与制定和修改。

(三) 主体间性理论意味着老龄人是理性协商对话的主体

进入 20 世纪以来,西方哲学经历了从主体性哲学向主体间性哲学的发展转变,这一发展转变主要是建立在对传统主体性理论反思批判的基础之上的。主体性理论最早来源于笛卡尔,但随着时代的发展进步,传统主体性理论在现代社会遭遇到了越来越强烈的反抗和质疑,主体性哲学将个人的地位予以提升甚至夸大,难以有效协调好人与自然、人与人、人与社会等之间的关系。与此同时,主体性哲学理论还面临着与他人沟通和交流的较大障碍,"主体性哲学自身也存在着内在矛盾,这便是它没有办法解释作为世间独一无二的主体的我,到底是如何与另一个独一无二的我(即他人)进行沟通、交流和传达"[3]。问题的解决有赖于主体间性理论的及时回应。"对于交往理论而言,之所以说'主体间性'这一概念具有重要的意义,还在于它构成个体之间自由交往的前提。一旦具有言语和行为能力的主体相互进行沟通时,他们就具备了主体间性这种关系。正是由于有了主体间性,个体才能通过人际之间的自由交往而找到自己的认同,也就是说,才可以在没有强制的情况下实现社

---

〔1〕 俞可平:《治理和善治:一种新的政治分析框架》,载《南京社会科学》2001 年第 9 期。

〔2〕 魏治勋:《"善治"视野中的国家治理能力及其现代化》,载《法学论坛》2014 年第 2 期。

〔3〕 孔明安、谭勇:《交往的主体与生成的主体——哈贝马斯与齐泽克的主体间性思想比较研究》,载《安徽师范大学学报(人文社会科学版)》2020 年第 3 期。

会化。[1]"

当然，哈贝马斯并不是要彻底摒弃主体性，而是主张在实践层面重建主体性，即在交往行为的社会实践中讨论主体性，其核心是"主体间性"。在交往范式中，主体作为参与者同他人就相关事务进行沟通，主体与主体之间相互尊重并处于平等地位，进而达成共识。相互协商、相互理解的人际关系，避免了主体性自身所具有的片面性和主观性。从主体性到主体间性，并不是否认主体性，而是矫正过于膨胀的个人主体性，进而实现对个人主体性的继承与超越、发展和完善。[2]交往是不同主体之间展开对话合作的主要机制，交往打破了交往的封闭空间，实现了信息和资源交换的便利化。哈贝马斯明确交往理性是"为了共同的合理信念而确立起了客观世界的同一性及其生活语境的主体间性"[3]。交往理性是现代人际社会交往的基础，"'自我'是在与'他人'的相互关系中凸显出来的，这个词的核心意义是其主体间性，即与他人的社会关联"[4]。当然，主体间性理论意味着人与人之间处于平等的交往地位，主体与主体之间互为主体，双方处于有效的对话和协商之中。那么，何为老龄法治的主体性呢？老龄法治的主体性就意味着老龄人是治理的重要主体，与其他不同年龄群体成员共同构成治理的主体，老龄法治为老龄人群体提供了有效的理性对话机制，老龄法治毋宁说是追求法治真理性与和谐性的多元一体参与机制。

三、我国老龄法治发展主体性的事实性回顾

实践是检验真理的唯一标准，实践是真理的真正源泉。对一种理论的分析和判断要坚持真理符合论的验证方法。何为真理？历史逻辑与理论逻辑相符合即为真理。"人的思维是否具有客观的真理性，这不是一个理论的问题，而是一个实践的问题，人应该在实践中证明自己思维的真理性，即自己思维

---

〔1〕 陈嘉明：《现代性与后现代性十五讲》，北京大学出版社 2006 年版，第 294 页。

〔2〕 参见冯建军：《主体间性与公民主体间性教育》，载《高等教育研究》2020 年第 6 期。

〔3〕 ［德］哈贝马斯：《交往行为理论：行为合理性与社会合理化》，曹卫东译，上海人民出版社 2004 年版，第 10 页。

〔4〕 章国锋：《关于一个公正世界的"乌托邦"构想：解读哈贝马斯〈交往行为理论〉》，山东人民出版社 2001 年版，第 40 页。

的现实性和力量"[1]。回首我国关于治理的历史来看，老龄人从来就不是治理的客体，一直以来都是参与性的、甚至是主导性的。

（一）老龄群体是智识的代表和规则的输出者

中华民族自古以来就有尊老爱幼的优良历史文化传统，"老吾老以及人之老，幼吾幼以及人之幼"[2]是对中国古人体恤老人、关爱幼童等特殊群体的真实写照。老龄人之所以能得到社会各界的尊重和敬爱，并不是因为老龄人自身的身体机能和心理健康已难以支撑其独立生存，只能作为受优待的弱势群体而存在。实际上，老龄人作为一个特定的社会群体，并非像想象中的那么弱势和不堪，根本跟不上时代发展的潮流，恰恰相反，老龄人在经历漫长历史岁月的体验和感悟后，逐渐成为一群有智识经验的优势群体。可以说，老龄人是集智慧、经验与荣誉于一体的，对老龄人的关爱和尊重也是基于智慧经验角度来考虑的。实践证明，随着时间的推移，人的内心和行为会发生难以置信的变化，看待世界的观点和立场也会逐渐成熟完善。只要加以合理引导，老龄人甚至会慢慢地成为社会规则的输出者、推动者、保障者。

孔子在《论语》中有一段经典的描述："吾十有五，而志于学，三十而立，四十而不惑，五十而知天命，六十而耳顺，七十而从心所欲，不逾矩。"[3]其实，我们每个人在人生发展过程中都大体上经历了类似的心路历程，从年轻时的激情张扬到中年的激情退却再到老龄的规矩约束，人生中历经的种种挫折考验和成功的喜悦会在老年时有着更为清醒理性的深刻洞见。当一段话从不同年龄段的人口中说出时对于受众的影响或冲击是存在着明显差异的，当一些经验由年轻人口中说出时受众很难与其进行有效的"视域融合"，难以真切地体会到口述者的内心世界，但由一位饱经沧桑的老人长者说出一些人生真谛或警告劝诫的话语时，受众总会难免不自觉地产生内心共鸣，积极回想起自己人生的成长点滴。所以说，在很多重要的时刻老龄人并非对社会发展一无是处，拥有智慧、经验的老龄人群体受到身边人群的尊重也是有着科学道理的。在时代发展的今天，老龄人在相当多的场合下发挥着不可忽视的作

---

[1] 中共中央马克思恩格斯列宁斯大林著作编译局编译：《马克思恩格斯文集 第一卷》，人民出版社 2009 年版，第 500 页。
[2]（战国）孟轲：《孟子》，金良年注评，凤凰出版社 2010 年版。
[3]（春秋）孔丘：《论语》，孙健筠、杨林译注，吉林人民出版社 2005 年版。

用，如不少老龄人是过去重大历史事件的真实经历者，可以为全社会宣扬过去不堪和悲惨的历史经验教训；老龄人本身富有政治智慧和治理经验，担任一国国家元首或重要职务的人群中总会有老龄人的身影；不少老龄人是网络微博问政的参与者和推动者，是国内民主政治发展的有力推动者等。诸如此类的社会参与性事件不胜枚举，预示着老龄人作为一支快速成长的主体性力量，在现代民主社会和法治建设进程中绝对不能缺席。

（二）老龄人群体是社会权力结构中的重要一环

乡贤是我国传统治理中的重要参与性力量，不论是传统乡贤还是现代新乡贤，其中很重要的组成部分是有威望的老龄人群体。可以说，在特有的时间和空间中，老龄人群体的作用和功能非但没有被湮没，反而构成了社会权力结构中的重要组成部分，对地方各项社会治理事业的发展起到了重要的推动性作用。乡贤并不是一个严格的规范性概念，而是从社会现象中衍生出的一种称谓。有学者认为：“将乡贤的范畴界定为那些在一定地域范围内德高望重，能力突出并致力于当地政治、经济、社会、文化事业，对地方有贡献的贤达之士较为妥当。”[1]在我国古代出现了介于国家权力和基层社会之间的权力结构类型——乡绅阶层。乡绅阶层的出现有效地填补了国家权力在地方基层治理中的空白和缺陷，同时也在某种程度上代表了地方的真实性需求，所以说其是两种力量调和的产物。从乡绅阶层的社会构成中可见一斑。学者指出：“乡绅是与官僚密切相关的阶层……分为三类：第一类，处于官僚系统内部，即现任的休假居乡的官僚；第二类，曾经处于官僚系统内部，但现已离开，即离职、退休居乡的前官僚；第三类，尚未进入官僚系统的士人，即居乡的持有功名、学品和学衔的未入仕的官僚候选人。”[2]

不同于建构性的国家权力力量，乡绅阶层的形成更多是一种社会自发形成的结果，他们大多正直果敢、深明大义、通晓文化、无私奉献，凭靠着自身的信誉和威望，逐渐构成了我国乡村治理中的重要参与性力量。这是一种典型的非正式权力的运作模式，甚至构成了一种能和国家权力抗衡的力量。

---

〔1〕 张兆成：《论传统乡贤与现代新乡贤的内涵界定与社会功能》，载《江苏师范大学学报（哲学社会科学版）》2016年第4期。

〔2〕 徐祖澜：《乡绅之治与国家权力——以明清时期中国乡村社会为背景》，载《法学家》2010年第6期。

"在乡村内部，有一个同乡村政权对峙的磐石般团结的地方乡绅阶层的委员会。不管你想做什么，比方说提高传统的税租，想进行什么变革，都必须同这种委员会达成协议，才能做点实事。不然的话，你这个知县就会像地主、房东、东家，一言以蔽之，一切族外的上司一样，遇到顽强的抵抗。"[1]随着时代的推移，新乡贤模式在当下应运而生，并成为引导民众积极开展乡村法治建设的积极推动者。"在梁寨镇，品德贤良的新乡贤们，不仅是带头守法守正、尊法信法的表率，而且是用法频率较高、用法事务较多的村民群体，是对乡村法治极具建设性的用法力量，并对乡村其他用法力量的良性成长具有重要的促进作用。"[2]诚如有学者所说，"我国的乡村治理现实亟需发挥现代乡贤的积极作用"[3]，"新乡贤应该而且能够成为乡村社会治理的重要主体"[4]。

（三）老龄人一直以来是基层治理的积极参与者

自 20 世纪 70 年代以来，西方法治发达国家以诉讼外替代性纠纷解决机制（Alternative Dispute Resolution）为主体掀起了"接近正义"（Access to Justice）运动的第三波浪潮。[5]在这一浪潮中，传统司法制度的迟延、昂贵、形式主义、晦涩、复杂、难以接近、强制、冷酷以及在其对话、合作、补偿等方面的缺点饱受批评。而诉讼外替代性纠纷解决机制的易于接近、简便、低廉、迅速、易沟通、合作、温暖、和平、人性化等方面的优点备受青睐。[6]诉讼外替代性纠纷解决机制的兴起并不是偶然的，而是时代发展的必要产物，尤其是长期面临着"案多人少"紧张压力的中国司法适用场域下，争议纠纷的解决都有赖于单一的司法途径显然是不现实的。其实，在现代西方法律制

---

〔1〕 [德] 马克斯·韦伯：《儒教与道教》，王容芬译，商务印书馆 1995 年版，第 147~149 页。

〔2〕 菅从进：《新乡贤与乡村用法力量的系统提升——以江苏省丰县梁寨镇为例》，载《民间法》2016 年第 2 期。

〔3〕 张露露、任中平：《乡村治理视阈下现代乡贤培育和发展探讨》，载《广州大学学报（社会科学版）》2016 年第 8 期。

〔4〕 孙迪亮、宋晓蓓：《新乡贤参与乡村社会治理的理据分析》，载《科学社会主义》2018 年第 1 期。

〔5〕 参见 [意] 卡佩莱蒂编：《福利国家与接近正义》，刘俊祥等译，法律出版社 2000 年版，第 5 页。

〔6〕 参见彭海青等编著：《德国司法危机与改革——中德司法改革比较与相互启示》，法律出版社 2018 年版，第 227~228 页。

度来到中国之前，中国自身的社会调解机制是相当发达的。中国自古就有"以和为贵""和气生财""和合万邦"等和谐价值理念，"无讼"的法律传统是典型的东方特色。事实证明，这种机制的社会实施效果还是非常不错的，在矛盾化解的同时也促进了邻里社会关系的修复和维持。与西方诉讼外替代性纠纷解决机制不同的是，它不是"诉讼中心主义"的产物，而是一种"社会调适系统"，它综合了调解在内的各种纠纷解决方式促使不同社会关系达至均衡，诉讼只是最后的解纷方式。[1]尽管陌生人社会在迅速到来，但是在熟人社会思维仍旧浓厚的我国广大基层，这些纠纷解决方式还是有着较为广阔的适用空间的，其中老龄人群体起到了推波助澜的作用。

基层治理一直是我国国家治理的重要环节，但基层由于地处国家治理的边缘与角落，在很长的一段时间里，国家或政府的力量在基层发挥的作用并不是非常突出，地域广袤、情况复杂的基层地区更多的是依靠社会力量来维持和运转的。我国现有的调解制度本身就是古代治理经验的一种回归，人民调解制度"具有宣传法律、预防纠纷发生和防止纠纷激化等功能，在某种意义上是基层社会治理的重要组成部分"[2]，并被称为可借鉴的"东方经验"在全球推广。其实，调解制度本身就是一种依赖社会力量来达到社会和谐的有效途径，具有社会化广泛参与的多元性和开放性的典型特征。基层地区的长老、族长等群体一直扮演着评判和裁断的角色，当纠纷发生时人们更多考虑的是通过基层集体内部来解决，老龄人这一集经验、智慧和荣誉于一身的支持者的裁决往往具有很强的说服力，可以有效化解基层邻里和群体纠纷。时至今日，在我国广大农村地区，老龄人依然活跃在我国基层一线中，诸多重要社会活动的组织和参与都需要老龄人群体的支持，构成了对基层群众自治制度发展完善的保障性力量。

四、中国老龄法治建设的主体性之路

法治是现代国家治理的必由之路。作为维系社会和谐稳定的重要力量，

---

〔1〕 参见陆益龙：《转型中国的纠纷与秩序：法社会学的经验研究》，中国人民大学出版社 2015 年版，第 247 页。

〔2〕 宋朝武、罗曼：《基层治理现代化与人民调解制度的改革路径》，载《暨南学报（哲学社会科学版）》2019 年第 3 期。

老龄人群体的主体性不应当被忽视，对老龄法治学科和老龄法治体系的研究都要紧紧围绕老龄法治的主体性来展开。"如何构建真正符合中国经济、社会和法制发展现状的老龄法律体系，是达成老龄法治预期目标的必备前提。"〔1〕

（一）坚持德法共治，发挥老龄人的道德导引作用

对道德和法律关系的探讨一直是法理学研究领域的核心性议题之一，自然法学派和分析实证主义法学派曾围绕道德和法律的关系问题展开了长期的学术论战。尤其是在经历第二次世界大战对分析实证主义学派的冲击和挑战后，新自然法学派又重新走向复兴，使一些分析实证主义学者不得不调整以往过于绝对的价值立场。〔2〕其实，从人类文明的发展和演化的历史来看，法律向人类社会输出了处理问题的规则和依据，道德则为人们提供了行为的心灵指引，对任何问题的看待都应将两者统一起来。尽管中国古代思想家商鞅、管子、韩非子等提出了关于法家思想的一些观点，但中国古代并没有演绎形成系统的法治理论，现代法治理念则是西方舶来品的产物。当然，中国古代思想中也具有可借鉴的内容，其中德治的理念在中国古代相当发达，儒家思想之所以居于理论正统地位就在于其占据了道德的制高点，为人们提供了基本的行为准则和指引。中国古代的治理呈现出典型的"德主刑辅""外儒内法"的双层治理结构，将道德和法律有机地进行了系统融合，构成了现代德法共治模式的早期制度实践。

法治是全球化治理体系中的共同术语，中国化的法治经历了传承、移植和创新的过程；由于道德和宗教、习惯、政策等规范相比具有的独特之处，德治被作为本土化概念成为中国现代化国家治理体系的重要组成部分。〔3〕习近平总书记在党的重要会议上多次强调要坚持德治和法治相结合的发展道路。在现代化国家治理面前，既要发挥法律的规范功能，也要重视道德的教化作用，既要以法律支撑道德，也要用道德来滋养法律。尤其是中国传统文化思

---

〔1〕　汪地彻：《中国老龄法治问题三论》，载《理论导刊》2013年第8期。

〔2〕　如"基于人类自我保存的目的假设，哈特提出了自然法最低限度的内容，认为限制使用暴力和要求尊重财产与承诺的规则，构成了作为实在法和社会道德之共同基础的自然法的最低限度内容。""哈特虽然承认法律与道德存在某些联系，提出了自然法的最低限度内容，但否认法律与道德之间存在必然的联系。"参见魏胜强主编：《西方法律思想史》，北京大学出版社2014年版，第214页。

〔3〕　参见仇晓洁：《德法共治：基于思想源流和现代化国家治理框架下的思考》，载《南京社会科学》2019年第7期。

想中蕴含着深刻的德治理念，老龄人群体是其思想的重要推动者和宣传者。德治作为一种影响广泛的传统德法共治治理实践，历史上对其所属文明的维持和发展作出了积极贡献。[1]实践证明，坚持法治与德治结合的总体性进路，发挥老龄人群体的道德教化作用可以有效地降低社会上发生违法犯罪行为的概率，而且也是一种低成本、高效率的有效治理，是法治中国建设的重要助力器。

（二）坚持国家治理和社会治理并举，构建多元治理路径

国家—社会二分的分析框架是现代市民社会形成的基础，同时也提出了两种不同维度的治理要求。国家治理和社会治理还是存在着一定区别的，国家治理的主体是一系列国家机关，而社会治理的主体更为多元和灵活，在涵盖国家机关的同时，也吸纳了公民、社会组织、基层群众性自治组织和企业等。老龄人群体作为治理的主体，更多的是通过社会治理这个途径来参与治理活动的。社会治理的重要意涵是充分发挥多元主体在社会治理中的作用，打造共建共治共享的社会治理格局。[2]党的十九届四中全会明确提出"完善党委领导、政府负责、民主协商、社会协同、公众参与、法治保障、科技支撑的社会治理体系"的具体要求，从中可以窥见社会治理的主体可以分为公共主体和社会主体。但由于历史的原因，我国长期以来比较重视由党委、政府等主体来开展治理工作，而且取得了相当瞩目的社会成效，而以社会群体为主体的社会治理则处于相对容易忽视的地位。

在现代社会面前，容纳多元社会主体参与治理意味着民主的发展和进步，同时也预示着对政府治理失败或低效的克服。"传统的政府，因其垂直的上下关系、臃肿的治理体系以及事事都要横加干涉，无法适应急速变化的经济、社会、文化环境"[3]，这表明仅依靠政府来治理是不够的，必须由更开放多元的社会主体来参与治理。社会力量的积极参与能够有效克服传统治理的弊端，并可以及时通过实践检验不断探索出更为科学的先进治理模式。"实践已

---

〔1〕 参见陈卯轩：《法治的德性探析》，载《西南民族大学学报（人文社会科学版）》2019年第12期。

〔2〕 参见蔡宝刚：《聚焦社会：社会主体参与社会治理的法治观照》，载《求是学刊》2021年第6期。

〔3〕 俞可平主编：《治理与善治》，社会科学文献出版社2000年版，第128页。

经证明，在社会治理的过程中，社会权力是一支不可忽视的力量，为社会的发展和人民福祉的实现发挥着积极的作用。"[1]因此，今后我国老龄法治的努力方向必定是要逐步扩大和激发老龄人以及其他社会群体的参与热情，积极探寻更为科学合理的综合治理举措，实现更高水平的社会治理，这也是社会治理现代化的一般要求。"社会治理现代化是对现代化过程中社会分化加剧、复杂性和风险性增多的必然响应，是提升国家治理现代化水平的应有之义。"[2]

---

　　[1]　王宝治:《社会权力概念、属性及其作用的辨证思考——基于国家、社会、个人的三元架构》，载《法制与社会发展》2011 年第 4 期。
　　[2]　李建伟、王伟进:《理解社会治理现代化:内涵、目标与路径》，载《南京大学学报（哲学·人文科学·社会科学）》2021 年第 5 期。

下卷　治理实践分析

涉诉信访的"问题化"逻辑与
治理之道

本章提要： 涉诉信访在当前的中国俨然已经成为关涉政治大局、社会稳定和国计民生的重大问题，被广泛地视为一种严峻的社会危机而予以"问题化"，并因此成为全社会的攻关对象。但是，这种直观地仅将涉诉信访问题看作是司法部门自身问题的产物的观点是不周延的，也不利于寻求有效的对策以应对之。对涉诉信访问题的成因应采取系统论的分析进路，应在立法、行政、司法三大国家机构系统处理社会纠纷流程的实证分析中去发现涉诉信访问题的真相。在此基础上，提出以制度创新和综合治理应对涉诉信访问题的新思路。

涉诉信访在当前的中国俨然已经成为关涉政治大局、社会稳定和国计民生的重大问题，以至于在法律人看来，"如何贯彻落实党的十七大精神，解决涉法信访问题，破解涉法上访难题，从源头上减少信访案件的发生，促进社会和谐稳定，已经成为当前政法工作的重中之重"。[1]既然涉诉信访问题在当下中国社会具有如此的重要性，则对此一问题的基本逻辑的把握和建基于其上的策略与对策的求证，就成为我们探讨的重心所在。

一、涉诉信访被"问题化"的逻辑

涉诉信访为什么在当下的中国社会会成为屈指可数的热点与难点问题呢？更本质地说，中国涉诉信访的问题化逻辑是什么？应当说，任何社会现象之所以能够被问题化，都遵循着一种非常现实而且得到社会公众肯认的思维逻

---

〔1〕 宋海萍：《关于预防和减少涉法涉诉信访的几点思考》，载《中国审判》2009 年第 4 期。

辑，即这种社会现象被广泛地视为一种严峻的社会危机，在其背后则是社会结构和制度合理性的危机。而问题化的处理方式，则有助于优化制度机制并积聚和整合整个社会的资源以消解之，社会由此回复正常状态。从而，一种典型的现代性的危机处理范式在特殊的时代情境下以特殊性的方式得到再现。对于涉诉信访问题而言，其被问题化的基本逻辑同样如此：我们要首先在此类社会事件现象中找到需要医治的"病因"，然后为其甄选医术高明的"医生"进行"会诊"，同时还要为危机的解除准备足够且优良的"药品"和"器械"；在此基础上，一场让社会有机体重新恢复健康状态的改良运动才能启动并可以期待良好的成效。

让我们循着这样的思维逻辑去探查一下涉诉信访现象具体的问题化逻辑。

首先，涉诉信访之能够被问题化，必须要有数量巨大、能够冲击公众视野而且对其生活环境发生深刻影响的涉诉信访现象的事件堆积，从而一种深刻的社会问题的征象能够被公众所体察并引起深度忧思。信访尤其是涉诉信访在中国既能够展示出中国式的民主法治建设的非凡成就，又在另一侧面暴露出处于转型期的中国社会所面临的社会问题。虽然信访和涉诉信访在现当代中国并非什么新鲜事物，但它们集中爆发成为社会热点和难点问题并被"问题化"，却是近期才有的变化。从下表所列举的数据看，在改革开放以前，信访和涉诉信访的数量长期处于一个很低的水平，推算下来，当时一年的信访量也仅及以后高峰年份的1%左右。改革开放意味着社会结构和利益关系的调整，改革开放同时也是解放思想、恢复民主机制的过程，其之于信访而言，同样具有双重意义：一方面，社会结构的变革和利益关系的调整，必然使得社会矛盾和纠纷逐渐生发和显现出来；另一方面，民主机制的复苏和社会高压状态的解除又使得社会矛盾和纠纷得到了较为充分的表达；而信访作为中国社会传统的民意表达机制，再次发挥出它在一个转型国家中的巨大能量。于是，信访数量在改革开放初期的快速增长就成为难以避免的事实。从统计数据（表1）看，此阶段（1978年~1993年）是中国信访数量急剧增长的区间，从1978年~1982年的年均不到18万件急剧上升至1992年的近600万件，年平均递增率十分惊人。1998年是中国信访数量爆发式增长的一年，信访总量急剧上升至惊人的934万件，比1992年增长58%。而此时正值中国实行社会主义市场经济体制改革的初始阶段，信访总量的爆发式增长与经济体制的根本转型、利益关系的重大调整以及主体权利意识的复苏惊人一致地以一种叠加的方式遽然降临，并在 20 世纪的最后一年突破了 1000 万件，且以后连续数年维持高位，直到 2002 年才大幅度下降，以后数年基本维持在每年不到 400 万件的水平。在近 20 年来的信访总量中，涉诉信访占据突出位置，涉诉信访量占信访总量的比例一般在 60% 左右，个别年份达到了 80% 以上。涉诉信访已然成为中国信访问题的重中之重。虽然进入 21 世纪后，信访和涉诉信访的数量都有了明显下降，但信访问题对社会的冲击性和影响力不但没有下降，反而愈益得到放大，并逐渐演化为一个严重的社会问题。究其原因，主要有如下三点：一是近 10 年是中国互联网发展突飞猛进的时期，涉诉信访问题成为社会和网络舆情关注的重点，信息网络技术的进步使得涉诉信访事件很容易被炒作和放大，呈现总量下降但关注度强化的态势；二是信访事件经多年积累沉淀，正在发生质的变化：集体上访、越级上访、缠诉、缠访等重大信访和顽固性信访案件的比例在增加，单个案件的影响力明显加强；三是由于社会财富集聚度的大幅度提高，贫富差距愈加悬殊，社会不满情绪随之积累和发酵，原本单一的信访事件很容易激化为群体性事件，对社会带来持久强烈的冲击，严重影响政治和社会的稳定。

表 1　1954 年~2006 年全国各地法院处理告诉、申诉、来信来访案件统计[1]

统计年度	处理来信（件）	接待来访（人）	信访总数（件/次）	其　　中			
				告诉	申诉	涉诉合计	非诉
1954.10~1955.3	3825	954	4779				
1957.1~1957.5	6066	1284	7350				

---

　　[1]　1954 年~1982 年的统计数据转引自左卫民、何永军：《政法传统与司法理性——以最高法院信访制度为中心的研究》，载《四川大学学报（哲学社会科学版）》2005 年第 1 期。1990 年~2003 年的统计数据来自：《中国法律年鉴》1991 年第 938 页；1992 年第 938 页；1995 年第 1066 页；1999 年第 1024 页；2000 年第 1258 页；2003 年第 1321 页；2004 年第 1056 页。以上参见郭小冬：《判后答疑——涉诉信访的现实解决路径及其规范》，载《司法改革论评》2007 年第 1 期。其中 1996 和 1999 年的数据来自最高人民法院网站公布的历届工作报告，载 http://www.court.gn.cn/work。2004 年~2006 年的统计数据转引自福建省高级人民法院课题组：《人民法院预防和减少涉诉信访的对策》，载《人民司法》2007 年第 11 期。其中 2004 年~2006 年申诉案件统计数包含申诉和申请再审案件，为二者年度之总和。

续表

统计年度	处理来信（件）	接待来访（人）	信访总数（件/次）	其　　　中			
				告诉	申诉	涉诉合计	非诉
1978~1982	678 600	199 000	877 600				
1990	2 230 383	3 046 858	5 277 241				
1992	2 024 618	3 936 636	5 961 254				
1996			5 200 000				
1998	2 445 457	6 906 471	9 351 928	6 868 335	667 443	7 535 778	156 076
1999			10 690 000				
2000	2 190 645	7 203 713	9 394 358	6 611 434	568 929	7 180 363	1 757 424
2002	1 000 930	2 655 172	3 656 102	1 679 624	428 825	2 108 449	384 967
2003	939 632	3 033 725	3 973 357	1 902 794	406 369	2 309 163	343 477
2004	888 782	3 331 440	4 220 222		131 088		
2005	858 030	3 137 214	3 995 244		198 307		
2006	722 716	2 825 788	3 548 504		196 675		

其次，涉诉信访之能够被问题化，还有赖于人们对这类社会事件现象的思维抽象和本质把握，从而能够把涉诉信访现象嵌入到当下的政治社会结构中，从中能够深掘其社会基础和生发根源。从对涉诉信访问题已有的研究成果来看，无论是学者的分析还是官方的报告，基本上都是从探求涉诉信访发生原因的角度去把握其本质属性，这符合人们对事物认识的一般规律。因为，"我们如果对任何事物，对政治或其他各问题，追溯其原始而明白其发生的端绪，我们就可获得最明朗的认识"。[1]学者认为，对信访制度的考察是认识中国司法的历史和现实的一个较好切入点："研究它的现状和成因，考察支撑其长期存在的政治理念和逻辑，其在何种意义上可能被'问题化'，无疑为我们提供一个重新解读共和国的司法史和当下司法的现实处境及症结的机会。"[2]

---

〔1〕 ［古希腊］亚里士多德：《政治学》，吴寿彭译，商务印书馆1965年版，第4页。

〔2〕 左卫民、何永军：《政法传统与司法理性——以最高法院信访制度为中心的研究》，载《四川大学学报（哲学社会科学版）》2005年第1期。

在这一问题上，官方的分析更多地倾向于从司法制度方面寻找原因。例如福建省高级人民法院课题组在《人民法院预防和减少涉诉信访的对策》的调研报告中，就将涉诉信访问题产生的原因归结为五个方面：[1]其一是我国法律制度对涉诉信访在时间、级别和次数上缺乏必要的规制，使得申诉和申请再审具有无限重复的可能性；其二是有关部门"大信访"意识不强，信访渠道仍旧不够畅通，很多本应在行政部门解决的问题被人为地推到了法院；其三是法院自身在审判和信访工作方面存在不足，如裁量权滥用、法官素质不高、理解法律和认定事实不准确、适用程序不当等，造成审理案件的质量不高、当事人不能服判息诉，导致涉诉信访问题突出；其四是社会上某些个人素质不高，或无法理解合理判决，导致无理缠诉、缠访问题；其五是司法权威缺失和社会、权力的干预给司法审判和涉诉信访工作带来不必要的干扰，妨碍问题的解决。而学者的分析则较注重对涉诉信访社会原因的分析，注意到了社会历史文化因素对涉诉信访的影响，如民众更多地追求个案的实体公正而忽视程序公正的价值；[2]转型期权利意识的觉醒和利益的调整使得社会矛盾的激增，且因其他纠纷解决机制的不畅而导致矛盾积聚于法院；涉诉信访因受到社会和政府的重视而不时获得较好的解决结果也刺激了民众信访的热情；以及，涉诉信访获得了国家政策和舆情的支持，中国共产党长期以来倡导的执政为民、司法为民的理念使得涉诉信访获得了强大的政治、社会的支持。[3]当然，学者也充分注意到了制度结构和司法体制、机制方面的问题，能够对问题做出较为全面的分析，这与法院系统的官方报告仅仅从司法体制、机制方面探求涉诉信访的成因有所不同，自身职责与立场的差异应该是造成这种观点分野的主要原因。但总体上看，无论学界还是官方都较为深刻地认识到了涉诉信访问题在中国当下情境的必然性和严重性：学者和专家普遍承认涉诉信访问题是中国社会和制度结构的内生物，认识到"涉诉信访的独特之处在于其与法院诉讼活动的关联性，它针对的是人民法院审判和执行案件的行为或者结果，信访的原因是当事人认为通过已行或将行的法律途径没有

---

〔1〕　参见福建省高级人民法院课题组：《人民法院预防和减少涉诉信访的对策》，载《人民司法》2007 年第 11 期。

〔2〕　参见孙洪坤、蒋涛：《涉诉信访问题探析》，载《法治研究》2008 年第 8 期。

〔3〕　参见李茂华、陈雪梅：《法院涉诉信访制度之利弊分析及进路选择》，载《广东行政学院学报》2008 年第 4 期。

或无法保障其权益或实现其要求，故而通过信访寻求法律外的解决途径"。[1]学者也能够充分体察到消除涉诉信访问题的艰巨性和长期性，认为法院面对纷繁复杂的涉诉信访难题，尽管力不从心，但由于涉诉信访本身有着深重的社会现实背景，在短期内是不可能取消的。但之于社会主义法治与和谐社会的建构而言，涉诉信访问题的存在无疑伤害了法院的理想规则，使得法院只能在泥潭中艰难前行。由此，"涉诉信访制度对法院来说实在是一个矛盾错综复杂的综合体"。[2]

最后，对涉诉信访现象的处理能够被纳入社会危机管理的结构和流程中，并被期望在制度和机制的改良中医治社会病症。在当下中国，涉诉信访问题由于被党和政府当作重中之重的严峻社会问题予以重点攻关从而提到了战略高度。中央政法委将处理涉诉信访的主体资格界定为"涉法涉诉信访案件是指依法属于人民法院、人民检察院、公安部门和司法行政部门处理的信访案件"[3]，则表明党和政府已经明确地将涉诉信访问题的解决纳入到了官方社会危机管理的结构和流程中。学者对涉诉信访问题的体制化解决的体认："中共中央政法委员会制定的《涉法涉诉信访案件终结办法》对可以终结的涉法涉诉信访案件的条件、作出案件终结结论所应遵循的程序以及终结后的审查复核工作都做出了明确规定，这标志着有关涉法涉诉信访案件的终结制度在我国已经初步建立起来。"[4]在具体的实践中，涉法涉诉信访案件的处理和终结要遵循严格的法定办理和复查程序，"有权确认部门在作出终结结论前，必须对案件进行全面认真的复核，重点审查信访反映问题的解决情况，必要时进行调查核实，或召开听证会听取意见。符合案件终结标准的，按工作程序作出终结结论，必要时，提请审判委员会、检察委员会、部长（厅、局长）办公会等决策机构讨论后作出决定"。[5]为了扎实推进这一工作，各级政法委、法院、检察院和行政部门纷纷出台具体的实施办法，各级党政和司法机

〔1〕 张文国：《试论涉诉信访的制度困境及其出路》，载《华东师范大学学报（哲学社会科学版）》2007 年第 2 期。

〔2〕 李茂华、陈雪梅：《法院涉诉信访制度之利弊分析及进路选择》，载《广东行政学院学报》2008 年第 4 期。

〔3〕 《涉法涉诉信访案件终结办法》（政法〔2005〕9 号）。

〔4〕 关保英、陈书笋：《涉法涉诉信访案件终结的法律效力》，载《上海政法学院学报》2006 年第 2 期。

〔5〕 《涉法涉诉信访案件终结办法》（政法〔2005〕9 号）。

关，尤其是法院成为承办涉诉信访案件的责任主体。这表明，涉诉信访问题的处理和终结在程序上已经完全体制化了。

从以上分析可见，在当下中国，"近年来，由于涉诉信访数量居高难下，在构建和谐社会的大背景下，涉诉信访已成为影响社会稳定的重要因素，社会转型时期积聚的矛盾，把法院推到了风口浪尖。有关法院的涉诉信访被社会突出放大、被'问题化'，成为各方关注的焦点"[1]。关于涉诉信访"问题化"的逻辑就这样从三个方面被完整地建构起来：其一，涉诉信访的集中爆发和强大的社会冲击力对政治与社会稳定构成了严重威胁，它必须而且能够被现象化，这是它被问题化的逻辑前提；其二，涉诉信访是中国社会和制度结构的内生物，通过对其生成原因的分析，其本质和核心问题能够被精确把握，从而可以被当作社会和制度"问题"加以程序化处理；其三，涉诉信访问题的解决已然被确定为体制内的职责和任务，纳入社会危机管理的结构和流程中，表明涉诉信访作为一个突出的社会问题或难题，已经得到了官方的确认并获得了战略高度的重视，对这一问题的克服已经成为全局性的时代任务。涉诉信访的问题化是其真正和最终解决的前提条件，在现代社会，任何重大复杂社会问题的解决，都必须以该社会问题的"问题化"为前提，随后的制度改进和资源动员也因此而获得了动力和合理性；问题解决有效性因此就是能够被合理预期的。

但这样一种直观化的"问题化"逻辑能够成立吗？我们必须结合涉诉信访的实践运行状况，对之作出深入的检验、分析。

二、涉诉信访问题的系统化成因

从涉诉信访被问题化的基本逻辑来看，其思维路径看似严谨而完整，却摆脱不了过于简单、直观的嫌疑。对社会问题的阐释，正确的进路是采取系统论的视角。因为在现代社会，无论是社会还是作为社会治理机构的公共权力系统，都已经被按照某种内在的原则分割为多个相对独立的系统，各个系统之间通过信息和能量的交换共同完成再生产社会秩序的任务。[2]即使公共

---

〔1〕　李茂华、陈雪梅：《法院涉诉信访制度之利弊分析及进路选择》，载《广东行政学院学报》2008 年第 4 期。

〔2〕　参见［德］卢曼：《社会的法律》，郑伊倩译，人民出版社 2009 年版，第 18~20 页。

权力本身，也已经在分权的逻辑下按照科层制的原则被组织起来，以达成社会公正和效率的目标。因此，在对涉诉信访问题之成因的解释上，也必须采取系统论的观点，从系统化生成的进路去发现涉诉信访问题化的逻辑入口和消解此一问题的出口："必须跨出信访制度、在整个社会纠纷解决机制中来谈信访，在法治的大思路下认识社会纠纷解决机制，选择法治的而不是人治的纠纷解决机制。信访潮只是一个表象，其背后是社会矛盾的加深。"[1]这样看来，我们就应当从立法、行政、司法三大社会治理系统消解社会纠纷的职能及其运作流程的静态视角，对涉诉信访问题的系统成因做出符合实践运行模态的分析。

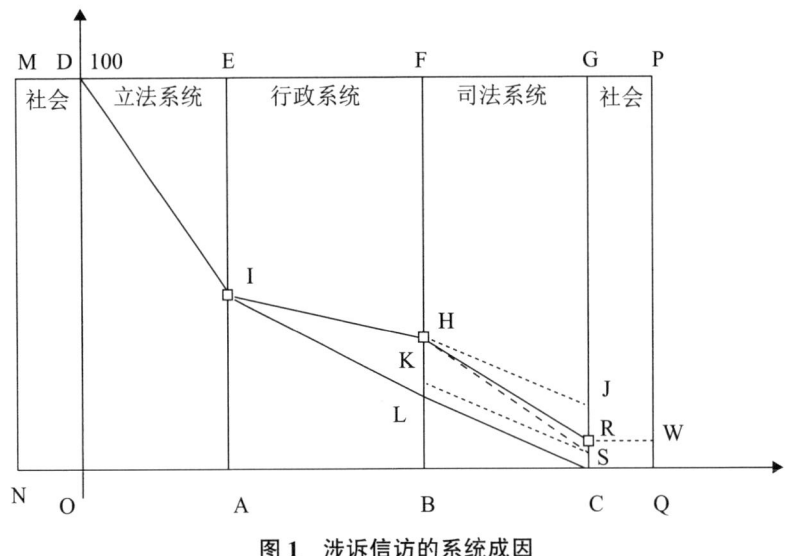

图1 涉诉信访的系统成因

从图1可见，中国涉诉信访问题的产生，深深地植根于国家—社会二元架构之下的系统分化与相互作用，大部分涉诉信访问题的根源都只有深入到国家—社会大系统的内部结构及其运作流程之中，才会有一个较为科学的解释。按照启蒙思想家的基本理论，前国家的社会生活要么处于一种"人与人之间的战争状态"，要么因为缺乏一个裁断纠纷的权威中介而存在明显的缺陷；总之，在没有国家组织对社会纠纷进行居中裁断和调停之前，社会纠纷

---

〔1〕 周永坤：《信访潮与中国纠纷解决机制的路径选择》，载《暨南学报（哲学社会科学版）》2006年第1期。

便因其内在冲突动力的自然性持存而始终处于较高的临界状态，直到冲突的张力打破平衡，作为权威性中介的国家将纠纷解决引入系统化的制度解决之道。由立法、行政、司法三大制度系统组成的国家机构系统，在面对社会大系统时的首要任务就是消除社会纠纷，恢复社会秩序的原初安定状态。从图1所示可以看出，我们假定国家机构介入之前的整个社会纠纷的总体水平为100%，在经历了三大制度系统的依次过滤之后，社会纠纷水平顺次大幅度下降（从 D 点↘I 点↘L 点↘C 点），并最终回复到近乎没有纠纷的理想状态——当然，这种理想状态仅仅是政治家或立法者头脑中设定的、制度设计应当达到的一种"应然"水平，而非现实状态。但将社会纠纷保持在一个相对较低的水平上，却是近乎所有治理者的现实追求。我们知道，尽管国家机构必须以消除社会纠纷为己任，然而三大制度系统在其独立领域的设计理念和运作方式上都有所不同，因而其在解决社会纠纷问题中的作用也就明显地相互区分。因此，为清晰分析涉诉信访问题产生的内在机制，我们有必要对立法、行政和司法三大系统在消解和催生次生涉诉信访问题中的作用和制度机理做一分门别类的深入分析。

（一）立法系统在涉诉信访问题的消解和再生产方面的作用

对于一个社会的秩序构造而言，立法系统无疑起着头等重要的作用。这是因为，立法系统的职责在于根据社会当前的秩序状态及其可预见的未来走向而为明天立法，它通过自己构造法律体系的行为而为社会供给可以遵循的规范体系，这种规范体系是第一层次的"法律秩序"，其后国家机关之间的秩序的形成以及社会秩序的最终达成，在逻辑起点和规范依据上，均以第一层次的法律秩序为基本依凭。这样，我们才能说"法律秩序是一个'规范性的存在'，是立法者意欲达成的规范性的、规划性的秩序状态的表象"[1]。这种理想型的、规划的、规范性的秩序表象尽管不能完全转化成现实的秩序状态，但它却为公民和社会组织的行为提供了具有规范效力的行为模式，同时也为国家机构的法律判断行为提供了必须遵循的判准。可以说，没有立法系统的立法行为，则社会秩序的形成就因缺乏规范前提而不具有现实性；也正是因为这种有效的规范性表象的存在，原本处于自然状态的社会冲突和社会

---

〔1〕　魏治勋：《禁止性法律规范的概念》，山东人民出版社 2008 年版，第 298 页。

纠纷才得到它的过滤而趋于消解。可见，立法系统通过为行为者提供行为的标准模式并为社会纠纷和违法行为的处理提供权威性判准，大大降低和消解了原本处于无政府状态的社会纠纷的强度和总量。这样看来，立法系统如何合理地设计法律规范体系，就成为降低和消解社会纠纷规模的关键所在，一个有效运转的立法系统总是能够通过良好的制度设计而将社会纠纷水平降低到最低限度。从图 1 的标示可见，良好的立法系统能够将大部分的社会纠纷消解掉或者使可能发生的社会纠纷大部分被成功抑制。在图 1 中这样一个理想状态就是点 I 所表示的纠纷水平。当然，现实社会中的立法系统并非总是能够达到这种理想状态，特别是在当下的中国，立法的总体供给仍旧不足，立法质量也不容乐观。但由于立法机关本身在整个国家机构体系中居于最高地位，因此，在这个体系之内是不能因为立法机关的上述缺陷而苛责于它的，对于这一点，纯粹法学家凯尔森已经阐述得足够清楚："如果立法机关发布了一个内容由宪法所禁止的法律，那就发生了一个违宪法律所引起的全部后果。然而，如果立法机关只是不发布宪法所规定的法律，这就不大可能以法律后果赋予这样一个不行为。"[1]因此，只要立法机关的立法行为没有违宪，它就不受追究。由此可见，在立法系统内去寻找信访问题的起因的意义不大，问题的重点发生领域应当在行政和司法系统。

（二）行政系统在涉诉信访问题的消解和再生产方面的作用

行政系统因其自身行为的当下性及其与社会系统之间关联的全面性和高度渗透性，虽然能够通过规范的行政立法、行政执法和行政司法行为较大程度地消解社会纠纷、降低信访水平，但也可能会因其上述行为的不够规范而激化甚至引发更为激烈和复杂的信访与涉诉信访问题。我们从行政的三大职能入手来深入分析这一问题：

（1）在行政立法领域，行政立法的不合理性或者不作为都有可能产生社会纠纷，进而引发信访和涉诉信访问题，在当下中国由行政立法不合理性引发的涉诉信访并不鲜见。当时执行的收容遣送条例和城市拆迁条例就是这类不合理立法的范例。它们所引发的严重的社会问题和社会纠纷，前者如"孙志刚案"，后者如因拆迁而引发的大量信访和涉诉信访问题，都表明不合理的

---

[1] ［奥］凯尔森：《法与国家的一般理论》，沈宗灵译，中国大百科全书出版社 1996 年版，第 290~291 页。

行政立法已然成为引发涉诉信访问题的重要诱因。即使是较少受到诟病的行政立法不作为，近年来也连续引发社会纠纷，也有可能成为诱发信访和涉诉信访问题的原因。例如，2002 年 5 月江苏省南京市某化工厂长杨春庭就曾以行政机关立法不作为为理由将南京市江宁区政府告上法庭。虽然此案最终被法院驳回起诉，却开了起诉行政机关立法不作为的先河。[1]2005 年 3 月，包头空难事件遇难者家属陈苏阳也曾以中国民用航空局行政立法不作为的诉由将中国民用航空局起诉至北京市第二中级人民法院。此案也同样以不予受理而告终。[2]但尽管如此，行政立法不作为已经成为社会纠纷的诱因和提起行政诉讼的诉由，并蕴含着诱发信访和涉诉信访的可能性。

（2）行政执法领域是引发涉诉信访问题的重灾区。对于此一问题，我们可以从两个方面予以分析：

第一，首先从涉诉信访集中发生的问题领域来看，问题主要集中于社会管理、公共职责、经济利益和体制改革等方面，所反映的内容主要涉及城镇规划、社会保障、劳资纠纷、集体土地权属、合同纠纷、刑事判决等方面，其中大部分内容和引发群体性事件的严重纠纷和严重信访问题的内容更多地集中于行政管理和行政执法的领域。在当下由城镇规划和集体土地权属问题所引发的社会纠纷和涉诉信访问题尤其深具社会影响力而备受关注。那些让党政和司法部门尤感头疼的缠诉、缠访和群体性事件，也多发于上述行政管理和行政执法领域。从对四川省部分地区涉诉信访问题的抽样调查材料来看，在抽样的 300 件涉诉信访案件中，与政府行为相关的房屋拆迁、土地征用、政府颁证、国家赔偿等问题引发的涉诉信访案件占到了抽样案件总数的 32%，可见行政管理与行政执法所引发涉诉信访问题的严重性。[3]所涉及的引发涉诉信访的上述问题，基本上都是与广大基层民众的民生和基本利益深具关联性的问题。涉诉信访制度无疑为各阶层尤其是社会弱势群体提供了一条较为公平的政治参与和利益表达渠道。构建和谐社会，不仅需要一套行之有效的纠纷解决机制，而且需要有通畅的利益表达和信息传递体系，以实现社会各

---

〔1〕　参见杨涛：《试论立法不作为表现、危害及其规制》，载《法治论坛》2007 年第 3 期。

〔2〕　参见杨涛：《试论立法不作为表现、危害及其规制》，载《法治论坛》2007 年第 3 期。

〔3〕　参见四川省高级人民法院研究室：《化解涉诉信访 老问题探求新办法——四川高院关于化解涉诉信访的调研报告》，载《人民法院报》2010 年 1 月 7 日，第 008 版。

阶层利益的均衡。[1]"在对上海市涉诉信访问题的调研中发现：涉民生案件竟占全部抽样案件的68%，如果加上申请执行救助、特殊困难群体等因素，则涉民生案件的比例竟然高达96%，"几乎所有信访案件均与民生问题密切相关"。[2]信访制度和信访渠道的存在，无疑为上述严重社会问题提供了解决的路径和机制，但行政管理和行政执法由于自身存在的问题，也会在一定程度上激发和加重涉诉信访问题。仅以公安机关的执法为例，其存在问题的广泛性和严重性就可见一斑：在公安机关执法中，广泛存在着"……公安机关和公安民警对案件查处不及时，对涉及人民群众切身利益的问题熟视无睹、长期不予解决的不作为问题；滥用强制措施，限制、剥夺公民人身自由的问题；办案中扣押财物不还的问题；刑讯逼供、打骂群众，造成人员伤亡或其他恶劣影响的问题；执法不公、徇私枉法，严重侵犯人民群众利益的问题；在治安、交通、消防、户政管理、外管、案件查处等方面，不按规定及时调查取证、固定证据，造成群众上访投诉以及执法随意等顽固性的执法问题；反映公安机关和公安民警越权办案，插手经济纠纷的滥用职权问题；以及其他涉及人民群众切身利益的公安信访问题"。[3]其他行政部门存在的问题可能各有特点，但其问题的广泛性和严重性同样值得关注。

第二，从涉诉信访所涉及的社会主体来看，大部分当事人均为社会弱势群体。有学者曾经对2006年以来上海市涉法涉诉信访领导小组交办上海市人民法院处理的25件重大涉诉信访案件的当事人情况进行过统计分析：在这25件涉诉信访案件中，除一件案件当事人为法人外，其余均为自然人。其中，老年人居多，50岁以上占52%；无业或者退休者所占比例较高，达68%；妇女占相当比例，为44%；单身或者离异者比重较大，占56%；另外还有农民5

---

〔1〕张敏、戴娟：《困惑与出路：转型期法院涉诉信访制度的理性探究》，载《法律适用》2009年第6期。

〔2〕彭浩：《涉诉信访中的民生问题：表现、原因与对策——对25件重大涉诉信访件的统计分析》，载《法制与社会》2009年第31期。

〔3〕作为行政执法队伍的一员，该作者还指出：目前，在行政执法上仍存在着执法不严、执法不公等不规范执法现象，如：接、处警不及时，不能积极主动受案、受案不规范，滥用强制措施，超期、非法扣押涉案财物，滥用警械，证据收集不及时，案件久拖不决，鉴定费没有落实到位，等等。一些基层单位，存在着吃拿卡要和滥收费现象；部分派出所的执法人员工作态度和作风粗暴，"冷、硬、横、推"，在户口办理、身份证办理等窗口服务单位，服务质量不高，没有真正树立起便民服务意识，一件简单的事情，折腾群众跑来跑去，不能明示和提醒群众办事流程及注意事项，群众意见很大。参见张续明：《公安行政执法不规范不作为对公安工作造成危害的认识》，载《公安教育》2005年第11期。

人，占 20%，其中 4 人为外来人员；在这些当事人中，有 8 人享受低保或特困待遇。从上海市这 25 件重大涉诉信访案件当事人的情况来看，涉诉信访的产生与社会弱势群体的民生问题具有紧密联系。[1]而从济南市 1995 年~2008 年涉诉信访案件的统计分析来看，涉法涉诉信访人员表现为"一多一低"两个特点：其一是弱势群体居多。根据政法系统各部门的统计，法院系统的信访当事人中，工人所占比例历年来都在 80%~82% 之间；检察系统的信访当事人中，农民的比例一直保持在 83% 以上，最高的 2004 年竟达 94%；公安系统的信访当事人中，工人、农民、无业人员三者之和的年平均比例也达到了 78.43%。二是文化程度普遍偏低，济南市法院系统信访当事人中，初中以下文化程度者占到了 88%；检察系统信访当事人中初中以下文化程度者高达 90%；而公安系统信访当事人中初中以下文化程度者也达到了 61%。虽然我们暂时无法获得全国涉诉信访当事人的身份材料，但从上述涉诉信访当事人的身份情况来看，涉诉信访的当事人主要是处于社会底层的、文化程度偏低的、生存状态较为恶劣的弱势群体，这部分人一般要占到涉诉信访当事人的 80% 以上；他们由于身处弱势群体的地位，自身的生存条件比较脆弱且容易受到社会变革和政策变化的冲击，基本的民生问题难以保障，在我国社会保障制度尚不健全、行政管理和行政执法法治化程度仍然较低的情况下，弱势群体的生存状况总体上仍然不容乐观。而一旦他们的生存权利和利益受到侵犯且又得不到公平的补偿，就很容易引发信访和涉诉信访问题。

从对涉诉信访当事人的上述分析来看，其基本结论与对涉诉信访所涉及的主要问题领域和内容的前述判断，具有高度的对应性和一致性。从涉诉信访所关涉的问题来看，所涉内容大部分属于行政管理和行政执法领域；而从对弱势群体的救助、扶持等民生问题的解决和纠纷处理的角度看，这些又多属行政职权的范围。根据相关研究，行政纠纷信访占了信访总量的很大一部分：1996 年时，已有报告称"针对执政廉洁与干部作风的不满占了信访总量的30%"，而近年来，更有证据显示这一数字已增长不少。一项对来京信访者的问卷调查显示，有 87% 的信访者称自己的不满与政府的腐败或失职相关。[2]因此

---

〔1〕　参见彭浩：《涉诉信访中的民生问题：表现、原因与对策——对 25 件重大涉诉信访件的统计分析》，载《法制与社会》2009 年第 31 期。

〔2〕　参见张泰苏：《中国人在行政纠纷中为何偏好信访？》，载《社会学研究》2009 年第 3 期。

可以说，无论从产生信访和涉诉信访的数量来看，还是就发生于上述领域和弱势群体之上的涉诉信访问题而言，行政部门都有着不可推卸的责任。

（3）行政司法作为处理行政纠纷的主要制度设置，对于降低信访和涉诉信访数量具有重要意义。但由于行政司法在运作质量上的问题，也有可能在某种程度上成为涉诉信访的诱因。行政司法是行政机关根据法律的授权，按照准司法程序审理和裁处有关争议或纠纷，以明确当事人之间的权利、义务关系的行政行为。在我国行政司法行为主要是指行政复议行为、行政裁决行为、行政调解行为。通过行政司法的有效运作，相当一部分的行政纠纷案件理应得到较好的解决，但鉴于行政复议不允许调解，以及行政司法过程中大量存在的滥用职权、玩忽职守和腐败问题，以及传统厌诉文化的影响，民众诉诸行政司法解决问题的热情并不高："中国的行政诉讼系统其实不难使用。……（行政）诉讼的门槛不高，成功率也远胜于信访。然而民众却依然宁愿选择信访。"[1]由此造成了这样的后果，"涉诉信访与行政纠纷信访之间并没有太多重叠：简单地说，全国每年有400-500万件涉诉信访，却只有10万左右的行政诉讼"。[2]但"涉诉信访与行政纠纷信访之间并没有太多重叠"这一判断并不能说明涉诉信访与行政纠纷之间没有关联。因为，虽然民众可以直接就行政纠纷问题诉诸信访手段，而不会和那些因司法系统不予受理或认为其审判不公而发起的涉诉信访发生直接的关联，从而使得二者之间没有太多重叠，但是，"鉴于多数送交信访办的行政纠纷是在法院的管辖范围之内的，而法院拒绝受理的案件比例并不高"。[3]因此，一旦因行政纠纷引起的信访通过信访部门转交各级人民法院，则行政纠纷信访就具有了"涉诉"的很大可能；又由于"行政类案件引发的纠纷进而引发的上访是涉诉上访案件的主流，也是最难解决的问题"[4]，那么我们就可以比较确定地说：通过行政诉讼和行政纠纷信访的司法裁判两个渠道，行政系统仍然为涉诉信访问题的扩张贡献了相当大的份额，直接或间接地推高了中国涉诉信访的总量和强度。

综合以上分析，我们可以得出一个关于行政系统在涉诉信访问题生成方

---

〔1〕 张泰苏：《中国人在行政纠纷中为何偏好信访?》，载《社会学研究》2009年第3期。

〔2〕 张泰苏：《中国人在行政纠纷中为何偏好信访?》，载《社会学研究》2009年第3期。

〔3〕 张泰苏：《中国人在行政纠纷中为何偏好信访?》，载《社会学研究》2009年第3期。

〔4〕 陈国华：《涉诉信访案件的原因对策分析》，载 http://hnfy. chinacourt. org/public/detail. php? id=78279，最后访问日期：2010年10月7日。

面的基本结论：由于行政立法蕴含着产生涉诉信访问题的可能性，而行政执法则是涉诉信访问题产生的重灾区，同时行政司法又起着直接或间接催生涉诉信访问题的作用，则行政系统在总体上就对涉诉信访问题的产生发挥着重大影响，为涉诉信访问题总量贡献了相当大的份额。表现在图 1 中，则是出现了 H 点这样一个拐点：本应经由行政系统的过滤而出现大幅度下降（至 L 点）的社会纠纷总量，并没有降低到应有的水平，而是只能实现较小部分的下降而停滞在了 H 点。这既意味着行政系统在一定程度上起到了化解社会纠纷的作用，也表明由于行政系统自身内部的原因，这种作用并未达到预期应有的效果。从而，行政系统就将高于预期水平的相当数量的社会纠纷、信访和涉诉信访问题输入到社会纠纷处理的下一个环节——司法系统。这批输送到司法系统的社会纠纷、信访和涉诉信访问题，包括三种不同性质的社会纠纷：其一是未经行政系统有效处理的社会纠纷，它将直接以诉讼的形式出现在司法系统；其二是针对行政系统的问题产生的信访活动，这部分信访问题大多会被信访部门转交各级人民法院处理；其三是针对行政诉讼的涉诉信访问题，在经信访部门转交司法系统之后，就构成司法系统处理的社会纠纷之中最复杂、最顽固的部分。这三部分社会纠纷之总和，在"涉诉信访的系统成因"图中是 BH＝BL＋LK＋KH，其中 BL 代表为未经行政系统有效处理的社会纠纷，LK 表示那些输入司法系统的顽固性涉诉信访，而 KH 则指向那些经由信访部门转交司法系统的行政信访。这三类信访构成了司法系统所要处理的社会纠纷和信访问题的主体部分，并在很大程度上决定着整个公共权力系统解决涉诉信访问题最后可能达到的状态和水平。

（三）法院系统在涉诉信访问题的消解和再生产方面的作用

司法系统由各个层级的法院构成，而法院的"第一项社会职能是解决纠纷"。[1]信访和涉诉信访作为社会纠纷的特殊表现形式，既是司法系统予以消除的对象，又可能是司法系统的直接或次级生成物。因此，一个公正而有效率的司法系统的存在对于涉诉信访问题的解决和社会秩序的构造而言，实在是关键而不可或缺的。鉴于目前学者和社会公众对涉诉信访"问题化"的理解主要建立在批判司法体制、法官职业水平和作风的基础上，相关文献可谓

---

〔1〕　Melvin Aron Eisenberg, *The Nature of the Common Law*, Harvard University Press, 1991, p. 4.

汗牛充栋，笔者在此不拟对司法系统存在的问题做出细致的分析，而只是对已有的观点进行简要的梳理、概括。

司法系统之所以在解决涉诉信访问题上出师不利、效果欠佳，甚至法院的司法裁判行为本身成为制造和诱发新的涉诉信访问题的根源，在于司法系统在多个方面存在问题和不足：（1）诉讼制度设计存在问题。这又包含两个方面的内容，其一是审级制度不合理，缺乏审级终结制度。对于此问题，法律界代表性的认识是："我国法律坚持'实事求是，有错必纠'、'司法为民'的理念，在刑事、民事和行政三大诉讼法上都规定了当事人可以申请二审、再审和申请行政复议的权利，任何司法机关与司法工作人员都须听取人民群众的意见包括上访意见，并妥善处置。这些规定一方面体现了我国社会主义宪法对公民权利的保护，但另一方面，三大诉讼法都没有对当事人的申诉权利给予实质性的限制，特别是对申诉次数没有给予明确限制，在实践中，即使当事人的权利义务由终审判决固定下来，但在事实上仍处于不确定状态，这使当事人产生始终都有申诉改判的机会的念头，不肯息诉罢访，当事人随时有可能提出申诉而进行再审或调整，涉诉由此产生。"[1]应当说，现存的二审终审加无限上诉审的诉讼制度设计，事实上使得中国的司法审判缺乏真正的终结制度，这是造就顽固性涉诉信访的制度性因素。二是缺乏判例制度的支持，同案不同判现象突出，人民缺乏司法公平感，这也是诱发涉诉信访问题的重要原因。三是受制于成文法条的限制，对于法律没有明确规定的案件，法院只能不予立案，导致当事人只能以信访或涉诉信访的形式寻求解决。中国社会科学院研究员于建嵘对进京上访者进行了一次问卷调查，统计显示：在接受问卷调查的632位进京上访的农民中，有401位农民在上访之前曾就申诉的问题到法院起诉过，其中法院不予立案的竟然占到了42.9%。[2]（2）法官素质整体不高。大量的优秀法律人才却难以进入体制内服务；某些法官审判技能较低，很多情况下既无法准确理解法律规范，也无法正确认定法律事实；虽经多年法律职业教育，但对于同一案件达不成基本的共识，导致社会对法律和法官认识的混乱。上述因素都可能使得司法裁判的质量难以保证，很容易引

〔1〕刘平安、尹伟、骆志军、严华：《基层司法涉诉信访工作的调研报告》，载 http://www.my.gov.cn/MYGOV/150651836242591744/20090811/434970_1.html，最后访问日期：2010年10月7日。

〔2〕于建嵘：《信访制度性缺失及其政治后果：关于信访制度改革的调查》，载《凤凰周刊》2004年第32期。

发涉诉信访问题。（3）法院权力体制结构存在问题。主要表现在两个方面：一是法院的权力结构仍然存在行政化问题，法官审案的积极性和责任感难以得到充分发挥；二是合议庭合议案件时无法真正按照"理想化的商谈原则"进行，可能出现以职务压制司法真理的现象，不利于审判质量的提高。（4）判后解释疏导工作不到位，本应得到消除的纠纷容易发展为涉诉信访案件。（5）涉诉信访立法不完善，涉诉信访工作无法可依。上述问题的存在，必然引发这样的结果：或者大量的案件不能立案，从而无法在司法体制内得到合理解决；或者大量的案件得不到高质量的审理和解释，从而引发当事人的不满；或者大量的已判案件无法适时终结，以及已经转化为涉诉信访问题的案件缺乏合理的法律规制，这些都会导致大量涉诉信访尤其是顽固性涉诉信访问题层出不穷、迁延难止。

司法系统在解决涉诉信访问题上，既有显著的作用，也有明显的局限。从图 1 中可见，经由行政系统的过滤而进入司法系统的社会纠纷水平为 KL，而未经行政系统处理由社会直接进入司法系统的社会纠纷水平为 LB，这样，进入司法系统的社会总的纠纷水平为 HB = KL+LB，其类别包括未经有效处理的社会纠纷、由信访部门转入的信访、涉行政诉讼的信访，以及在司法系统内部新生的涉诉信访。经过各级人民法院裁判工作、司法行政工作和其他处理纠纷工作（如判后解释，窗口接待答疑、物质救助）的努力，社会纠纷总体水平自 H 点降至 R 点。而如果司法系统在整个社会纠纷的处理流程中是不起作用的，则社会纠纷水平将停留在 Y 点；如果司法系统只对直接由社会输入的初始纠纷起作用（不与行政系统配合，对由行政系统输入的纠纷不予处理），则处理后的社会纠纷水平会停留在 J 点；而如果司法系统在处理社会纠纷的同时，不会因自身的原因创造新的纠纷（涉诉信访），则最后剩余社会纠纷水平将会停留在比较理想的 S 点；至于最为理想的、社会纠纷水平近乎忽略不计的 C 点，则是目前无法实现的。因此，R 点是社会纠纷经由立法、行政、司法三大系统相互协作、发挥职能之后的社会纠纷剩余水平，并以涉诉纠纷为外在表现形式。这部分以涉诉信访的形式溢出国家机关系统、重新进入社会的纠纷剩余，对社会秩序和人民生活、直至政治稳定造成了很大的困扰和冲击，是当下各级政法、信访部门必须予以认真对待、重点解决的社会热点和难点问题。

从对涉诉信访问题成因的系统论分析可见，任何一个复杂社会问题的产生背后都有着结构繁复的系统性因素，而"'系统'是一个有组织的或复合的整体，是一套由相互联系与相互依赖的部分所构成的集合体"。[1]因此，只有将社会问题的"问题化"建基于严密的系统分析之上，通过对系统的"输入"和"输出"以及系统的运作流程的精致解析，我们才能够展现社会问题"问题化"的真正逻辑。[2]我们对涉诉信访问题成因的分析，可以看作对系统理论（systems theory）予以实用的一个初步尝试。通过系统分析所揭示的涉诉信访问题的成因与运作机制，也为我们进一步寻求应对涉诉信访问题的方案提供了重要的知识基础和路径依赖。

三、应对涉诉信访问题的策略和方法

找到问题的原因也就为问题的解决之道提供了最为重要的指引。分析表明，涉诉信访问题的基本成因在于整个公共权力系统运作中的矛盾，因此，要切实应对和消解涉诉信访问题，也必须具有系统论的视野，从综合治理的思维进路去寻求根治涉诉信访难题的基本方略，而不能像直观的"问题化"逻辑那样，仅仅将涉诉信访问题看作是司法之弊。因为，法治绝不意味着一切纠纷都由法院解决，司法解决只是最后的手段，成本既高，技术甚繁。提倡把一切纠纷和社会矛盾都纳入司法渠道来解决，经由诉讼解决一切社会矛盾的单向度思维，是对法律之治的肤浅理解，也是法治不能承受之重。基于此，我们就应当结合整个社会的力量，在进一步加大立法力度、推进社会主义法律体系建设的同时，重点规范行政执法，从源头上减少社会纠纷和信访问题的产生；强化司法审判工作，提升裁判质量；整合信访力量，加大信访工作力度，促进涉诉信访问题的妥善解决。应对涉诉信访问题是一个严峻的系统工程，必须各方面综合平衡、强化落实，才能取得良好的社会效果。限于专业领域的限制，下面主要从司法工作的角度提出应对涉诉信访问题的初步的战略策略和战术方法。

1. 应对涉诉信访问题的战略策略：战略策略侧重于宏观层面的制度设计和制度创新。针对中国司法系统的制度构成及其问题，为更好地应对涉诉信

---

〔1〕 ［英］安德鲁·海伍德：《政治学核心概念》，吴勇译，天津人民出版社2008年版，第133页。

〔2〕 参见［英］安德鲁·海伍德：《政治学核心概念》，吴勇译，天津人民出版社2008年版，第133~134页。

访问题，提出以下五个方面的司法制度创新设想：

（1）改革诉讼制度，实现有案必立，实行案件三审终审制。这一改革设想包含两个方面的内容：其一，建立案件三审终审制。我国目前在诉讼审级上名义上是二审终审制，但是由于可以无限次提起的再审程序的存在，事实上使得我国在诉讼审级上缺乏一个合理的终点。这种制度设计的弱点在应对涉诉信访问题上暴露无遗：只要公民对所涉案件的审判结果不满意，就可以无限制次数地上访和申诉，从而客观上鼓励了涉诉信访中的缠诉、缠访等顽固性信访问题的发生。昂格尔曾正确指出：越是在一个平等、民主的社会，哪怕是轻微的不平等，也会激起人们的强烈不满和行为上的表现。[1]中国社会长久以来孕育的"绝对平等"观念（如均贫富、均田地）深入人心；而对任何社会纠纷的行政处理或司法裁判，都很难做到绝对的平等和公正。于是，仅仅为了一个说法，或者仅仅为了微小的利益分配不公就上诉、上访的事例屡见不鲜，而我们的诉讼审级制度又为这种行为提供了合法性和方便之门。因此，借鉴世界上大多数法治国家在诉讼审级上实行三审终审的做法，适时合理地为涉诉信访行为设置一个制度上的终结点，有利于涉诉信访问题的解决。其二，实行有案必立的立案制度。法律应当规定，只要当事人提起的诉讼有合理的诉由，就应当立案；即使没有法律规定的案件，法院也应当立案，对于这种疑难案件，应允许法官通过引用法律原则和法律渊源做出合理的裁判。这样，就可以杜绝几乎全部因不能立案而引发的涉诉信访问题，而这几乎已经是所有法治国家的通常做法。

（2）完善涉诉信访立法，推行信访终结制度。在第十一届全国人民代表大会第一次会议上，全国人大代表申湘琴就提出了抓紧制定信访法的议案。在第二次会议期间，这一议案再次被提出。从几年来的信访工作来看，形势十分严峻，特别是有些地方单纯的信访事件发展升级为群体性事件，处置的难度加大，这与国家信访相关法律缺失不无关联。信访法制化是信访制度改革的必由之路，而现行法律法规局限性日益凸显，信访立法刻不容缓。目前制定《信访法》时机已经成熟，国家2005年修订的《信访条例》，为信访立法奠定了广泛的社会基础和实践基础，及时将《信访条例》升格为《信访法》，已经成为各方面的共识。在信访立法时，要对信访体制的设计、信访程

---

[1]　参见〔美〕昂格尔：《现代社会中的法律》，吴玉章、周汉华译，译林出版社2001年版。

序的规范作出明确规定，尤其要对信访终结制度作出严格规范，以此杜绝顽固性信访和涉诉信访问题的发生。

（3）引进案例指导制度，实现同样案件同样判决。判例法的一个突出优势是通过遵循先例，能够实现同样的案件同样判决。加之判例法的制作强调以社会命题为核心原则，始终把公众行为普遍遵循的主流社会规范作为司法判决的推理基础，从而能够实现司法判决与社会主流意识的一致性，不仅能够为司法判决引入合法性资源，同时也能够达成以主流社会意识的发展推动法律合理进化的目标。因此，判例法在化解社会纠纷问题方面就自然具有了独特优势和良好社会效果。最高人民法院 2005 年出台的《人民法院第二个五年改革纲要》明确提出了建立和完善案例指导制度的战略目标。虽然已经有地方法院实行过案例指导制度，但目前仍旧处于各自为政、缺乏统一规范的状态。案例指导制度固然不能完全承袭判例制度的优点，但至少在"看得见的公正"这一点上，颇为符合中国民众的思维和理念。因此，如果能够普遍而统一地推行案例指导制度，当然能够对消解涉诉信访问题大有裨益。

（4）通过严格的法官遴选制度，提升法官素质。中国当前涉诉信访问题的严重性，从一个侧面反映了法官素质因素对纠纷解决和社会秩序建构的明显影响。从各级人民法院的人员配置来看，仍然存在着有些法官素质不高、职业水准欠缺的问题，一方面一些素质较低的法官充斥在司法裁判和涉诉信访工作一线；另一方面大量优秀的高校法律人才缺乏通畅的渠道进入司法部门工作。为此，建议大量吸纳优秀法律人才服务司法审判和涉诉信访工作，同时对不能适应高水准司法工作的现任法官做出适当的转岗安排，确保有一支优秀的司法队伍服务社会，这是从根本上解决涉诉信访问题的最有力的保障。

（5）强化法官职业培训，培育法律职业共同体意识。在涉诉信访案件中，很多信访问题的起因并非对案件事实认定不清或者法律适用存在明显错误，而是某些法官的职业道德水平低、工作态度不佳引起当事人的上访。当然必须看到，起因于司法领域的涉诉信访问题，大多数还是与法官的职业素养不够密切相关。一个典型的表现就是，在一些社会热点案件如"许霆案"的判决方向上，职业法官之间竟然很难形成起码的一致。有争议是好事，但如果法官群体在社会热点案件上始终达不成起码的一致，则这种现象必定会给社会公众的法律认同感造成致命冲击，法律的安定性和司法的权威性皆被动摇。为此，必须坚定不移地强化法官职业培训，积极推动法官职业共同体的形成。在中国语境下必须强调的一点是，法治在现代社会必须起到建构社会生活和秩序的主导性作用，在程序公正与法官职业化业已成为司法改革既定目标的前提下，法律职业教育将会进一步促进法官的职业认同感，司法审判活动也必然会进一步走向规范化。[1]可以预见，随着法官职业共同体的形成和司法活动专业化的推进，国家在解决涉诉信访问题上将会获得更大的主动性和更好的前景。

2. 战术方法：战术方法是应对涉诉信访问题的具体的富有成效的经验做法，这些经验做法大部分是地方各级人民法院曾经尝试过的，也有的是具有可行性的、值得推广的战术方法设计。战术方法力求在不涉及法律制度变化的前提下，通过具体运行机制和具体做法的改善达到降低涉诉信访问题数量和热度的目的。

（1）推广“阳光信访机制”，实行信访复查公开听证。“阳光信访机制”是在新的形势下对“马锡五审判方式”的继承和创新，其基本做法：对于那些上访老户、缠访户反映的案件，广泛邀请新闻媒体、法律专家、人大代表、政协委员和社会人士，公开参与并监督案件的听证活动，对案件的性质和利害关系进行分析判断，为人民法院的公正、公开裁判提供正当性基础，提升司法处理涉诉信访问题的公信力，最终实现上访者自觉服判、息诉息访的目标。[2]海南省高级人民法院推行“阳光信访”就取得了良好成效，这种好的做法值得推广。

（2）推行“窗口接访”，现场案件答疑，以模范窗口带动接访工作。通过“窗口”的示范效应推动全局工作的进展是一项值得推广的经验。通过设立模范接访窗口，由法官轮流值班，积极周到地解答来访者提出的案件疑难问题，做好案由解释说明工作，一旦认定还有需要解决的问题则由专门的司法队伍进行专项处理，不仅极大地提高了工作效率，还会带动全局性的进步。“窗口接访”作为一项现代化的制度机制，在其背后的是专业素质和职业道德

---

〔1〕　参见范愉：《民间社会规范在基层司法中的应用》，载《山东大学学报（哲学社会科学版）》2008年第1期。

〔2〕　参见宋海萍：《关于预防和减少涉法涉诉信访的几点思考》，载《中国审判》2009年第4期。

水准皆过硬的专家队伍，高水平的专家队伍才是涉诉信访"窗口"解决的切实保障。

（3）实行涉诉信访分级管理机制，对性质不同的涉诉信访问题区别对待。有学者做出这样的分析：信访产出的增加在两个方面刺激了社会的信访热情。一是确实有相当一部分人通过信访途径快速、合法地维护了自己的权利，这使许多受到侵害的良善公民走向信访；二是信访使一些人取得了非制度甚至是非法的利益。所以，必须坚决切断存在于涉诉信访工作中的利益链条，使那些依靠信访牟利的"伪信访户"的私利得不到实现。一个切实的做法就是要对涉诉信访当事人尤其那些顽固的信访户进行鉴别和分级，对靠信访牟利者要坚决打击，予以制裁；对真正的信访问题要切实解决。

（4）建立全国性的信访处理网络和联动机制，实行信访问题社区负责制，随时监测涉诉信访状况并做出初步即时处理，可以大大降低信访总量，即时消解相当一部分社会矛盾。对于社区处理不了的社会纠纷，要始终坚持调解优先的原则，充分发挥大调解作用。在充分整合基层公检法司、信访、工青妇等部门资源的基础上，建立和完善社会纠纷多元化调处机制，加大调解力度，力争实现息诉罢访。

（5）加大转移支付力度，以物质换稳定。鉴于中国涉诉信访问题根本上是民生困境的折射反映，因此必须把解决民生问题作为基础性工作扎实推进，只要普遍把民生问题解决好了，大部分涉诉信访问题也就基本消失了。为此，应当加大转移支付的力度，切实加快社会保障制度的建设，尽快推进收入分配合理化，扶持和帮助弱势群体过上有尊严的生活，为涉诉信访问题的妥善解决和社会和谐的达成积累更多的有利条件。

四、小结：制度创新导向社会和谐

涉诉信访问题是中国特有的政治法律现象，是中国社会结构性变革的必然性和阶段性产物。涉诉信访制度的持续运行对中国社会秩序的构造和稳定起到了"减压阀"的作用，在当前有着存在的必要性。作为一种卓有成效的制度设计，涉诉信访制度构成了政法文化传统的独特部分，并以政法传统的基本原则为其指引："新中国政法文化在司法的具体实践上主要表现为两个方面：一是司法的群众路线；一是司法的实事求是原则。这两个方面都超越了资本主义的形式理性化的司法制度，提供了一种民主参与的渠道，并构成了信访制度的理念基础。"〔1〕但涉诉信访工作的目前境况也表明，只有对涉诉信访问题的现实逻辑有了精到的把握，我们才能够根据涉诉信访问题的系统化成因寻找到综合治理之道。因此，建基于对涉诉信访问题的本质性认识之上，一种系统化的富有成效的治理方略就不仅是可能的，也是现实可行的。失范的社会问题的治理之道在于规范化的复归，作为社会问题的一个特殊部分，涉诉信访问题的最终消解也必须寻求规范化的系统性进路，才可能为我们逐渐展示一个较为理想的和谐社会的近期愿景。

---

〔1〕 左卫民、何永军：《政法传统与司法理性——以最高法院信访制度为中心的研究》，载《四川大学学报（哲学社会科学版）》2005 年第 1 期。

司法现代化视野中的"马锡五审判方式"

本章提要："马锡五审判方式"作为中国共产党在延安时期独创的司法工作模式，直接催生了现代中国司法工作的"政法传统"；在救亡图存的革命时代，它成为党贯彻政治主张、改造社会和凝聚民众的组织手段和政治利器，对于党完成民族救亡的时代担当意义重大。在当下建设现代化、法治及和谐社会的语境中重提"马锡五审判方式"，正在于其内在精神切中了司法改革与社会发展的时代要求，中国现代化与司法体制的建构因此毋宁说是行走在"马锡五审判方式"所创立的优秀司法传统的延长线上。

从近现代中国人民革命与奋斗的历史历程来看，民族救亡与国家现代化无疑是这一历史进程的主要使命。而当下的中国，国家的现代化仍然是我们不懈追求的坚定目标。但同时应注意到，现代化本身是一个复杂的系统工程，它不仅包括政治、经济和文化的现代化，而且也包括上述现代化子系统的实现与维护机制的现代化，从社会治理的角度看，这种现代化过程所必须依赖的技术性机制主要指向司法的现代化。在建设"和谐社会"的当下语境中，中国的现代化建设被赋予了更高的政治意蕴：只有那种同时兼顾现代化的功利诉求和社会和谐目的指向的良好秩序目标，才是当代中国所真正要追求的理想设计；而要实现之，司法就必须承担起重大政治使命。正是在这样的时代条件下，"马锡五审判方式"再度作为热点问题占据了当前政治与法律话语的核心地带。我们不禁追问：重提"马锡五审判方式"在今天到底意味着什么？这一问题与中国的现代化，与当前的和谐社会建设，以及与处理传统与现代的关系等法治建设的核心问题存在着何种关联？通过解读"马锡五审判方式"来透视上述重大理论问题，必定是深具理论与实践价值的。

一、"马锡五审判方式"的政治标本涵义

"马锡五审判方式"是以马锡五为代表的人民法官在延安时期创立的以司法调解为主要工作方式的司法模式，对新中国的司法制度的构建产生了重要而深远的影响。随着中央电视台在黄金时间段推出电视剧《苍天》，"马锡五审判方式"再度成为一个重要话题而被人们尤其是法律人热烈地讨论着。中央电视台在黄金时间播出电视剧《苍天》这一事件本身，就意味着"马锡五审判方式"及其蕴含的内在精神，必须被当作时代的"主旋律"加以认真对待。原最高人民法院院长王胜俊在给电视剧《苍天》的贺词中指出："马锡五同志作为陕甘宁边区陇东分庭庭长，怀着对人民群众的深厚感情，将党的群众路线贯彻到人民司法工作中，创造了许多历久弥新、直到今天仍然具有强大生命力的司法经验。马锡五同志在办案中坚持简便利民、注重巡回审判、加强调解工作等做法，已经成为人民司法事业最可宝贵的优良传统和精神财富。"[1] 他号召全体法官干警要通过认真收看这部电视剧，更好地继承以"马锡五审判方式"为代表的人民司法优良传统，服务大局，为建设中国特色社会主义事业作出积极贡献。这表明，在当下，"马锡五审判方式"同时作为政治意识形态宣传的主旋律和司法工作"活的标本"，再度被赋予了前所未有的政治意义。

那么，是什么使得"马锡五审判方式"在今天重获如此之高的政治关注呢？这就必须深入这一问题内部去解析它的内在向度和政治意义。王胜俊认为，"马锡五审判方式"的精髓在于"司法为民"，而当今我们所力倡的"人民法官为人民"主题实践的核心也是"司法为民"，二者的价值追求是一致的，正是这种内在精神的一致性，使得"马锡五审判方式"在今天仍然具有重要的政治意义。但是问题在于，如果"马锡五审判方式"仅仅是在这一点上符合当今司法工作的基本追求，那又为什么要重提"马锡五审判方式"而不是仅仅就"司法为民"这一主题展开宣教并付诸司法实践呢？这表明，在"司法为民"这一精神内涵之外，"马锡五审判方式"有着更加丰富、更加独

---

[1] 刘曼：《王胜俊在电视连续剧〈苍天〉首映式上强调 继承人民司法优良传统 牢记司法为民根本宗旨〈苍天〉作为新中国成立六十周年献礼片将于 8 月 10 日在中央电视台一套晚间黄金时间播出》，载《人民法院报》2009 年 8 月 8 日，第 001 版。

特的内涵，而这些内涵又必定在多个方面切中了当前政治发展与司法改革的内在需求。担任电视剧《苍天》历史顾问的张希坡教授将"马锡五审判方式"的基本特点概括为四个方面：其一，一切从实际出发，客观、全面、深入细致地进行调查研究，重证据而不轻信口供，证据和口供都要经过核实，使人民的审判工作牢牢地建立在科学的基础上；其二，认真贯彻群众路线，依靠群众说理说法，实行审判与调解相结合，司法干部与人民群众共同断案，在审判工作中贯彻民主的精神；其三，坚持党性原则，忠于职守，以身作则，严格依法办事，在审判工作中始终贯彻法制原则；其四，实行简便利民的诉讼手续，全心全意为人民服务。"马锡五审判方式"的上述四个特点是相互依存密不可分的统一整体，是革命根据地人民司法工作长期积累的经验总结和优良传统的集中体现。[1]

从"马锡五审判方式"的精神实质和基本特点来看，"马锡五审判方式"的核心精神内涵有五点，我们择取其中的五个关键词来表达：其一是"党性"，坚持党的原则是从事司法工作的最高指针，法律就是政治，由此司法的逻辑只能是："法律不能成为约束政治恣意的工具，法律必须是贯彻政治意图的工具。"[2]其二是"民主"，即人民司法必须坚持群众路线，因为"我们的法律是反映绝大多数人的意志的，是绝大多数人都能够了解和掌握的。我们社会的主人是人民大众，主要是工农群众。因此我们的法律是人民大众的，……法庭是人民的工具，法律是群众自己创造出来的，掌握在自己的手里，群众自己也必须执行"。[3]由此，群众与法官一同判案就是人民司法必须贯彻的基本做法，按照马锡五本人的说法，"三个农民佬，胜过地方官"。其三是"科学"，即在司法过程中只有认真查明事实，才能为司法审判和调解奠定科学的基础，这是现代科学精神在司法中的体现。其四是"法制"，现代国家治理方式和古代的一个重要区别，是其合法性必须建立在法制的基础上，人民司法也必须以法制为前提，以法制为贯彻党的方针政策的重要工具，是"马锡五审判方式"的重要特色；通过法律实现社会的治理化，是中国共产党的一个

---

〔1〕 参见张希坡：《马锡五审判方式是人民司法工作的一面旗帜》载《人民法院报》2009 年 8 月 11 日，第 005 版。

〔2〕 强世功：《权力的组织网络与法律的治理化——马锡五审判方式与中国法律的新传统》载《北大法律评论》2000 年第 2 期。

〔3〕 王定国等编：《谢觉哉论民主与法制》，法律出版社 1996 年版，第 154~155 页。

重要政治目标。其五是"为民",或者说一切司法工作的目的在于"全心全意为人民服务"。如果我们将体现"马锡五审判方式"内核的这五个关键词集中起来予以审视,我们发现:在"党性"原则的统辖下,所谓"民主""科学""法制""为民"等概念,都是近代以来中国民主革命运动所努力追求的政治目标和核心价值,是建构一个现代化中国不可或缺的关键性要素。直至今天,在实现现代化、建设社会主义法治国家与和谐社会这三大国家级战略目标的考量下,上述五个关键词所表达的基本理念仍然矗立于时代精神的核心地带而不容丝毫动摇,这些都寓示着"马锡五审判方式"之于当代中国现代化事业和司法建设与改革事业的构成性意义。

由此可见,"马锡五审判方式"之所以在当今的司法活动和司法改革中被赋予标本性的意义,其关键就在于"马锡五审判方式"自身内含着现代中国司法的基本政治理念和诉求,通过深入发掘和全面阐释"马锡五审判方式"并使之范型化,就能够为当代政治国家的司法活动和司法改革指示未来的发展方向并提供可供鉴仿的原型。当然,这只是我们对"马锡五审判方式"所蕴含的政治价值的浅层揭示,还远不是其作为一种独特的司法现象的全部意义。

二、"马锡五审判方式"与"政法传统"的创生

要更加深入地揭示"马锡五审判方式"的本质和内涵,就必须深入到孕育这一司法模式的历史语境和社会情境中去。我们知道,近现代中国人民的头等重要任务就是要将我们的民族和国家从三座大山的统治下解放出来,走上独立自主的发展道路。在当时的中国,存在着中国共产党领导的陕甘宁边区和国民政府两大既相互合作又存在深刻对立的政权组织,这二者之间进行着激烈的争取中国命运主导权的斗争。这种斗争的实质,是中国的两大政党在国家的转型期争夺政治合法性的竞赛。从而,"国家政权如何深入乡村,或者说现代国家如何在传统的乡村社会中建立起合法性并与此同时实现对传统社会的改造,就成为现代中国的主要问题"。[1]

而对于中国共产党领导的陕甘宁边区而言,党为了完成领导全民族抗战

---

〔1〕　强世功:《权力的组织网络与法律的治理化——马锡五审判方式与中国法律的新传统》,载《北大法律评论》2000 年第 2 期。

救亡的时代重任，所面临的一个迫切的任务就是要寻找到一种积极高效的手段，将全体民众主要是乡村社会的民众紧密地组织成为一个整体，从而使之迸发出前所未有的战斗力量。而当时中国共产党所面临的乡村社会的现实：其一，在经历国民党政权和地方军阀的长期统治后，原有的司法制度极其黑暗，司法机构运作混乱、效率低下，徒成扰民的工具；其二，广大民众甚至相当一部分党政军人员，思想意识落后，传统文化和政治理念仍然在禁锢着他们的头脑而无法真正地与新时代的任务和要求相适应；其三，边区广大地区的人民基本上还生活在传统文化、地方风俗习惯的禁锢之下，大量遗风陋俗对民众的生活仍然具有强大的主导力量。在这样一种社会情势之下，中国共产党的一系列旨在救亡和改造传统社会的政策方针就很难推行下去，而一个有力量有前途的革命统一战线也就不可能真正建立起来。为此，寻求一种能够克服当时社会上述落后状况并将全体民众组织起来的新型的权力技术体系，实际上已经成为党在当时的迫切任务。正是在这一时代背景下，"马锡五审判方式"应运而生并迅速获得推广，直接推动了中国共产党司法新传统的诞生。

从中国共产党当时的任务和陕甘宁边区的社会现实的对照我们可以看出，中国共产党要实现自己的战略目标就必须重点解决好三个方面的问题：一是要坚决迅速地完成对旧的司法体系和司法运作模式的改造，建立适应党的目标和时代要求的司法新体系、新模式；二是要把对人的改造放到整个政治和司法工作的核心，这就要求训练和培养一大批能够用新型意识形态和新的法律精神武装起来的司法干部队伍并以之为主要力量推动对广大乡村民众的思想教育和思想改造，迅速使他们转化为符合革命工作要求的有生力量；三是对广泛存在于广大乡村社会的落后的文化传统和风俗习惯进行改造和转化，并在这一过程中逐渐使新型的法律制度渗透到整个社会中去。但是，当时陕甘宁边区司法工作的物质条件和技术手段又是极其落后的：受日伪扫荡围剿和国民政府经济军事封锁的影响，边区在经济和军事上都面临着巨大困难，反映在司法工作上，则是物质技术条件极度匮乏，专业司法人员数量少素质差，不具备按照现代司法模式开展工作完成社会治理任务的基本条件。正是在这样的情况下，马锡五在担任陕甘宁边区陇东分区法庭庭长期间，充分发挥现有工作人员的积极性，深入农村，发动群众，以司法调解为主要工作方式，宣传党的方针政策和边区新法律的精神，创造性地把政治思想工作和司法工作融合在一起，既为广大民众解决了纠纷，伸张了正义，又同时将党的方针政策和法律的精神渗透到乡村社会的角角落落。"马锡五审判方式"的工作特点：深入田间地头，广泛调查取证，对双方当事人晓之以理、动之以情，让广大群众参与审判过程，在司法人员和广大群众对案件达成共识的基础上，最后才做出司法的裁定或判决。由此，"马锡五审判方式"的实施过程就不可能仅仅是一个普通的司法过程，它同时还是进行政治意识形态和国家法律的宣传过程，是对广大农民进行政治思想教育和法律教育的过程，也是一个对民间传统习俗进行鉴别和改造的过程，更是一个对全体民众进行政治动员的过程，一个纠纷案件的成功调解和判决就意味着一次政治动员的成功实施，无论是民众还是司法人员本身都会从中深受教育，并推动更加和谐团结局面的达成。当然，要做到这一点，它还需要一个现实的条件，那就是必须依靠党的司法干部去推动这一过程的实现，由此对旧的司法机构和人员的改造、对新型司法人员的培养和锤炼就是一个必须先行的工作步骤。事实上，马锡五及其工作团队在陇东法庭所从事的第一项工作就是对国民党政权遗留的旧法庭、旧司法人员进行的打击和改造，并且在边区司法系统内部，对司法工作人员的政治与法律素质的培养也及时提上了议事日程，同时还要尽力将地方精英和部分民众吸收到党的司法组织中来，经过教育改造使之成为"调解英雄"。所有这些，电视剧《苍天》都有所反映，剧中的女法官汪娥娥就是一位被吸收到司法系统并成长为调解英雄的形象。汪娥娥自身是一位深受旧的包办婚姻习俗伤害的妇女，在她成为边区法庭的推事以后，她率领工作人员每天奔波于司法调解工作，为了说服郭氏家族允许一位寡妇再婚，汪娥娥不仅将调解说服工作做到了极致，她还因这项工作被土匪绑架，并为之付出了血的代价。正是在汪娥娥的不懈努力之下，郭氏家族的族长和家族成员才最终作出了废弃旧习俗、拥护边区新婚姻法的重大转变。可以说，以马锡五、汪娥娥为代表的司法工作人员从事司法调解、推动边区法律执行的过程，也同时是一个向旧法律、旧文化、旧习俗作出不懈斗争的过程。

马锡五工作团队的政治社会效果是极其显著的，它使广大民众普遍接受了一场切实有效的思想改造与法制变革相结合的社会变革运动的洗礼，使得党的政策方针在民众中扎下了坚实的根基。这样一种司法活动的效果，恰恰是中国共产党在当时所追求的主要政治目标。因此，"马锡五审判方式"很快就引起了中共中央的重视，并被赋予了全新的意义："马锡五审判方式作为一种偶然的司法实践之所以取得巨大的成果，并成为共产党的法律原则或制度的象征，就在于这种司法技术与权力的组织网络结合在一起，产生了一种独特的效果，成为一种新的权力组织技术。"[1]这种将司法工作与政治工作融合为一体，坚持走群众路线的人民民主的司法工作方式，直接催生了中国共产党改造社会并使之走向法律治理化的新型司法传统——"政法传统"："将司法审判或调解看作是对社会进行治理的最有效的场所或渠道，通过司法调解，共产党将自己的政治意图或者意识形态有效地传达给了人民大众。在这一新的权力配置中，司法技术或者说法律这一配件的运作必须符合整个机器的操作原理，司法必须服从于共产党治理社会的目的。"[2]法律必须服从政治的要求，政治也要借助法律的技术，"这种政治与法律之间的有机结合产生了一个独特的法律概念'政法'，当然这不仅是一个概念，而且是一套学说，而且是一套组织机构，一套权力技术，一套成熟的法律实践"。[3]中国共产党的政法传统作为现代国家治理方式走向成熟的体现，在学者看来，"既不是中国古代的法律传统的简单继承，也不是对苏联的马克思主义法律传统的简单模仿，也不是对西方的法律传统的简单抛弃，而是在法律治理化的原则下，对中国传统的、苏联的乃至西方的法律传统进行全面的改造和重新组合，对各种不同的法律技术的重新组装，由此构成国家的治理机器"。[4]政法传统作为新中国司法工作的优良传统，正是在延安时期在总结"马锡五审判方式"的基础上建立起来的。用马锡五本人的话来说，就是："我国的人民司法工作，在党中央和毛主席的领导下，从新民主主义革命到社会主义革命，逐步积累起来丰富的经验，形成了我们自己的优良传统。就我过去长期工作过的陕甘宁边区来说，从建立革命政权的时候起，就有了我们自己的司法工作。陕甘宁边区的人民司法机关在党和边区政府的统一领导下，根据党在各个时期的总路线、总任务，提出自己的工作任务，坚决贯彻党的方针政策，从司法工作方面保障了党的中心任务的顺利实现。在工作实践当中，继承和吸收了中央苏区和其他解放区的优良传统，革命法制不断得到了创造和发展，逐渐摸索创

---

〔1〕 强世功：《权力的组织网络与法律的治理化——马锡五审判方式与中国法律的新传统》，载《北大法律评论》，2000 年第 2 期。

〔2〕 强世功：《权力的组织网络与法律的治理化——马锡五审判方式与中国法律的新传统》，载《北大法律评论》，2000 年第 2 期。

〔3〕 强世功：《法制与治理——国家转型中的法律》中国政法大学出版社 2003 年版，第 123 页。

〔4〕 强世功：《法制与治理——国家转型中的法律》中国政法大学出版社 2003 年版，第 124 页。

造出了依靠人民、联系人民、便利人民的群众路线的审判方式。"〔1〕马锡五认为，这种"政法传统"的根本目的在于："……我们的法律就要为无产阶级服务，要随着革命的不断发展，为党在各个时期的中心工作服务，把保卫党的中心工作作为我们司法工作中的中心任务。司法工作与党的中心工作结合得最紧密，也就是最好地贯彻了党委领导，使我们能够更好地做党的驯服的有力的工具。"〔2〕可见，"马锡五审判方式"所催生的新中国的"政法传统"，其本质在于"做党的驯服的有力的工具"，则"马锡五审判方式"和"政法传统"就必然是以党的领导为前提、以政治目标的实现为目的、以司法工作为手段的实现社会治理法治化的政治技术体系。

"马锡五审判方式"及其催生的"政法传统"的历史功绩在于，以创造性的工作模式和工作技术实现了中国共产党在特定历史时期的政策目标，并为新中国长期的司法实践奠定了一套成体系的有效的范式。当然，要理解"马锡五审判方式"更加深刻的历史价值，还必须将中国共产党所担负的历史使命放置到近代以来整个中华民族的历史命运中去考察，我们才会有更加深入的发现和更好的理解。

三、"马锡五审判方式" 与中国现代化的使命担当

中国自清末在"鸦片战争"中失败以来，"救亡"就成为不愿坐视被奴役命运的每一位国人的"匹夫之责"。为了完成"救亡"这一历史重任，中国的有识之士认识到，我们只有顺应现代化的潮流，才有可能免于最终的失败。苏力的一段话较好地表达了近现代中国的任务和道路选择的必然性："20世纪的中国历史可以说就是一个现代化的历史，并且是作为近代世界性的现代化过程一个组成部分而发生的，中国的现代化伴随了这个民族救亡图存的社会运动和社会实践，伴随着这个民族100多年来富国强兵的梦想。这就意味着，中国面临的第一位的任务是必须'变'，或者主动的变，或者是被动的变，无论如何她都不可能依赖旧方式，维持现状，独立在世界的现代化之外。

---

　　〔1〕　马锡五：《马锡五副院长在全国公安、检察、司法先进工作者大会上的书面讲话》，载《人民司法》1959 年第 10 期。
　　〔2〕　马锡五：《马锡五副院长在全国公安、检察、司法先进工作者大会上的书面讲话》，载《人民司法》1959 年第 10 期。

因此，一个多世纪以来，中国社会的统治阶层和有社会责任感的知识分子一直以各种方式集中关注'变法'问题，要'改造中国'，使中国能够成为一个现代化的强国，新中国50年的历史也一直打上了这一烙印。正是在这一现代化过程中，法律——特别是以国家权力机关的制定法表现出来的法律——的主要作用并不是要确认社会秩序，……法律所扮演的角色，就总体来看，就是要推进对现有社会秩序的全面改造和重新构建。"[1]为了完成民族救亡这一历史重任，中国人民经历了从学习西方的器物技术、模仿西方的政治制度到寻求一种精神支撑以凝聚国民、改造社会从而实现现代化，最终走向民族独立和国家富强的探索之路。历史之所以选择了中国共产党，就在于中国共产党能够以马克思主义为精神指导，通过一系列的组织手段将中国人民凝结成一股统一的力量，为一个共同的目标去奋斗。

那么，在中国共产党所领导的救亡图存运动中，法律与司法这一近现代国家普遍运用的社会组织方式应该承担什么样的历史任务呢？应当说，在中国共产党凝聚、组织民众的过程中，一种能够将日常的政治工作和司法工作融合在一起的政法工作模式，恰恰是完成党的目标所亟需的。任何一个中国近现代的政党在面对救亡图存的历史任务时，都同样面临一个巨大的困难，这就是孙中山先生所言的：人民自由散漫，只顾一己私利，漠视民族国家利益，亟待革命党人去唤醒民众，向民众灌输民族国家观念，使民众的政治意识得以普遍觉醒，在革命党人的领导下联成一体，如此才能取得革命的成功。而法律的作用则在于，"……我们为志士的，总要择地球上最文明的政治法律来救我们中国，最优等的人格来待我们四万万同胞"。[2]法律和司法从一开始就被视作教育和凝聚人民的工具，而担负起了救亡图存的历史重任。中国共产党作为孙中山先生革命遗志的真正继承者，为完成民族救亡图存的历史重任，就必须寻找到一种有效地将中国人民凝聚起来的组织方式，这就是"马锡五审判方式"所催生的"政法传统"。因此可以说，"马锡五审判方式"的出现，历史地顺应和满足了党的时代任务的要求。从这一点来看，"马锡五审判方式"的产生和推广，从而政法传统的孕育而生就是中国近现代历史任务

---

〔1〕 苏力：《当代中国法律中的习惯——一个制定法的透视》，载《法学评论》2001年第3期。

〔2〕 孙中山：《在东京中国留学生欢迎大会的演说》，载《孙中山全集（全十一册）》，中华书局1981年版，第281页。

在当时条件下的必然产物。"移风易俗，改造中国"，将毛泽东的精粹论断用之于概括和评价"马锡五审判方式"是相当恰当的。

四、对"马锡五审判方式"的再认识

中国近代在遭遇西方资本主义文明之后，之所以陷入被动挨打的状态，其根本原因就在于中国固有的文明没有产生出"科学"与"民主"，前者决定了中国的经济在全球性的比较中必然是落后的和低效率的，而后者则表明中国在近代以前始终没有找到一种将国家的政治动员和民众个体的积极性结合起来的有效的政治组织形式。也正因为如此，所谓"赛先生"与"德先生"才会在"五四运动"中获得有识之士的青睐并被视为挽救民族危亡所必须依赖的利器。这就意味着，我们的民族要在与西方现代文明的竞争中立于不败之地，我们的经济与军事就必须是有效率的，先进就意味着高效率，我们的政治制度则必须能够有效地将全国人民动员起来并凝聚为一个整体，那么表征着广泛民主形式的群众路线就是建构我们的政治法律制度的必由之路。从总体上讲，在当时的历史条件下，"马锡五审判方式"及其"政法传统"比较好地满足了这两个要求，这是其成为中国共产党领导的司法工作主导模式的必要前提。

在新的历史条件下，政治经济的现代化和国际化成为全球化的必然要求，任何一个国家要在现代化的全球化系统中立于不败之地并取得比较优势，也必须在经济效率与政治制度的国际比较中显示出自身的优越性。这意味着，我们今天的现代化实质上仍旧是近现代民族救亡运动的继续，尤其是在社会主义初级阶段，我们必须将经济与政治制度的现代化置于战略任务的核心予以重视。事实上，政治与经济的现代化具有内在联系，没有政治制度的现代化也就不可能真正实现经济的现代化。因此，经济的现代化必须以政治法律制度的现代化为前提，政治法律制度在其内在精神与结构设计上必须充分体现经济效率的要求。而根据发达国家现代化的历史经验，只有那种能够真正贯彻科层制的政治法律体制结构，才最能够符合经济效率原则并因此具有内在合理性。正是在这一意义上，学者认为，中国现代司法体制的构造必须坚持法官职业化的道路，在司法改革既定目标的前提下，法律职业教育将会进一步促进法官的职业化和职业认同感，司法审判活动由此必然一步步走向现

代化和规范化，从而一种高效率的现代司法体制才是现代化的中国所必需的。在建设社会主义法治国家的过程中，我们必须强调法制的统一和权威，维护国家法和司法的公信力，以法治文明改造社会，移风易俗，求得公平与效率。[1] 概而言之，现代司法必须具有高度的专业性和效率性，才能承担社会治理的重任。如果我们以这样的标准去反思"马锡五审判方式"，我们发现：其一，受制于当时的历史条件和政治使命，"马锡五审判方式"在工作效率上是不够理想的。马锡五及其团队为了解决一例民间纠纷，往往需要多人分工合作且花费很多时间才能较好地解决问题；为了达成一个满意的政治效果，他们不但要走乡串户，对双方当事人和周围民众做大量的说服教育工作，还要花费大量的时间帮助民众耕播种收。当然，在当时条件下，这种司法方式是必须的，而且收到了非常好的政治法律效果。但是，在现代经济社会生活以效率为生命的情况下，一种效率低下的司法模式不可能适应现代政治经济发展的要求。其二，"马锡五审判方式"过于依赖调解结案，甚至把调解结案作为司法工作的硬性指标加以强调，在一定程度上偏离了现代司法的要求。在社会经济快速发展、法律诉讼急剧增长的今天，过度地依靠调解来结案是不现实的；无条件地要求绝大多数案件必须用调解的方式来结案也是不科学的，司法工作方式必须符合其自身发展规律的要求。其三，"马锡五审判方式"虽然以民主的调解和审判而深获民心认同，但是在司法过程与程序方面，更加突出政治权力的支配性控制。事实上，一旦进入司法程序，无论事实求证、情理辩驳，还是参与群众的人选安排及其过程设计，几乎完全处于司法权力的掌控之下。不过，司法权力也努力通过其理性运作并在话语效果方面获得民众的认同与支持。可见，"马锡五审判方式"在民主性上，存在着司法过程的政治控制性与审判效果认同的民主性的矛盾。而现代司法过程则要求，司法程序的展开必须是开放的、对抗的、论辩的从而是"程序民主"的，并由此构成了司法效果民主认同的主要理由。从这一点可见，"马锡五审判方式"在司法民主性上并不彻底，这构成了它与现代司法的一个重要差距。其四，党的司法工作必须坚持群众路线，坚持司法为民，但群众路线和司法为民并不意味着"司法干部与群众共同断案"，现代司法的高度专业性和职业性要求只

---

[1] 参见范愉：《民间社会规范在基层司法中的应用》，载《山东大学学报（哲学社会科学版）》2008年第1期。

有法官才是司法权的行使者，司法审判只能是受过良好法律教育的专业法官的专有权力。这样看来，我们在继承"马锡五审判方式"这一优秀司法传统精神内核的同时，还必须结合时代精神和政治经济尤其是司法本身发展规律的要求，根据现实的需要，对之做出新的诠释和新的理解。

那么，什么样的司法工作模式才是现代化的中国所需要的？最高人民法院在《人民法院第三个五年改革纲要（2009-2013）》中强调：司法改革必须"始终坚持遵循司法工作的客观规律。司法体制和工作机制改革必须结合审判和执行工作自身特有的规律，注重探索司法规律在特定国情、特定环境下的具体应用和体现。坚持以科学发展观统领司法改革全局，建立符合司法规律的科学的审判制度和有效的执行工作机制，完善司法管理体制，努力提高人民法院的司法能力，确保人民法院各项改革措施适应我国经济社会发展和社会主义民主政治建设的要求"。在具体的改革任务中，则强调"建立健全多元纠纷解决机制"。从上述可见，在人民法院的改革纲要中，司法改革的主要目的仍然是适应社会主义经济现代化与法制现代化的要求，建立科学的审判制度和执行工作机制仍然是重要的工作目标，目的在于提高人民法院的司法能力，而这一切工作的推行则必须尊重司法发展的科学规律。这意味着在今后相当长一段时期内，司法现代化才是真正的工作重心。但同时，司法改革和司法工作必须发扬党的优秀政法传统，注重以司法调解达成社会和谐，强调和确保"司法为民"，这是中国特色社会主义司法的前提和生命线。在这样的理论观照之下，"马锡五审判方式"必将在新的历史条件下焕发出新的生命力。因此，就精神实质而非具体外在形式而言，中国现代化司法体制的建构毋宁说是行走在"马锡五审判方式"所构建的优秀司法传统的延长线上。

地方法治指数评估的理念与顶层设计思路

引言：法治指数在中国

构筑法治社会是近代以来世界各国人民的不懈追求，人们对法治倾注了无限的希冀并为之向往。"从国际经济领域的投资合作，到人道援助的成效考虑，一国的法治状况都受到相当多的关注。在这种情况下，客观和准确地评估一国法治状况就成为一种现实需要。"[1]以往国内学者对法治的探讨多侧重于理论路径的研究，随着实证分析方法不断被引入到法学研究领域以及不同学科交叉影响日益深化，法治建设状况的量化评估迈出了实质性的步伐。法治评估就是在实践中对法治建设情况进行客观分析的有效手段，法治评估在法治建设中起到了很重要的考核和纠错功能，是我国法治建设迈向更高水平的有效助力器。

法治指数，即法治化量化的评估指数，其是根据评估当地法治状况而兴起的一种实践法学研究方法。将法治建设工作和指数评估体系结合，使一个地区的法治建设可以得到较准确的数据模型和更直观的文字、数字报告，有利于地方政府在法治建设方面深入开展工作、有的放矢，同时使得人民群众对地区法治建设程度有明确、深刻的认识。在我国，不同的学者对于法治指数研究有多种方向，且不同学者对法治指数概念的界定虽然出发点有所区别，但是对法治指数的理解并没有实质差异。大体上看，法治指数就是指构建一整套的科学评估体系，在该评估体系之下通过量化的考核方式对该地区的法

---

〔1〕 钱弘道等：《法治评估及其中国应用》，载《中国社会科学》2012 年第 4 期。

治状况进行客观评价。[1]

从法治指数的历史起源来看，将法律和量化的法治体系相结合最初源于美国 20 世纪 60 年代广泛开展的社会指数运动。该运动发起的初衷在于通过科学的指数体系对社会民主程度、福利程度以及公民的生活态度等进行量化，然后通过一系列量化数据了解当前社会运转状况。这一指数体系包含了 70 余项具体的指数，其中，和法律有关的指数为 7 项，通过这 7 项指数能够较为笼统地了解当地法治基本情况。在此之后，美国斯坦福大学梅里曼教授则围绕法律问题制定了更为详尽的指数体系。该指数体系涵盖了立法、行政、司法、私法行为、法律执行、法律教育和法律职业等七个方面。每个方面从机构、工作人员、程序和消耗资源四个方面进行研究。[2]当然，梅里曼教授构建的体系并未在实践中展开，而是在理论范围内进行研讨。不过，法治指数的实证研究方法却悄然兴起。

随后，法治指数的相关实践在世界范围内展开，在诸多的指数体系中，世界正义工程[3]所创建的《世界法治指数》具有一定的代表性[4]。该指数列出了法治工作必须遵循的四项基本原则，然后对各项基本原则的贯彻和落实制定了较为详细的量化考察指数。该指数确立了法治工作的四项基本原则：一是政府以及公务人员应当依法行政，树立正确的权力观；二是法律的制定应当审慎、具体、公平，保障人民具有法律思维，在知法、懂法、守法的人群中选拔。从具体内容上看，该指数共列出 9 个一级指数，在其之下还设置了 48 个二级指数，并依据每项二级指数设计了若干观测点（三级指数）。这一指数体系的设计基本覆盖了法治建设的各个方面，为不同国家开展法治评估提供了极为有价值的参考标准，成为当地法治建设的重要依据。该指数体系的构建获得广泛认同，很多国家或地区的法治指数评估体系都以此为参考，取得了显著的效果。值得着重介绍的是我国香港地区法治指数开展情况，我

---

〔1〕　参见侯学宾、姚建宗：《中国法治指数设计的思想维度》，载《法律科学（西北政法大学学报）》2013 年第 5 期。

〔2〕　参见汪全胜：《法治指数的中国引入：问题及可能进路》，载《政治与法律》2015 年第 5 期。

〔3〕　世界正义工程（the World Justice Project）是 2006 年由美国律师协会联合国际律师协会、泛美律师协会、泛太平洋律师协会等律师组织发起成立，2009 年成为非营利组织。该组织受到美国盖茨基金会等民间组织或个人的赞助，其目标与任务是促进世界各地的法治发展。

〔4〕　参见孟涛：《法治的测量：世界正义工程法治指数研究》，载《政治与法律》2015 年第 5 期。

国香港地区依托于自身地缘优势和法治传统优势是我国最早开展法治指数建设的地区，我国香港地区法治建设相较于内地有着一定的先发优势，其所开展的法治指数评估体系建设对于内地开展法治指数建设工作有着积极的借鉴意义。[1]我国香港地区的法治指数评估体系由三部分构成：一是法治的条件，包括"法律的基本要求；依法的政府；不许有任意权力；法律面前人人平等；公正地施行法律；司法公义人人可及；程序公义"。二是法律数据，包括对法治建设相关各种数据的考察，如罪案率、法律援助率、每万人中法官和律师的人数比例等。三是市民对法治的主观观感。[2]

就目前来看，国内外较有影响力的法治评估模式主要有世界正义工程法治指数、中国法治满意度评估、中国法治政府评估、司法文明指数，在国内较为典型的有余杭法治指数、广东省依法行政考评、江苏省法治政府建设考核评价、浙江省法治政府建设考核评价、北京西城区法治建设评估等。这些法治评估模式各具特色，在评估内容、评估依据、评估方法、评估标准和指标体系等方面存在较大差异，但无疑为我国当下的地方法治评估提供了很好的指导和借鉴作用。2013年11月12日，在党的十八届三中全会上通过的《中共中央关于全面深化改革若干重大问题的决定》上，更是明确地提出了"建立科学的法治建设指标体系和考核标准"，这意味着更大范围、更深程度的法治评估实践将会全面展开。立足于当下法治评估的蓬勃发展态势，充分吸收借鉴国内外法治评估实践的有益经验和挫折教训，本文以山东省法治指数评估[3]为研究对象，试图对地方法治评估指数的基本原理、顶层设计和操作技术等进行阐释，通过强化法治指数评估的规范性和科学性来助力法治中国建设。

一、地方法治指数评估的基本理念

地方法治指标是一种特殊的社会指标，可以通过量化的数据描述和评价

---

〔1〕 我国香港的法治评估由香港社会服务联会（HKCSS）发起，是"香港社会发展指数计划"中的一项。

〔2〕 参见戴耀廷：《香港的法治指数》，载《环球法律评论》2007年第6期。

〔3〕 山东省位于我国东部沿海，是典型的北方省份，历史上深受儒家文化思想影响，但由于地理位置的影响，如有着漫长的海沿岸、距离日韩等国较近、与长三角联系较为紧密等，在文化上具有多元性和开放性的典型特征，兼有北方和南方省份的一些共性，是我国深入了解和探究地方法治评估指数的理想分析样本。另外，山东省法治发展状况一直表现良好，并呈现出不断好转和进步的发展态势，在法治指数研究上具有很高的价值。

法治状况，判断所研究的对象从何处来，现处在何处，正在向何处去。地方法治指数评估的对象是法治，法治对于我们来说并不陌生，但确定一种合适的、可欲的法治状态或模式确实是非常艰难的。古今中外，法治是治国理政不可或缺的重要手段，法治虽说不是万能的，但法治是美好和完美的象征，代表着人类对于以良法善治为目标的和谐生活秩序的追求和向往。"善治"是治理的上位目标，其是指公共利益最大化的社会管理过程，本质特征在于政府与公民对公共生活的合作管理，是国家与社会的一种新颖关系，是两者的最佳状态，[1]可以通过合法性、法治、透明性、责任性、回应性、参与、有效、稳定、廉洁、公正等标准进行衡量。[2]西方先贤亚里士多德曾说："法治应包含两重意义：已成立的法律获得普遍的服从，而大家所服从的法律又应该本身是制定得良好的法律。"[3]亚里士多德对法治的解释堪称经典，并构成了西方世界法治探究的理论源头。但亚氏的定义并非无懈可击，并未为我们展示法治的全部样貌，同样存在相当大的缺陷和不足。"这段话已然从逻辑上粗略地勾画出法治的形式要件，但是，它没有、也不可能说明究竟何谓'普遍的服从'、何谓'制定得良好'。这要由生活于具体的社会场合和文化背景下的人们通过他们的信念、制度和活动来赋予涵义。"[4]所以说，理想的法治类型并不是那么好寻觅的，而是要受到较为严格的种种条件限制，这也是地方法治评估有序开展的预设前提和一般要求。虽然法治是一个无比重要的概念，但在内容上却未曾被界定，甚至是不可能被界定的概念。[5]具体来看，人类理想中的法治模式主要有以下特征。

（一）法治以"人民性"为根本目的

人民是现代法治的最终目的和根本归宿，中国特色社会主义法治理论进一步完善了法治的人民性。法治的两个基本要素——制定良好的法律、法律得到普遍遵守，均在中国特色社会主义法治理论中得到了充分的体现：科学立法、严格执法、公正司法、全民守法。而且中国特色社会主义法治理论使

---

[1]　参见俞可平：《治理和善治引论》，载《马克思主义与现实》1999 年第 5 期。
[2]　参见俞可平：《善治与幸福》，载《马克思主义与现实》2011 年第 2 期。
[3]　[古希腊] 亚里士多德：《政治学》，吴寿彭译，商务印书馆 1965 年版，第 199 页。
[4]　夏恿：《法治是什么——渊源、规诫与价值》，载《中国社会科学》1999 年第 4 期。
[5]　参见陈林林：《法治指数中的认真与戏谑》，载《浙江社会科学》2013 年第 6 期。

传统法治理论进一步丰富和发展，主要体现为为法治增添了实质性的内容要素：坚持人民主体地位。如果说西方资本主义法治像一种权力游戏规则，那么中国特色社会主义法治理论则为这个游戏规则增加了人民性这一实质性的内容，从而实现了人类法治理论的新发展。

国家治理涉及多个领域，是执政党组织、政府、企业、社会组织、公民个体等主体共同参与的以"国家"为治理对象的一项系统性工程。〔1〕"民主、法治、科学、高效是实现国家治理体系和治理能力现代化的重要体现。其中，法治是治国理政的基本方式，是国家治理体系和治理能力的重要依托。"〔2〕从国家治理体系和治理能力的角度来看，中国与当今西方国家存在明显的不同。中国是中国共产党领导的社会主义国家，党的领导是我国与西方相比所具有的最明显的政治优势。社会主义国家治理更追求整体性，以社会为本位，更能够发挥集中力量办大事的制度优势。因此，社会主义国家更容易建立整体性的发展目标，协调社会发展与环境之间的矛盾，更有能力解决地方发展之间不平衡的矛盾，并将实现整体性目标的成果惠及社会中的每一个成员。西方资本主义国家更加注重个人权利，往往以个体为本位，注重发挥个人的积极性，通过个体的发展来实现整体的积累，从而推动社会的进步。

中国特色社会主义法治理论坚持党的领导、人民当家作主、依法治国有机统一，实现党、国家、社会各项事务治理的制度化、规范化、程序化。这就要求我们党科学执政、民主执政、依法执政，并将依法执政与依法行政、依法治国共同推进，将法治国家、法治政府、法治社会一体建设。因此，中国特色社会主义法治理论契合了中国的国家治理模式，妥善地处理了国家整体利益与个人利益之间的关系，既能够有效地保护个人的合法利益，又能使国家的整体发展目标得到法律活动的支持，从而保证社会和经济的发展进步，为每一个社会成员提供更多的利益与福祉。比如，在当前信息化社会发展背景下，我国比西方国家更早更系统地提出并建设司法信息化来保障民众的知

---

〔1〕 参见陈培永：《当代中国推进国家治理现代化的理路考量》，载《理论视野》2017 年第 9 期。

〔2〕 吕艳滨：《国家治理现代化背景下的法治评估及其风险防范》，载《探索与争鸣》2021 年第 8 期。

情权和参与权，尤其是网络司法公开系统的开发和运用〔1〕上，我国远远走在了其他国家的前面。

（二）法治在价值上具有公平正义性

"通过法治指数推动法治建设对我国而言是新的尝试，新的契机。法治建设在我国历经一波三折的过程，实现了从'人治'、'政策之治'、'法制'再到'法治'的转型。法治观念也随着人民生活水平的逐步提高，成了另一个更重要的精神追求。"〔2〕法治不仅是规则之治，更是良法之治，其中蕴含着深刻的公平正义观。

什么是良法？良法是一种价值评价标准。良法包括这几种因素，第一个是科学的评价，它的标准是真与假。比如说，食品卫生、药品安全、建筑质量等，这样的标准就是科学的标准。第二个是现实主义标准，就是现实与否。尽管有些规则从科学角度上讲是良法，但是从现实主义标准来看未必如此。比如像北京的禁放令、美国的禁酒令都是如此。第三个是价值评价或者说是规范性的评价，这也是一种标准，这就是意识形态标准、历史传统标准。这种标准在进行国际比较的时候是不可避免的。规范性评价涉及标准的普适性和特殊性问题。所谓特殊性，世界各国在国际评价的时候要承认和尊重不同的模式。比如说我们现在经常讨论的宪制模式，具体而言，它实际包括不同国家机关之间的关系；还有中央和地方的关系，像联邦制、单一制和"一国两制"；在政党关系方面，也有多党制、一党制、一党领导的多党合作制等。站在另一个标准基础上来衡量这个国家或者那个国家往往会得出完全不同的评价。但是在法治评估的时候，尤其是在国际视野下进行评估的时候，还是存在某些普适性的标准或尺度。"也就是说，在所有的模式中，法治的核心都在于如何控制没有任何限制的权力。无论采取怎样的一种政体和政治制度，如果那种政治制度、那种政体的权力是不可控制的话，那绝不是良法之治。反之，如果能够得到控制，当然它应该是良法之治。"〔3〕

---

〔1〕　网络司法公开的途径在实践中有很多的体现，诸如中国裁判文书网、中国庭审直播网以及智慧法院建设等，来自司法领域的案件信息共享和法官裁判指南都是为了保障司法裁判的公平性和公正性，从根本上来看都是以人民为中心的重要实践产物。

〔2〕　赵盛阳：《构建地方法治指数的理论阐释》，载《学术交流》2018 年第 2 期。

〔3〕　朱景文：《法治的可比性及其评估》，载《法制与社会发展》2014 年第 5 期。

（三） 法治状态的客观性与普遍性

"法治指数本身并非单纯的数字，而是蕴含了一种社会法治发展理念、一个动态体系的系统性工程。"[1]法治建设指标可以为法治建设设定指数化的目标，评价某项法治计划的进展与差距，实现法治建设的标准化管理。作为法治评估的对象，法治尽管在不同的国家或地区有不同的表现，不同时期的法治状况也存在一定的差异。当然，这并不是法治的一般性特征。从法治发展的历史逻辑来看，法治并非总是变动不居的，相反在一定的时间内会保持相当程度的稳定性，为我们科学认识和分析法治提供了可能性。法治之所以能长久不衰，其中很重要的原因就是法治状态具有客观性和普遍性。客观性和普遍性在一定程度上是高度统一的，是我们探究和了解法治状态的基本前提，客观性是法治的一般存在状态，普遍性则是指各国和不同人民在实践层面的趋同性和一致性。如何科学认识法治的客观性和普遍性是法治理论研究的一般问题，同时也是关系我国地方法治指数评估实施成效的重要内容。

法治作为抽象的理论概念是否具有量化的可能性？余杭法治指数的研究者提出"法治很难绝对量化，但也不是说绝对不能量化"[2]的观点，这正是诸多学者怀有的期冀，期望能够通过量化方法来对中国法治发展状况的准确认识，这是一种建设性的态度。量化法治之所以可能，主要取决于法治具有客观性属性。法治的客观性有两重价值含义，一种是法治本身承载了国家发展的希望和期盼，真实地反映了当地发展的现实状况，是开展法治指数评估的基础和前提，如实践中出现的司法裁判率是对该地司法系统法官裁判能力和纠纷解决能力的一般反映；有些地方统计的万人犯罪率是从犯罪学和预防学的角度出发，努力去量化和分析该地区的总体治安状况；还有一些法治评估方式如政府官员腐败率是对该地行政系统官员廉洁性考察的重要手段，是与当地社会治理有着紧密关系的；更多的表现为对一国或一个地区的法治实施状况进行评估，尤其是从法治评估数据的动态变化中可以清晰地管窥该地法治建设的最新进展。诸如此类的评估模式都真实地反映出某些地方、某些人民的真实生活样态，是值得我们认真对待和科学分析的珍贵一手资料。

---

[1] 付子堂、张善根：《地方法治建设及其评估机制探析》，载《中国社会科学》2014 年第 11 期。

[2] 钱弘道等：《法治评估及其中国应用》，载《中国社会科学》2012 年第 4 期。

　　以世界银行营商环境报告为例进行分析。合同执行效力是评估一国法治水平的重要指数。所以，许多研究者也把营商环境作为一种法治指标。世界银行营商环境报告的本意不是为了去评估一国的法治水平高低，而是为了评估特定国家对在全球范围内进行投资的公司的吸引力，特别是评估各国的商业规则和财产权保护对企业（特别是对中小规模企业）的影响。报告会揭示在特定国家设立企业和结束企业经营的难易程度。财产安全和合同执行效力这两项指标是该评估体系的核心内容。[1]具体到评估合同执行力，主要搜集了三个基本数据：（1）原告从向法院提起诉讼到实际支付所经历的一系列程序；（2）解决争议的时间长度；（3）法庭诉讼费用和律师费用占争议债务的百分比。这些信息主要是从各国专家，包括律师、商业顾问、会计师和政府官员处获得，而不是从法院和其他司法机构的信息库中检索而来。应该说，在信息收集方面，"治理事务研究"和"营商环境研究"的相似之处在于：它们都倾向于从需求角度出发搜集相关信息。这些基于主观需求进行的评估结果与各国真正的审判水平和合同执行效力之间存在一定程度的感知差距。总体来看，这份报告建构在各国司法机构与企业投资环境之间互动关系之上。因为一国的司法若是快速、公正且属于可负担范围内，对企业而言无疑是一种良好的服务环境。反之，腐败的司法必会对企业的公共信托和投资水平产生负面影响。[2]

　　另一种法治状态则是建立在人们共识意义上的客观性，即法治的确立和实现是人们的一种价值共识，人们从中获得了充足的感受性和获得感，在某种程度上也是人们交往客观性的一种体现。在晚近的法治评价定量研究当中有一种新的倾向，即在概念共识的达成过程中强调各界的参与，商讨确定法治的概念，从程序上保证概念的共识基础，这种"协商共识"的方式由于体现了专业性和民主性而广受青睐。这种概念的确定方式既反映了人类在后现代主义的冲击下，展开了对理性的反思，也更能体现达成概念共识的方法论基础。[3]协商共识强调以法治的核心概念为基础的广泛的主体参与。本书认

---

　　〔1〕　See Djankov, et al., COURTS, 载 https://scholar. harvard. edu/files/shleifer/files/courts. pdf，最后访问日期：2024 年 12 月 11 日。

　　〔2〕　See The World Bank, *Doing Business* 2007: *How to Reform*, World Bank Publications, 2006, p. 51.

　　〔3〕　参见［德］哈贝马斯：《在事实与规范之间：关于法律和民主治国的商谈理论》，童世骏译，生活·读书·新知三联书店 2003 年版，第 273 页。

为，协商共识是一种程序理性，是完善法治概念的有益途径。比如，世界正义工程的法治指数中使用的法治概念便是经过与100多个国家的17个专业领域的领导人、专家学者、普通人的沟通研讨，从而得出了法治形式理论与实质理论相融合的法治的四项基本原则，将其作为法治概念的界定。这种方式试图通过协商的方式达成对法治概念的一致理解，成为达成共识的一种有效的方法。

法治概念的形式面向与实质面向的融合对应了对共识概念核心语义和常识认同的要求。两种方法的融合也是目前法治评价定量研究的趋势。同时，辅之以程序上的公众协商，小心得出法治的共识概念，使得达成的共识概念在核心内涵上符合法治的语义，在价值关怀上体现常识认同，在程序上满足公众的有效参与，这样法治的概念便更容易接近共识。因此，要测量法治水平，首先应该去定义法治，法治的概念共识是进行法治评价定量研究的前提。虽然，法治是一个无比重要的概念，且在内容上却未曾被界定，甚至是不可能被界定的概念。定义法治实属不易，其艰难之处在于达成概念共识是如此复杂的繁重工程。

与客观性相比，普遍性是法治的另一主要特征。法治是当今世界各国普遍的价值追求和理想目标，法治建设在国家治理中扮演了主要角色。法治在各国的法学研究和法律实践中都有很重要的体现，尽管法治在各国的具体表述有所不同，但法治所包含的一般价值和普遍意义是几乎没有争议的。具体而言，可以从三个维度来分析法治的普遍性。

首先，法治意味着主体平等，它对于所有人一视同仁，不论是自然人、法人还是集团组织等社会主体都要接受法定的权利和义务，不存在超越法律的主体存在。法治对于任何自然人、法人和集团组织等主体都是平等的，没有任何歧视和不公。法治不仅意味着它是一个法律规则的体系或书本上的法，而且更重要的在于这些规则应该在社会上实现，应该平等地实施。[1]当我们谈到法律的平等实施，应该从三方面来考虑：一个是主体的平等，就是说法律面前人人平等，对任何人都应该平等对待；再一个就是空间上的平等，在一国范围内，无论这个事情发生在什么地方，都应当平等对待；还有一个就是时间上的平等，在法律没有修改的范围内，在任何情况下都应该平等对待。

---

〔1〕 参见朱景文：《法治的可比性及其评估》，载《法制与社会发展》2014 年第 5 期。

这个就是所谓平等地实施。但是在现实当中，又会出现另一面，也就是说很多情况下并非平等地实施。其一，身份平等问题。不同身份主体不同对待，比如对穷人、妇女、少数民族等特殊待遇，在税法、社会保障法、社会责任法等领域广泛存在，是一个通行的法则。其二，地区平等问题，社会经济发展水平不同的地区经常被区别地对待。其三，时间平等的问题，我们经常遇到的所谓严打的问题、所谓运动式执法的问题，在警力不足，在我们的力量不足、时间精力不足的情况下，只好这个时间这么做，过一段时间另一种做法，这也是一种常态。平等实施需要物质保证，这就是人员保证、经费保证、时间保证等。如果没有这些保证，不平等、有选择地实施就是必然的。

其次，法治在不同国家和地区都有存在的正当性，跨越了各种具体情况的差异，得到了各国的普遍认同。通过国内外的实践可以看到，法治评估绝不是简单地对法治发展的各个方面进行数量化处理，首先要解决的是对处在不同发展水平的国家或地区按照统一标准进行法治评估的可能性问题。就世界范围内来看，如何把发展中国家与发达国家、社会主义国家与资本主义国家、一个人口几亿十几亿的大国与一个城市国、一个处在相对稳定的发展阶段的国家与一个处在快速变革的发展阶段的国家放在一个水平线上评估它们的法律制度？就一个国家而言，在处理有着不同经济、文化、民族背景的地区之间的事务，除了全国性的法律制度之外，地区性的法律制度的差别非常明显，一些发达地区拥有大量的正规化的法律资源：法官、检察官、律师，而在一些边远地区，法律资源短缺，同样的争端不是通过正规的法律制度而是通过习惯、人民调解以及基层法律服务解决。因此，我们并不能只靠正规法律资源的多寡来评价它们的法治状况。

由于法治是一个既具有普遍性又具有特殊性的概念，普遍性是对不同国家和地区进行法治评估的基础，如果不同国家和地区的法律制度没有共同性，就不可比，法治评估就没有任何意义。[1]问题在于什么是普遍性、共同性？不能把按照某种特定的模式建立起来的法律制度看作是普适性的法治模式，其他法律制度只能按照这一模式来衡量其优劣。法治的特殊性是不同国家或地区法律制度受到不同的社会历史条件、不同社会结构限制的特征，很难想象各个不同社会发展背景的国家或地区的法律制度都是按照同一模式建立起

---

〔1〕　参见朱景文：《如何开展科学的法治评估》，载《中国党政干部论坛》2016年第1期。

来的。如何解决好法治的普遍性与特殊性之间的关系，是法治评估是否科学、能否成功的关键。基于上述考虑，必须对不同国家和地区的法律制度作类型化的处理，把它们按照经济、政治、文化和历史传统的特点分为不同的类型，对同一类型的国家或地区的法治状况进行评估，而不是不分类型，不管社会发展条件，简单地按照某种形式要件做全球或全国的法治排名。

再次，法治通常意味着一种普遍的和一般的治理状态，从"规则之治"到"良法善治"的动态发展蕴含着人类法治基本理念的发展和变迁。就法治理论而言，19世纪的英国法学家戴雪通常被视为近代西方法治理论的奠基人。戴雪第一次比较全面地阐述了法治概念，这一阐述乃是以已有的法治体制及其经验为根据的。在《宪法性法律研究导言》里，他谈到："构成宪法基本原则的所谓'法治'有三层含义，或者说可以从三个不同的角度来看：首先，法治意味着，与专横权力的影响相比，正规的法律至高无上或居于主导，并且排除政府方面的专擅，特权乃至宽泛的自由裁量权的存在。其次，法治意味着法律面前的平等。或者，意味着所有的阶层平等地服从由法院执掌的国土上的普通的法律；此一意义上的'法治'排除这样的观念，即官员或另类人可以不承担服从管治着其他公民的法律的义务，或者说可以不受普通审判机构的管辖，……作为其他一些国家所谓的'行政法'之底蕴的观念是，涉及政府或其雇员的事务或讼争是超越民事法院管辖范围的，并且必须由特殊机构或者官方的机构来处理，这样的观念确实与我们的传统和习惯根本相悖。最后，法治可以用作一种表述事实的语式，这种事实是，作为在外国自然地构成一部宪法典的规则，我们已有的宪法性法律不是个人权利的来源，而是其结果，并且由法院来界定和实施；要言之，通过法院和议会的行动，我们已有的私法原则得以延伸至决定王室及其官吏的地位；因此，宪法乃国内普通法律之结果。"[1]戴雪这段话大致可以理解为：法治安排了人们的一般生活秩序，人人皆受法律的统治，人人都平等地接受普通法律和法院的管辖，不能超出法律来行动。戴雪对法治的经典概念尽管是在特定语境中展开的，他所关注的只是探讨英国议会制度和宪法传统之间的关系，但他的阐释为近代以来的法治理论研究奠定了基础，是我们探寻较为确定、较为普适的法治含义的科学引导。

---

　　[1] Albert. V. Dicey, *Introduction to the study of the Law of the Constitution*, Liberty Fund Inc, 1960, pp. 202-203.

　　另外，我们可以从形式法治和实质法治两方面来理解法治这种基本样态的具体内涵。2004 年联合国秘书长发布的对于法治的定义也十分经典，总体来看是偏向形式法治的，"法治指的是这样一种治理原则：所有的人、机构和实体，无论是公共的还是私有的，包括国家自身，都必须对法律负责。而这种法律，是公开发布、平等实施、独立裁决的，并与国际人权规范和标准保持一致。法治概念还要求采取措施来保证遵守下列原则：法律至高无上、法律面前人人平等、对法律负责、公平适用法律、权力分立、参与决策、法律确定、避免恣意以及程序和法律透明"。此概念中的表述，可以从法治的概念以及人们的理性中推导出来。法治当然意味着所有人在法律之下，也意味着法律应该是公开的，公民在法律面前是平等的，法律的程序是透明的。[1]持这种立场的学者认为，概念的语义是由人们日常习惯中约定的语言规则设定的，是人们共同观念的一种反映，而概念的意义就反映在语言的词义当中。

　　实质法治强调法治应当立足于一定的价值追求，而不只是一具合法性的外壳。从亚里士多德关于"良法善治"的概念可以窥见，最早的实质法治理论便要求法治的实现首先需要一部良法，善治体现了法治对程序正义的要求。目前最具代表性的实质法治理论是以保障公民权利实现为中心的。因为，根据人类的长期经验和常识认同，法治的目的是保障人权，法治的共识概念应该体现出这种常识性的一般认同状态。例如，世界正义工程的法治概念："所有人服从法律规制的规则系统，同时应该符合以下四项原则：（1）政府及其官员均受法律约束；（2）法律应当明确、公开、稳定和公正；（3）法律的颁布、实施和执行程序应当开放、公平、高效；（4）法官、律师和司法工作者应当称职、独立，具备职业道德，而且数量充足、装备精良并具有一定社会代表性。"[2]

　　其中限制政府权力、保障公民权利等原则就是实质法治理论在世界正义工程的法治概念中最直接的体现。而关于法律公开公正、法律从业人员的德性以及选拔程度的要求，也是法治形式概念与程序正义的结合。总之，不论是法学经典理论学家对法治的定义还是现代官方组织对法治的定义，都折射着法治是现代人类生活的一种基本状态，涵盖了公民权利保障和限制权力等

----

　　〔1〕　参见刘凯、白立士：《"法治评价"量化研究的方法论基础》，载《华南师范大学学报（社会科学版）》2016 年第 2 期。

　　〔2〕　《2014 年世界正义工程法治指数报告》，载 http://worldjusticeproject.org，最后访问日期：2021 年 11 月 25 日。

基本精神，代表了一种积极向上的国家整体治理观。

（四）法治的可度量性与可评价性

在国家现代化转型进程中，法治日益成为最主要的治理方式，这也是整个社会的广泛共识。[1]法治作为国家治理体系和治理能力现代化的必然产物，是我们迈向社会主义现代化的主要依靠。当然，法治并非仅仅是一种理想的、不可名状的制度实践产物，法治在深度参与国家治理和地方民主实践的过程中与法治建设深度融合，使法治在某个时期和历史阶段具有可度量性和可评价性。在倡导国家治理现代化的背景下，法治与国家治理的联系与契合也得到更加全面的彰显。现代法治具有良法善治的内核，从而为国家治理提供了价值导向与机制引领，法治对于推进国家治理现代化具有决定性的意义。与法治应有的状态定位相对应，法治需要体系化和规范化才能更好地实现其价值。从这个意义上说，法治建设指标体系是服务于"后发现代化国家"法治建设"增量推进"与"赶超建设"的一套治理评估工具，具有目标确定性、整体性和多重性等特点。[2]

法治体系首先意味着法治进程的有序化程度，意味着法治过程的链接性、协调性、规范性，同时也彰显法治的内在核心价值。在系统化的体系中，法治各个环节存在差异性以及内在统一性，内在统一性是体系化的必备要件。法治体系化是法治自身现代化的必然要求，也是推进国家治理现代化的必由之路。同时，我们也需要意识到过度倡导法治所带来的负面效应。在当代中国社会转型过程中，从官方到民间，法治逐渐成为社会主流话语，同时也慢慢滋生了一种法治浮夸风的气息，这种社会现象可以称为"法治大跃进"的思想与实践行动。[3]对于中国的法治建设，需要认真分析过往的错误实践，同时汲取以往积极的经验，秉承理性、渐进、务实的建设立场，在这个前后链接的建设过程中，必须认识到评估法治的重要性。

评估法治还意味着对法治的全方位评估，通过法治标准的视角来寻找差

〔1〕参见邱成梁、李志强：《迈向实践立场的法治评估指标体系及其方法论》，载《山东社会科学》2017年第8期。

〔2〕参见徐汉明：《论法治建设指标体系的特性与功能》，载《法学评论》2016年第1期。

〔3〕参见姚建宗、侯学宾：《中国"法治大跃进"批判》，载《法律科学（西北政法大学学报）》2016年第4期。

距，从而寻求法治建设的最佳着力点。从时间维度上，评估法治是对过往、现在以及未来的全面性、全局性评估。法治评估的理论脉络，首先触及的是其可能性问题，以及背后的社会基础问题。法治评估必须注意各国治理结构的差别，不应仅仅局限于法治各个方面的简单量化处理，需要有效解决按照相对统一标准评估具有差异性国家或地区的可能性问题，不同社会结构、不同社会发展水平极有可能会对统一标准带来挑战。[1]实际上在我国法治评估实践中，法治评估体系并非一体化的，而是存在区隔和分化。对于法治评估体系的构建，存在两种话语模式的分化。"两种法治评估类型的理论基点，分别是以治理功能为核心的实验主义和以管理功能为核心的公共行政管理理论。"[2]在实践操作中，法治评估出现了诸多困境，包括定位错乱、评估机制落后、评估经验缺乏总结提升等，特别是法治量化难题并没有得到理想的解决。法治量化是法治评估的主旨所在，亦是评估实践要解决的根本性问题。在某种意义上，法治量化是法治评估实践的最根本性所在。同时量化并非仅是数量问题，法治量化是一种宽泛意义上的量化，因此我们需要一种统一综合的机制来解决这一问题。

"从存在的可能性为视角，法治是可以被量化评估的，只是量化存在不同的程度。"[3]基于目的性的考量，法治评估立足于对法治现状的客观、准确描述，从而为法治完善提供进一步的指引。基于提高法治评估的有效性，一套科学法治评估指标体系的建构是相当有必要的。由于对于法治标准认识不统一[4]，对于法治评估指标、法治指数的存在合理性，也持有不同见解。对法治指数的合理性存在两种怀疑：一种是源于外部性的怀疑，即在实践中由于制度缺陷法治指数可能会被误用甚至滥用；另一种是源于内部性的怀疑，即法治指数本身存在价值基础的合法性问题。[5]在实践中，法治指数源于外部性的问题并非无法克服，而是可以借助制度优化来解决；在理念上，对法治指数合法性的怀疑实质上是在怀疑法治的价值，这也容易陷入内部循环否定。

---

〔1〕 参见朱景文：《论法治评估的类型化》，载《中国社会科学》2015 年第 7 期。

〔2〕 钱弘道、杜维超：《法治评估模式辨异》，载《法学研究》2015 年第 6 期。

〔3〕 邱成梁、李志强：《迈向实践立场的法治评估指标体系及其方法论》，载《山东社会科学》2017 年第 8 期。

〔4〕 参见菅从进：《基于法律内在性的法治标准新探》，载《法学论坛》2017 年第 1 期。

〔5〕 参见石佑启、李锦辉：《法治指数背后的价值哲学之争》，载《哲学研究》2015 年第 8 期。

党的十八届三中、四中全会提出构建科学的法治建设指标体系，评估指标的科学构建需要积极整合国际经验与中国经验，必须立足当前中国法治实践以及未来法治发展。在理论脉络上，法治评估指标与指数并无根本性区别，是一系列评估法治指标的体系化集合，通过借助指标体系可以将法治水平量化为数据。朱景文教授提出了 6 个一级指标以及 20 个二级指标。正像一级指标需要二级指标具体化一样，二级指标也需要用一系列的三级指标具体化，这样法治指标才可能成为可量化的、可测量的、可比较的指数。[1]理论与地方实践中存在不同的法治评估指标体系方案，我们需要在实践场域提供一种整体可接受的方法论进路。

二、地方法治指数评估的指导原则

法治评估的关键在于法治指标评估的设计，它关系到法治评估的科学与否、有无意义。对法治内涵的不同理解会影响到法治指标的设置，进而造就了法治指数设计方案的差异。[2]但综观现有各式各样的法治评估指标，不难发现，其中一个突出的特点或者局限就是法治评估设计的随意性，之所以这样，一个根本原因就是没有认真研究法治指标评估设计应遵循的基本原则。尽管有部分学者[3]在相关文章中有所提及，但这些表述大多是在描述思想维度层面的，与设计原则的关联性并不强。本书主要围绕山东省地方法治评估指数研究而展开，在相关指数评估的指导原则设计上，既要符合法治评估的一般原理，也要重点突出山东省的地方特色，综合考虑山东省地方法治评估的现实情况。总体来看，国内学者对地方法治评估指标体系的基本原则研究还不是很深入，因此，有必要对地方法治评估指数评估的基本指导原则进行深入的阐释，以便更好地指导我国的地方法治实践活动。

---

〔1〕 参见朱景文：《如何开展科学的法治评估》，载《中国党政干部论坛》2016 年第 1 期。

〔2〕 参见周尚君等：《法治定量：法治指数及其中国应用》，中国法制出版社 2018 年版，第 75 页。

〔3〕 如徐汉明认为社会治理法治建设指标体系基本原则包括全面与特色相结合、客观与主观相结合、科学与简便相结合、实用性与适用性相结合、可计量与可比较相结合；张德淼认为法治评估指标体系的测量应符合一般性测量原则，即指标是合理和实用的、是有区分度和代表性的、是能够回答并实现数字化计量的；侯学宾等认为中国法治指数的设计应考虑虚与实、中国与世界、普遍性与特殊性、统一与杂多、表象与实质、诚信与虚构、理想与现实、定性与定量、建构主义思维与法治的渐进主义逻辑、科学与人文等思想维度。

（一）法治评估的政治属性：人民性

法治的根源在于人民，"法治评估不能忽视人民群众的需求，否则可能形成'法治泡沫'危害"。[1]基于我国宪法和法律的规定，法治评估指标体系理应对公民的各项基本权利配置具体的测评指标，使评估结论可以准确反映我国在公民权利保护规范与制度层面出现的漏洞，并及时作出调整和改进、同时在地方法治评估指标体系中明确权利标准，符合法治现代化的基本要求，也是法治中国走向世界和实现中国梦的必然选择。地方法治评估中的权利指数是指地方法治指标体系中反映公民基本权利的保护程度和公民对基本权利的需求程度的量化指标。构建地方法治评估的权利指数，专门评价公民基本权利保护状况，在推动我国法治建设等方面具有重大理论和实践价值。

我国国体、政体是人民性的本质属性，既要求国家的一切权力由人民授予，坚持人民民主，把人民民主原则贯彻于法治建设的始终，并且作为检验法治建设成效的根本标尺，又要求提供维护社会公平正义、增进人民福祉的制度保障，以此建立起协调有序的法律制度安排及其法治秩序。[2]对这种制度安排运行状况的评估，对作为公共品——法治秩序的形成、维护及其有效实现状态的观测与检验，其一个重要的途径在于运用法治建设指标体系及评价标准，对法治建设运行状况进行观测、检验、测度、监督、提出矫正意见，使偏离法治建设预期目标、行动进程、实施机制等现象恢复到正常的轨道上，从而实现保障人权、制约公权、维护公平、彰显正义、促进和谐、增进人民福祉的根本宗旨，彰显法治建设指标体系及其评估方法的价值作用。考察世界正义工程等法治指数，其所设置的诸如法律保护个人迁徙自由、意志自由，保护隐私权、言论自由、集会自由、结社自由和劳资谈判之权利；法律保护人身安全等指标，[3]这些指标的设定是无可非议的。问题在于其实施评价过程中采用有限的"普通人口抽查"以及个别"样本选定"（比如在中国，仅在北京、上海、广州三个城市选取一千个样本）的考核方式，虽然一定程度

---

〔1〕 杨继文：《法治评估应考量人民群众"客观性"需求》，载《检察日报》2019年7月2日，第3版。

〔2〕 参见徐汉明：《强化法治思维　提升领导干部法治能力》，载《政策》2015年第3期。

〔3〕 参见 The World Justice，载 http://worldjusticeproject.org/rule-of-law-index/，最后访问日期：2021年11月20日。

上体现了西方"民有、民治、民享"的价值观，为发展中国家法治建设指标体系的构建与实践提供了借鉴。但是这些样本对于一个具有 14 亿人口的大国而言，其典型性、代表性不具有权威性，而其依据中国人口几千分之一的概率代表所得出的结论也是难以认同的。我们在开展山东省地方法治评估时，要吸取部分地方法治评估的惨痛经验教训，不能仅以省内某些大城市如济南、青岛为例进行研究，这样的法治评估数据不具有代表性，得出的法治指标也不具有借鉴和参考价值。要科学评判整体的法治运行状况，必须做到对评估对象无死角全覆盖，设计出涉及山东省大中小城市以及乡村等地的法治评估模型，从中来获取实践中民众对于法治发展的认可度、满意度以及支持度。在分析样本和主体参与上，都要保持高度的民主性，这也是西方一些法治评估指数模式与实践中所无法比拟的，这也是人民民主的直接体现和具体实践。总体来看，为了更好地体现法治评估的人民性这一政治属性，可以设计一种由公众自我评价、官方评价、第三方评价互动融合的新型山东省地方法治评估模型，要尽量避免评估主体过于官方的不良倾向。

（二）法治评估的行动准则：全过程人民民主和追求科学性

法治评估必须以全过程人民民主的基本精神和理念为指导。近年来，法治评估的一个重要发展动态就是从权力运行评估（法律实施评估）到权利保障评估（法治环境评估），其中无疑也是法治评估民主性不断增强的真实写照。权利保障评估的展开大体上遵循了法治评估运行模式的一般原理，但在一些具体内容的设计和实施上高度关注民众的基本权利保障和利益实现，并且在权利保障评估的运行中始终贯彻着全过程人民民主的基本精神和理念。可以说，追求全过程人民民主和科学规范性正在成为我国地方法治评估的发展方向和行动指南。

全过程人民民主的政治话语来自习近平总书记的讲话，随即被法治评估指数建设所吸纳进来，构成了指引地方法治评估的指导性原则。习近平总书记在庆祝中国共产党成立 100 周年大会上的讲话（以下简称"七一讲话"）中强调指出，要"践行以人民为中心的发展思想，发展全过程人民民主"[1]。显而易见，习近平总书记"七一讲话"把发展"全过程人民民主"视为当前

---

〔1〕 习近平：《在庆祝中国共产党成立 100 周年大会上的讲话》（2021 年 7 月 1 日），载《人民日报》2021 年 7 月 2 日，第 2 版。

和今后一段时间中中国特色社会主义民主政治建设的一项重要任务。根据党的十一届三中全会提出的要使"民主制度化、法律化"[1]的政治主张，党的十六大报告指出，"发展社会主义民主政治，最根本的是要把坚持党的领导、人民当家作主和依法治国有机统一起来"。因此，在发展"全过程人民民主"的过程中，首要任务就是要在法治轨道上有序推进"全过程人民民主"。"人民民主是一种全过程的民主"理念是习近平总书记在 2019 年 11 月 2 日在上海长宁区虹桥街道古北市民中心考察社区治理和服务情况时首次提出的，[2]主要的政策要求是提倡在基层治理的不同环节都要贯彻民主的要求，是以人民为中心，通过加大基层治理过程中公民参与的力度，保证人民当家作主的民主权利。2021 年 10 月 13 日至 14 日举行的中央人大工作会议上，习近平总书记在重要讲话中首次全面和系统地阐述了"全过程人民民主"的机制内涵、制度要求和具体工作措施。他指出，我国全过程人民民主不仅有完整的制度程序，而且有完整的参与实践。我国全过程人民民主实现了过程民主和成果民主、程序民主和实质民主、直接民主和间接民主、人民民主和国家意志相统一，是全链条、全方位、全覆盖的民主，是最广泛、最真实、最管用的社会主义民主。我们要继续推进全过程人民民主建设，把人民当家作主具体地、现实地体现到党治国理政的政策措施上来，具体地、现实地体现到党和国家机关各个方面各个层级工作上来，具体地、现实地体现到实现人民对美好生活向往的工作上来。[3]习近平总书记关于全过程民主和发展全过程人民民主的重要论述，是对社会主义民主政治理论的重大创新，具有重要的理论价值和实践意义。因此，法治评估的开展要密切关注习近平总书记的重要论述，特别是要把全过程人民民主的核心精神有机融入法治评估的指导思想，提升我国地方法治评估的民主性和人民性。

　　法治评估的另一项重要指导原则是科学性。法治评估在理论和价值层面要体现出民主性和科学性，但是在内容和程序设计上更多地吸纳了技术性因

---

　　〔1〕《中国共产党第十一届中央委员会第三次全体会议公报》（1978 年 12 月 22 日通过），载《北京日报》1978 年 12 月 24 日，第 1 版。

　　〔2〕参见谢环驰：《习近平在上海考察时强调 深入学习贯彻党的十九届四中全会精神 提高社会主义现代化国际大都市治理能力和水平》，载《人民日报》2019 年 11 月 4 日，第 1 版。

　　〔3〕参见徐隽、王晔：《习近平在中央人大工作会议上发表重要讲话强调 坚持和完善人民代表大会制度 不断发展全过程人民民主 李克强汪洋王沪宁赵乐际韩正王岐山出席 栗战书讲话》，载《人民日报》2021 年 10 月 15 日，第 1 版。

素成分，主要是由法治评估自身的实践面向所决定的。法治建设是一项长期系统的工程，既包括相应的体制机制建设，也包含同步的法治思维和法治文化建设。因此，设计我国地方法治评估中的权利指数，首先需要从顶层设计的角度确定设计思路，寻求统一的价值导向。"法治的核心内容是权力制约与权利保障，权利指数也应当在地方法治评估指标体系中处于核心地位，与体现权利保障的指标相辅相成，和地方法治评估的其他指标共同构成有机整体，力图涵盖中国法治建设目标全貌。"[1]我们在设计我国地方法治评估中的权利指数时，首先应当从法治建设的总体目标出发进行指数框架的搭建和具体内容的设定，同时根据法治建设和法治理念的发展水平，遵循发展的一般规律，确立相对客观且具有普适性的价值尺度作为指标设定的价值标准，且能够为法治建设提供普遍的价值指引。以山东省社会整体信用评估为例，要尽量考虑到省内不同区域尤其是经济发展水平差异较大地区的信用状况，在有关指数设计上不能做到绝对统一，在评分上尽量做到有所差异，如以第一产业为主、工业基础薄弱的地区违反信用标准的较工业基础良好、经济较为发达的地区稍高一些，这样才更符合当地的一般真实情况，也是法治评估科学性的具体体现。

我国地方法治评估中权利指数设计思路可以设计为：在党的正确领导下，在国家和政府的积极推动下，在社会各界的广泛参与和共同努力下，依据我国法治建设总体目标，根据宪法和法律的相关规定，遵循自上而下的建构主义逻辑，在充分考虑我国基本国情和地区差异的基础上，寻求统一的权利价值导向和尺度，科学设定地方法治评估中的权利指数，合力推进公民基本权利保障和法治中国建设。地方法治评估中的权利指数，应当具有合宪性、合理性、科学性、可操作性等特征。

（三）法治评估的技术路线：坚持主观性与客观性相结合

就法治评估视角而言，在法治评估指标体系中存在客观指标与主观指标两种类型，与定量分析以及定性分析的区分相对应，这两种类型在数据处理方式上并不完全一致。客观指标是指可以由具体数值和统计口径予以测量的指标，主观指标反映的是评估主体的某种主观感受，其量化的常见方法是设

---

〔1〕 巢陈思、尹奎杰：《地方法治评估中权利指数的设计及应用》，载《人民论坛·学术前沿》2018 年第 14 期。

置虚拟变量予以赋值。客观指标受到信息搜集来源可行性限制，主观指标则受限于抽样方法、观感偏差等缺陷。[1]在山东省地方法治评估指标体系中，可能出现的客观指标如信访率、犯罪率、诉讼率、上诉率、结案率、调解率、辩护率等，可能出现的主观指标如司法公信力、政府公信力、公众法律信仰、司法文明指数等。显然，客观指标与主观指标都面临可行性等困境。尽管客观指标依赖于客观数据，不以研究者的主观意愿为转移，但由于与被评估的对象利益相关的客观指标未必真实可信；主观指标依赖于被访者的主观感受，但主观指标未必不可信，许多情况下主观指标经常成为矫正客观指标失真的有效手段。[2]在计算机制中，在融合量化与定性的同时，法治评估应该把客观指标与主观指标结合起来测量。

法治评估是科学评估。一般来说，评估的全称是科学评估，或意指科学评估。进一步说，评估指标必须具备科学性，即一般科学指标所具有的"明确的、可测量的、可达到的、相关的、有时间范围"等特征。为了保证评估指标的科学性，前提是评估指标设计要具备客观性。法治评估的客观性首先表现在评估指标的客观性，即客观指标。因此，在法治评估指标设计时应尽量将那些具有客观性的因素设计为评估指标，并增加其权重，同时尽量减少将那些具有主观性的因素设计为评估指标，并减少其在评估指标中的权重。如在设计"科学立法"的评估指标时，就应着眼于立法结果，即法律文本本身，这是最具客观性的评估指标，至于其他指标，诸如立法公开、公众参与等，不仅带有主观性，而且只是"科学立法"的保障，最终还要落实到法律文本上。如果法律文本本身不科学，如规定错误、文义不明、逻辑不清等，那就无"科学立法"可言。又如在设计"司法公正"的评估指标时，就应着眼于服判率、上诉率、冤假错案发生率、生效判决执行率等客观指标，至于其他指标，诸如审判独立、司法便利、司法公开、司法效率等大都是主观指标，前者更能反映司法是否公正。如果没有前者，后者往往都是主观判断；如果前者比率过高，就已客观表明司法不公正。

法治评估的客观性要求评估主体站在客观立场。人们往往片面地认为，

---

〔1〕 参见韩旭、钟凯：《地方法治量化评估若干理论与实践问题研究——以S省依法行政第三方评估为例》，载《河南大学学报（社会科学版）》2016年第2期。
〔2〕 参见朱景文：《如何开展科学的法治评估》，载《中国党政干部论坛》2016年第1期。

客观性是科学性的基础，甚至等同于科学性，科学评估即客观评估。如果包含主观因素，那么就是非科学评估，最起码有损科学评估，所以，评估要排除主观因素。这种观点不完全适用于法治评估。法学是人文社会科学，不能照搬自然科学的评估方法，追求自然科学的那种纯之又纯的客观性。法律是人的行为规范，法治关涉人的心理、情感、信仰、审美、态度、评价等，这些因素不可避免地带有主观性，很难客观化，也不必完全客观化。如山东省内由于深受儒家文化思想的影响，山东人普遍重视义气、讲求信用、待人真诚，这些都是山东人心理、态度的一般状态，即便运用现代科学手段也很难进行具体量化，这时就要适当地保存法治评估的主观性倾向，尽可能地尊重当地的风土人情和社会风貌，保证地方法治评估的客观性和真实性。但同时也要克服法治指标过于主观化的不良倾向，如以"法治江苏建设指标体系"为例，其中一级指标"法治政府建设"设定了 9 个二级指标 21 项具体评估内容，人为分配的考评权重为 18%，其中具有客观性评估的指标有 2 项，如行政机关负责人重大行政复议案件出庭率 95%以上、行政机关负责人行政诉讼出庭率 90%以上，其他 19 项均为主观性价值判断的评估指标。"法治评估的功能和属性本身，会要求在评估方法的选择和适用上张弛有度，既要充分凸显并追求其价值预设，也要预防和避免可能会出现的消极作用。"[1]法治评估指标的设计应随评估对象的不同而有所不同。法治评估指标不但不能排除主观指标，而且应该适当地增加主观指标。对原本具有不可避免的主观性的法治评估排除主观指标反而是不客观的，也是不科学的。

此外，法治评估（指标）的客观性不等于数据的客观性，或者以为数据就是客观的，因为存在"客观数据不客观"或数据造假等现象。同样，也不能认为主观指标就没有客观性，如民意测验等，虽是主观的，但也是客观的，甚至是决定性的。至于社会风气等，则既是主观的也是客观的。许多指标其实是很难主客二分的，应相互结合。缺乏客观性的法治评估是感情用事，缺乏主观性的法治评估是机械行事，两者均不能全面科学地进行法治评估。因此，正确的法治评估方法及其指标设计应是，既要有客观指标，也要有主观指标，还要有主观指标与客观指标交叉的指标，主观指标与客观指标应相互

---

〔1〕 张德森、康兰平：《迈向实证主义的中国法治评估方法论——以世界正义工程法治指数建构方法为镜鉴》，载《理论与改革》2015 年第 6 期。

结合、相得益彰。

（四）法治评估的基本要求：坚持过程与效果相结合

不同于一般性的评估活动，法治评估在具备评估活动的基本特征以外，还具有自身的典型特征，其并非完全是以良法善治、人民满意的效果追求为导向的，而更多的是一种参与民主性和结果正当性的统一体，即法治评估兼顾程序上的科学性和正当性。形式法治要求法律的明确性、统一性和普遍适用性；实质法治要求法律必须体现公平、正义、自由和尊严的要求。[1]形式正义和实质正义在法治评估活动本身都有很明显的体现，形式正义保证了法治评估的良性效果，实质正义则最大程度上保护了其开放性和共享性。

从法治评估的实施效果来看，法治评估通过规制公权力来保障私人权利，主要是通过评估数据的检测和评分来对部分权力进行有效监督，从而保证了法治建设的整体向好发展。法治建设指标体系调整机制约束性的机理，是观测评价法治建设指标体系外在实施有效性的标尺。从国际社会法治指数理论创建与实践运行中不难发现，其一般由世界银行、美国律师协会等独立于政府的第三方主体自发组织实施，[2]其观察评价的结果对于被观察评价国家和地区仅仅是一种"软性协调机制"，不具有国家强制力保障所产生的功效。中国特色法治建设指标体系，由于其在运行载体上内嵌于我国公权力机关及其职员的政绩考核指标体系，使其具有"政府系统自上而下的权威推动、全面动员、资源配置、层次管理"的特性。[3]上级权力机关按照特定的目标向下级权力机关下达指标、分解任务、量化考核，[4]通过激励与约束机制，促使地方各级权力机关自下而上保证任务贯彻执行。从这个意义上说，以政绩考核指标体系为运行载体的法治建设指标体系不仅仅包括了法治指数所意涵的

---

〔1〕　参见［丹］斯文-埃里克·斯坎宁、游腾飞：《如何测量法治》，载《学习与探索》2016 年第 2 期。

〔2〕　See D. Kaufmann, A. Kraay and P. Zoido‐Lobaton, "Aggregating Governance Indicators", World Bank Policy Research Work‐ing Paper No. 2195, p. 1 - 4（1999）. the World Justice Project，载 http://worldjusticeproject. org/rule‐of‐law‐index/，最后访问日期：2021 年 11 月 25 日。

〔3〕　参见高小平等：《中国绩效管理的实践与理论》，载《中国社会科学》2011 年第 6 期。

〔4〕　参见渠敬东等：《从总体支配到技术治理——基于中国 30 年改革经验的社会学分析》，载《中国社会科学》2009 年第 6 期。

以量化的形式判断和衡量一个国家或地区法治状况的内容，[1]其关键要素之一在于中央通过指标体系考核评价地方法治建设工作落实的状况，测度其是否通过有效作为（履行职务、优化机制、改良体制等）完成中央下达的关于法治建设的目标任务，以及具体行为在促进目标任务落实方面达成的实际效果，并依据考核结果对领导集团或个人进行肯定性评价（晋升、提资、发奖金等）或否定性评价（限期调离等）。[2]

法治建设指数指标体系作为法治建设的助推器，其观察、监测、评价、预警功能在互动协调过程中，呈现出对公权力部门在法治建设场域偏离目标现象予以矫正、调整，使之恢复既定轨道的功能。国家组织法治指数作为"软约束机制"，其提供的仅仅是国家、地区法治建设的"舆论评判"和"引导性治理建议"，其功效往往取决于被评价国家、地区特定主体的认同度及其行为取向。而且，如果被评价国家、地区对第三方主体实施评估的指标和标准存有质疑，"组织的'惰性'和较为明显的抵抗形式会一起成为评估的一种障碍"。[3]这也必然导致其直接激励矫治功能的脆弱性。这犹如一个高端军师给出的战争战略、战术等妙计，而军事家、指挥家常常忽略不计或嗤之以鼻一样，它们对于战争的错误战略、战术的矫正是难以实现的。法治建设评估指标体系作为层级机关强制力保证实施的量化评估系统，其评估过程与结果不仅仅影响社会公众认知心理，而且涉及区域、行业、部门的政绩考核、个人升迁乃至公共政策、法律制度的调适。

从法治评估实施的阶段性进程来看，法治指数评估在程序设计上应当以正当性和科学性为主要价值指引，凸显出地方法治评估的特色和优势。然而，当下我国的部分法治评估实践活动并没有严格贯彻科学性和正当性的基本程序要求，造成了法治评估的程序性偏离。从我国现行的法治指数评估来看，还没有形成规范统一的评估程序。目前的评估程序在公正性方面有所缺失，评估程序的正当性主要表现在两个方面。一是评估程序的公开性。"公开是实体公正和程序公正共同的基本标准和要求，也是实体有效、程序正当的关键，

---

〔1〕 参见鲁楠：《世界法治指数的缘起与流变》，载《环球法律评论》2014 年第 4 期。

〔2〕 参见王逸吟、靳昊：《徐汉明：以科学的指标体系助推法治建设》，载《光明日报》2014 年 11 月 6 日，第 7 版。

〔3〕 ［美］詹姆斯·E. 安德森：《公共政策制定》，谢明等译，中国人民大学出版社 2009 年版，第 194 页。

公平必须公开地，在毫无疑问地被人们所能够看得见的情况下实现。"〔1〕二是评估程序的公众参与性。公众是政策的直接作用对象，它们对政策的执行效果有着最真实最深刻的体会，因此，"尤其要重视公众满意度的测评，赋予公众参与评估的权利，保证公众参与评估的途径畅通"。〔2〕程序公开与程序的公众参与往往紧密联系在一起。但我国实践中这两个方面都做得不够。比如我国法治政府建设指标的评估，基本上采用内部评估，程序不对外公开，社会公众无法参与，更缺少公众的满意度评估。即使在余杭实施的法治指数评估中设置了9项的公众满意度评估，而且在评估指数权重中占35%，但是仍有学者质疑公众测评的准确性与科学性，"很多被调查者几乎接触不到被测评的部门或事项，很多当事人即便亲身经历相关的办事过程，也会因法律知识欠缺，难以对公权力机关是否严格依法办事作出准确判断。结果是，很多被访者只能根据主观臆想或者从媒体、他人那里得到的只言片语来判断，指望那些真正因为违法被相关机关处理的当事人不意气用事地对有关机关作出客观评价更是勉为其难"。〔3〕

面对我国部分地方法治指数评估程序不规范、不统一，特别是针对法治政府建设指标体系的评估，山东省地方法治评估可以从如下几方面来做出改进：一是实现评估程序公开，不仅将评估的过程对社会公开，而且将评估结果包括每个阶段的结果都向社会公开，防止法治指数成为政府部门的"自说自话"，失去公信力；〔4〕二是吸收更多的公众参与，即使在进行法治指数的公众满意度评估时，也要考虑不同阶层、不同职业、不同年龄、不同身份、不同知识背景等人群做调查问卷，而且调查方式尽可能多元化，如实地考察、个人访谈、网上民意调查等。不仅如此，调查问卷也尽可能具备一定的数量规模，防止数量过少不具有说服力；三是实现专家评审的专家库制度。"余杭法治指数的做法需要改善，每年选择的专家尽可能减少重复，有必要的情况

---

〔1〕　徐向华：《中国立法关系论》，浙江人民出版社1999年版，第215页。

〔2〕　吴建南、温挺挺：《政府绩效立法分析：以美国〈政府绩效与结果法案〉为例》，载《中国行政管理》2004年第9期。

〔3〕　吕艳滨：《法治评估方法重在客观直观》，载《中国社会科学报》2014年1月15日，第A07版。

〔4〕　参见江德华：《谨防"法治指数"变为"自说自话"》，载《21世纪经济报道》2008年4月8日，第3版。

下建立评审专家库，随机抽选。"[1]为克服余杭法治评估存在的问题，山东省地方法治指数评估的专家库要经常保持及时的更新与调整，在选择使用有关专家时应通过随机抽选的方式进行确定，而不是长期固定地由某些专家来评审。

三、地方法治指数评估的内容设计

"法治评估的内容是法治。在这方面的内容设计上，既要考虑中国法治建设的实践，以中国特色社会主义制度为出发点，又要考虑国际的学术传统，考虑国际法学界有较广泛共识的法治理论。"[2]近年来，通过法治指标的法治评估正在世界范围内展开。世界银行对全球治理的评估，世界正义工程关于法治指标的设计，都涉及世界上百个国家和地区的法律制度，将它们按照一定的标准指数化，评估它们在法治领域的差异。其中，世界正义工程提出的法治指标，包括9个一级指标，即有限的政府权力、没有腐败、秩序与安全、基本权利、规章执行（行政执法）、民事司法、刑事司法、非正式司法。这些指标包含了法治的一些普遍性的原则，如对公权力的限制，对人权的保护，对社会秩序的保障和公正司法等。尽管不少法治指标具有很强的普遍性，可以为山东地方法治建设提供有益经验。但是，这些指标也具有明显的西方色彩。山东省地方法治评估的开展必须立足于中国特色社会主义的法治实践，尤其是要建基于本省的法治建设状况，设计出具有中国特色和实践面向的地方法治评估模式。总体来看，中国特色的山东法治指数评估的内容应当主要从以下三方面展开。

（一）以法治体系五大要素建设情况作为指数设计基本来源

习近平总书记反复强调，社会主义法治是我们党治国理政的理论成果和实践经验的结晶，同时也是我们党实现制度之治最可靠的保障。[3]按照中国特色社会主义法治体系的思路，我国法治指标体系一般包括五个基本方面：法律规范体系、法治实施体系、法治监督体系、法治保障体系和党内法规体系。山东省地方法治评估也不例外，大体上也可以沿用国家法治评估的一般

---

〔1〕 汪全胜：《法治指数的中国引入：问题及可能进路》，载《政治与法律》2015 年第 5 期。

〔2〕 朱景文：《如何开展科学的法治评估》，载《中国党政干部论坛》2016 年第 1 期。

〔3〕 参见习近平：《论坚持全面依法治国》，中央文献出版社 2020 年版，第 272 页。

指数设计。

其中法律规范体系是反映法治体系的规范基础的指标，主要考察有法可依的程度，包括立法完备性、科学性和民主性等方面，它们是构成法律规范体系完备性的基本要素。法治实施体系是反映法治体系实际运行状况的指标，考察在法律运行的各个领域（包括行政执法、司法适用和社会治理等主要领域），法律规范是否能够高效实施。法治监督体系是对法治体系运行包括立法、执法、司法的监督，是国家权力运行不可或缺的环节，就监督对象而言，法治监督体系包括文件监督（对法律和司法解释文件的监督）、执法监督、审判监督等不同方面。法治保障体系是法治体系得以运行的保障措施，既包括政治保障，也包括人员（法官、检察官、警察、律师的数量与质量）保障、经费保障和法学教育保障等不同方面。党内法规体系虽然不是国家法律体系的组成部分，但是与法律体系有着密切的联系，作为执政党，党内法规对于法律的制定和实施起着保障作用，党内法规的完善性、执行力、党规与国法的协调性等是衡量党内法规体系的重要内容。

我们在新时代的起点上全面建设社会主义现代化国家，所面临的挑战、风险、阻力以及矛盾，都必须坚持法治、依靠法治才能有效解决[1]，才能"把制度优势、法治之力持续转化为国家治理效能"[2]。值得说明的是，按照治理体系与治理能力的思路，法治体系作为国家治理的重要组成部分，包括法治治理体系和法治治理能力两个一级指标，其中治理体系包括法律规范体系和党内法规体系，而治理能力则包括法治实施体系，法治监督体系和法治保障体系。这种结构实际上与中国特色社会主义法治体系的思路是一致的。上述对我国法治指标体系的思考，主要是从法治体系的结构来划分的。如果以法治体系的功能、所要达到的目标、法治体系是否发挥作用以及效果如何为标准考虑，则需关注法治的治理效果。评价治理效果的着眼点不在治理体系本身是否健全，治理能力是否配套，而要看滥用权力的现象是否得到有效控制，公民的基本权利是否得到保证，社会秩序与安全是否有保障，人们的法治信仰和法律权威（包括立法、执法、司法权威）的公信力是否提高，这

---

〔1〕　参见吴定海：《百年大党法治探索的主要成就》，载《深圳社会科学》2021 年第 6 期。

〔2〕　孙谦：《习近平法治思想对马克思主义法治原理的传承与发展》，载《法学研究》2021 年第 4 期。

样就可以分为权力限制、基本权利保障、秩序与安全和法治观念四个指标。

（二）以"十六字方针"为地方法治指数评估的重要依据和标准

法治指数在当今中国被赋予了重要意义，各地区不断开展的地方法治建设离不开法治评估的量化考察，法治指数成为各方政府推动法治发展的重要方式和手段。地方法治指数的评估和量化要遵循科学的标准和方式。有学者指出："通过对全国各地法治建设评价指标或考核办法的梳理、归纳与分析，比较完善的具有覆盖功能的监测数据指标的框架结构大致应该包括如下七个方面：科学民主立法、法治政府建设、公正廉洁司法、法治宣传教育、法治社会建设、法治队伍建设、法治建设保障等。"[1]本书认为，这七个方面内容固然是法治评估应当关注的重要内容，但作为地方法治指数评估而言，无疑更为核心的内容当属党的领导以及"十六字方针"评估原则。"改革开放以来，中国的官方和学者希望从一系列的链条定义法治，比如1978年提出的'有法可依、有法必依、执法必严、违法必究'；2012年提出的'科学立法、严格执法、公正司法、全民守法'等。"[2]因此，从我国法治建设情况和时代整体背景来看，山东省地方法治指数评价的内容设计上要突出中国共产党的核心领导地位，并坚持"科学立法、严格执法、公正司法、全民守法"为基本遵循有序展开。

1. 坚持党的领导

"坚持党的领导，不是一句空的口号，必须具体体现在党领导立法、保证执法、支持司法、带头守法上。"[3]党的十九大把"坚持党对一切工作的领导"，作为新时代坚持和发展中国特色社会主义基本方略的第一条，并将其写入党章。"设置坚持党的领导指数体系的目的，就在于考察各地区法治建设在党的领导下展开的具体情况。"[4]法治建设不能脱离党的领导，只有坚持党的领导，法治建设才能够有正确的方向，才不会有失公平正义，才不会背离人民群众。各级党委必须善于运用科学的管理方法和评价体系，以法治思维和

---

[1] 朱未易：《构建地方法治建设监测数据指标体系的可能、原则与途径》，载《政法论丛》2018年第5期。

[2] 朱景文：《法治的可比性及其评估》，载《法制与社会发展》2014年第5期。

[3] 习近平：《加快建设社会主义法治国家》（2014年10月23日），载《论坚持全面依法治国》，中央文献出版社2020年版，第107页。

[4] 赵盛阳：《构建地方法治指数的理论阐释》，载《学术交流》2018年第2期。

法治方法将党的领导指数体系作为重要参考依据，侧重于观察领导干部能否认真贯彻落实党的具体精神和习近平总书记的指导思想，考察公务人员是否具有较强的法治意识，司法职业人员是否德才兼备。构建党的领导指数评价体系，直接关系到我国法治建设的进程和效果。山东省法治指数评估要牢牢坚持党的领导的基本路线，紧跟党和国家时代发展动向，深入理解党的十八届六中全会精神，积极用新理论、新观点来运用到地方法治评估的具体实践中来。

2. 科学立法

设置科学立法指数体系的目的在于考察当地立法机关深入学习和贯彻"依法治国"理念的情况。"立法工作的开展，必须深入贯彻党的十八届三中全会关于全面深化改革的精神，围绕完善中国特色社会主义法律体系，加强重点领域立法，拓展人民有序参与立法途径。"[1]立法机关通过民主立法、科学立法，以结合当地实际经济、人文、社会情况为出发点，以改善当地法治化程度为着力点，切实发挥地方立法对地方社会经济发展的突出作用。在立法工作中，立法机关应当始终把坚持党的领导，维护社会主义法治统一作为根本原则，不断完善地方立法的体制机制，主动适应改革和经济社会发展需要。"科学立法就是要求以党的科学理论为指导，从国情和实际出发，自觉遵循客观规律要求，确保所立之法遵法理、合事理、通情理。科学立法既要讲质量，也要讲效率。"[2]

建立一个部门齐全、结构严谨、内部和谐、体例科学的法律体系，是法治建设的首要任务。在复杂的社会主义市场经济中，各种新鲜的事物层出不穷，相应的主体及其行为也是多种多样，为了增强法律的权威性和适时性，必须增强对立法数量和质量的双向要求。一般而言，立法工作的数量越大、质量越高，对于各种社会活动和主体活动覆盖面越广、包含性越强，那么整个法治环境完善程度也就越高。从这一点来看，立法水平与法治建设状况是呈正向相关关系。我们认为，评价山东省地方立法状况，可以从合法性、公开性、稳定性、效益、可操作、可遵守等方面予以衡量。坚持这些标准，实

〔1〕 吉林省法学会编：《吉林法治建设蓝皮书》，吉林出版集团有限责任公司 2015 年版，第 260~269 页。

〔2〕 姜伟：《全面依法治国的重点任务——习近平法治思想的学习体会》，载《法律适用》2021 年第 10 期。

际上就是从静态的法条和动态的立法过程相结合的角度评判地方立法的质量。

3. 严格执法

法律的生命力在于实施，法律的权威也在于实施。[1]"执法是把纸面上的法律变为现实生活中活的法律的关键环节。"[2]地方政府的法治工作建设需要直观的数据和评价体系，这不仅有利于政府法治工作的开展，同时是衡量该政府有效作为的依据。至此，法治政府的建设不再是纸上谈兵，依法行政也不会仅停留在政府工作报告中。将科学的法治指数评估体系和地方特点相结合，有的放矢、有依可循，使其机构建设、人员编制、力量侧重与现行法治政府建设的目标保持一致性。地方法治指数评估体系应将依法行政作为重点考察内容，要求政府全面推进依法行政，不断提高政府公信力和执行力，为保障地方社会经济发展和社会和谐稳定发挥更大的作用。

法治的要义是法律至上，公共权力尤其是行政权力的设定和运行必须受到法律的严密控制。"行政法定义的第一个含义就是它是关于控制政府权力的法。""行政法的最初目的就是要保证政府权力在法律的范围内行使，防止政府滥用权力，以保护公民。"[3]我们之所以把行政权力的执法状况作为判断地方法治建设环境的重要标准之一，根本原因就在于法治的公共权力控制精神。就执法指标的建构及其应用而言，我们应当遵循定性描述和定量分析相结合的方法。定性分析既要以定量分析为基础，也要以定量分析为补充。法治评估的执法指标体系就是要寻找和建立一个较为客观、能为人们认可与接受的衡量标准，以此来测量和评价整个国家及各个地方依法行政的状况，相对准确地把握地方推进依法行政的目标设置是否合理，推进措施是否有效。[4]为此，在山东省地方法治评估上，我们依次选用了依法行政、程序法定、行政侵权处置、国家赔偿、信访率和办结率五个具体指标，以期全面衡量地方的行政执法水平。

---

〔1〕 参见习近平：《关于〈中共中央关于全面推进依法治国若干重大问题的决定〉的说明》（2014年10月20日），载《论坚持全面依法治国》，中央文献出版社2020年版，第96页。

〔2〕 姜伟：《全面依法治国的重点任务——习近平法治思想的学习体会》，载《法律适用》2021年第10期。

〔3〕 ［英］韦德：《行政法》，徐炳等译，中国大百科全书出版社1997年版，第5页。

〔4〕 参见袁曙宏：《构建中国法治政府指标体系》，载《中国法律》2007年第1期。

4. 公正司法

设置公正司法指数体系的目的在于全面考察当地各级司法机关履行宪法、法律赋予的职责情况。"努力让人民群众在每一个司法案件中感受到公平正义"[1]，是习近平总书记为司法机关确定的工作目标。山东省近年来积极改进司法工作，作为全国司法改革的首批试点改革省份之一，在司法改革中我省取得较为显著的成效。全省各级司法机关紧紧围绕以审判为中心的改革方向开展司法工作。通过该指数体系的考察能够较为准确、客观地评价山东省近年来司法改革所获得的成果，并找到司法建设中的不足之处，对于不断推动司法改革的深入具有重要意义。地方政府针对司法建设的评估重点应落脚于人民法院贯彻"以审判为中心"的司法改革情况，确保司法权依法公正运行，强化司法当事人合法权益的保障，确保人民群众能够在司法的运行和实践中直观地体会到公平、公开、公正。从检察机关的角度而言，应重点考察检察机关打击职务犯罪，履行法律监督职能。

与执法不同，司法是中立、被动、消极地受理法律纠纷与事件的专门性过程。它必须体现法律的本质精神，因为它是社会正义的最后防线。司法公正的含义是宽泛而确定的，那就是以程序正义为基点实现法律承诺的实质性价值。司法者是最接近法律内质的幸运儿，他们以独特的行为方式、依循公正的制度要求，处理着各种各样的法律纠纷，在为人们提供权威法律救济的同时，完善和发展着既有的法律体系，实施着对法律漏洞与弊病的公正救济。司法改革主要由国家整体设计和统一推动，地方在这方面的权限相当有限。尽管如此，我们仍然把它作为评价地方法治环境的重要指标，因为地方法治环境完全可以在宪法和法律的框架内发挥独特的试验功能和示范效应。"从法治专项评估的可能性来看，可以说，司法是其核心。在世界法治指数的48个二级指标中，就有14个指标涉及民事司法和刑事司法，占了29.1%的比例。"[2]大体来看，山东省法治指数评估的指标主要包括司法官职权的独立性程度、司法公开的透明度、司法主体的素质和司法效率的高低。这些司法指标的考察和评估可以有效地反映出山东省司法事业的进步和发展，为进一步改善司

---

〔1〕 习近平：《以科学理论指导全面依法治国各项工作》（2020年11月16日），载《论坚持全面依法治国》，中央文献出版社2020年版，第5页。

〔2〕 张保生、郑飞：《世界法治指数对中国法治评估的借鉴意义》，载《法制与社会发展》2013年第6期。

法环境提供了可靠的参数依据。

5. 全民守法

设置全民守法指数体系的目的在于将法治观念和社会发展相融合。全民守法指数体系着重考察两个方面的内容，一是社会公众法治意识的提高，具体包括针对不同群体采取有针对性的法治宣传与教育方式，积极开展宣传教育工作，从而更好在人民群众中弘扬法治理念，促使人民群众依法行使权利；二是社会矛盾有效化解。地方法治指数应通过相关指数对该项工作的开展予以检验。另外，规范和提高地方法律服务水平也是法治社会不可或缺的一部分，尤其是基层法律服务直接关系到人民群众的切身利益，指数体系同样包含对地方法律服务现状的评价，由此能够精准掌握当地法律服务现状。地方政府对"法与社会发展"进行评估的目的不只是对某一具体职能进行单一的评估，而是对整个社会的法律服务体系进行系统的评估，更好地反映当地的法治建设水平。

法治不仅要求有一套良好的立法，还要求已生效的立法获得普遍的遵守。社会主义法治国家首先强调"执政党规范守法"，因为这是法治实现的关键。执掌国家权力的人如果带头违法，势必上行下效，整个社会的法治根基将因此坍塌。所以，守法的核心在于公权力受到监督、被控制。要达成普遍守法的法治目的，全面提高公民的法律素养不可或缺。"推进全民守法的关键是加大全民普法力度。采取有力措施加强法治宣传教育，让法治理念在人民群众心中生根发芽，使尊法守法成为全体人民共同追求和自觉行动。"〔1〕地方法治环境建设不仅是立法机关、政府机关、司法机关和法律工作者的任务，而且是公民共同参与的伟大事业。只有大力提高全体公民的法律素质，才能实现优化地方法治环境的建设目标。在资讯传媒发达、公民意识增强的今天，必须转变普法的基本思路，将接受普法的义务转变为公民获取法律信息的权利，与政务公开、信息自由等制度相结合，建立公民获取法律信息、提升法律素质的畅通渠道。山东省内社会公众对于法学研究和法治服务抱有很大热情，通过法律近距离、法律进乡村等活动的开展，可以有效地拉近民众与法律之间的距离，增强民众对法治的了解，也有利于地方法治评估活动的顺利进行。

---

〔1〕 姜伟：《全面依法治国的重点任务——习近平法治思想的学习体会》，载《法律适用》2021年第10期。

（三）以国家重要和地方特色等典型指标为评估针对性的特色内容构成

从国内层面来看，在国际法治评估活动的影响下，我国自21世纪开始尝试进行法治评估。尤其是党的十八届四中全会以来，我国进入全面推进依法治国的重要时期，法治建设的全面推进极大地促进了法治评估的相关研究与实践。国内法治评估就评估层次而言，主要包括国家层面的法治评估与地方层面的法治评估。其中，前者主要由学术机构主导和推动，中国人民大学法治评估研究中心、中国政法大学法治政府研究院、司法文明协同创新中心等学术机构对法治评估等理论基石、方法应用等进行深入探究，并在全国范围内开展法治评估实践；后者主要由行政机构推动和开展，北京、浙江、广东、江苏、吉林、四川等多个省、市、区都建构了本地的法治建设指标体系。山东省近年来也高度关注地方法治指数的发展动向，并积极推动尝试建构本地特色的法治指数评估模型，但总体来看地方法治评估发展步伐还略显缓慢，与发达省份相比有一定的差距。就评估内容而言，主要包括法治综合评估与法治专项评估。其中，前者是对法治建设的整体性评估，如"中国法治满意度评估""余杭法治指数""北京西城区法治建设评估"等。后者是对法治某一领域的评估，比较常见的是法治政府评估，如"中国法治政府评估""广东省依法行政考评""江苏省法治政府建设考核评价"等；其次是司法评估，如"司法文明指数""司法透明度指数"等。

我国法治指数的设计既要尊重法治探索的优秀成果，法治"作为人类文明的构成元素之一，其所表征的乃是人类共同的生活经验与生活理想，因此也就具有人类主体、世界空间与古今延续的普适性"。[1]但我国法治指数的设计也要有自己的特色，尊重我国法治应当坚持的价值观以及现实法治状况。这种情况同样适用于我国各地方法治指数的设计，各地方既要保持一定的法治指数设计的普适性，也要保持一定的地方特色，本书认为国务院关于各地方法治政府建设指标体系建设的做法比较好，先进行法治政府指标体系的顶层设计，各地方尊重其基本的法治指数设计，同时在二级与三级指标设计时保留地方的特色，既防止地方法治指数设计的随意性，缺少可比较性，同时又要考虑一些地方的实际情况，允许一些地方设计不同的法治指标，特别是

---

〔1〕 姚建宗：《法治指数设计的思想维度》，载《光明日报》2013年4月9日，第011版。

在二级与三级指标设计上的创新。在我国法治指数探索的初级阶段，更应该注重和加强在全国层面的法治指数设计的"普遍性"，我国各级政府和部门主导的法治指数设计更要避免过分强调自身"特殊性"而背离法治内涵的"普遍性"[1]。

地方法治评估是一个复杂的系统，尽管是以某个地域为研究对象展开，但通常也包括法治观念、法律制度、司法和执法组织建设、依法行政、法律教育与研究、法律宣传、法律监督、公民权利保障等众多方面的内容。而每一方面的发展变化，又由许多不同的部门从不同的角度设计指标进行描述和评价。比如社会治安状况的变化，不仅有公安机关的刑事犯罪案件的立案率和破案率、治安案件的受案率和查处率等指标来描述和评价，还有人民法院的一审刑事案件判决数、犯罪人数等，人民检察院的年批捕数、刑事公诉案件数等，司法机关的投入监狱的犯人数等，以及犯罪学理论研究用的犯罪率等指标，都可以从不同侧面描述和评价社会治安状况。而且，在各个方面的诸多评价指标之间，有的具有相似性和可替换性，有的具有不同程度的排斥性，各个指标的数据获取在时间的周期性上、统计调查方法上以及实效性上也都不尽相同。因此，针对山东省地方法治指数的评估不能只关注国家层面的官方评估，同时也要尽可能地兼顾本地的实际情况，对各个方面的所有指标变化、指标值变化都进行分析和评价，充分考虑地方特色的典型指标[2]，如万人犯罪率、企业违法失信比重、司法审判效率等各种特色的法治评估类型。这些具有代表性的地方特色法治类型同样可以为山东法治评估所吸纳和借鉴，并不断推陈出新，对相关指标和权重的设计上做出优化和改进，以便建立起一个现代技术方法可以支持的、简单易行的、具有可操作性的地方特色法治评估指标体系。

以山东法治化营商环境评估为例进行分析。以习近平同志为核心的党中央高度重视营商环境建设，并提出了一系列论述，如"法治是最好的营商环境""营商环境只有更好，没有最好"等都表明了法治营商环境建构的重要性

---

〔1〕 参见侯学宾、姚建宗：《中国法治指数设计的思想维度》，载《法律科学（西北政法大学学报）》2013 年第 5 期。

〔2〕 近年来，越来越多的地方特色法治评估受到学者关注，如有些学者在实践中尝试构建法治反腐评价指数的规范性建构、对司法指数的评估和研究、地方法治权利指数评估、"一带一路"建设的法治评估等。

和紧迫性。在营商环境得到加强的同时，重庆将构建"法治化营商环境司法评估指数体系"作为法治化营商环境司法保障的重要内容，在全国率先发布了《重庆法治化营商环境司法评估指数体系（2019）》，是全国首例就法治化营商环境司法保护专门设置的评价体系，在营商环境法治评估方面也属于全国首例。[1]山东省是我国重要的经济省份，各种工业门类齐全，第三产业发达，地理位置优越，一向是国内外投资贸易的重点区域，具备制定和实施地方法治营商环境评估的基本条件。在新时代背景下，山东省可以在借鉴国内外评估方法的基础上，并结合本省基本情况，设计出一套体现地方特色的法治营商环境指数评估模式。

《山东省营商司法环境指数体系》大体上可以由四部分构成，其中一级指标5项，包括公正裁判、平等保护、司法效率、司法便民、透明廉洁；二级指数12项，包括诉讼程序质量、实体裁判质量、强制执行力度、破产案件办理、促进公平社会环境改善、投资者保护、案件管理、解决纠纷的耗时、诉讼服务、诉源治理、司法公开、监督制约机制；三级指数26项；四级指数65项。其中，一级指数反映法治化营商环境的核心要素，二级、三级则是前一级指数可评价操作的进一步细化，第四级指数是前三级指数对应的具有可直接操作的指标，每一项都准确地体现了前三级指标的内涵，对第四级指数各项目赋予分值，满分为100分，通过一定方法计算得分，进而得出上一级指数得分，最终得出被评估法院总分。除少数特别重要的指标外，每项第四级指数均为1分，被评估法院要获得较好表现，须认真对待每一项评估指标，即认真对待每项评估指标背后所代表的当事人权利。另外，在山东省营商法治指数设计上也要重视内容创新。一级、二级指数较世界银行营商环境评价相关内容有一定补充，在第三级指数中，"构建专门的商事审判组织、推动繁简分流、实体裁判的民众认可度、产权保护、促进法治政府建设、企业公平竞争、股东诉讼便利度、与当事人沟通联络、促进完善非诉讼纠纷解决机制、推进信息技术融合创新"等内容与以往的司法评估相比系首次出现，区别于国内其他的法治评估方法。总体来看，山东省在积极贯彻国家发展战略展开评估的同时，要发挥自身的独特优势，积极展开对法治营商环境司法评估、

─────────

〔1〕　参见重庆市高级人民法院课题组：《构建科学合理的法治化营商环境司法评估指数体系》，载《人民法院报》2019年11月14日，第008版。

法治政府指数评估、县域法治指数评估等一系列独具地方特色的法治评估模式，在顺应法治评估蓬勃发展的时代背景下凸显山东地方法治评估的特色和优势。

四、小结：评估对法治的科学校准

法治的发育和成长具有渐进性和进化性的自我完成特征，法治的形式内容，诸如各类法规的制定、机构的设置等较易确立，但法治的实质要素包括公平、正义、自由等基本原则的形成则需要漫长的过程和公众意识的觉醒。[1]所以，在法治评估的建构上，我们要摒弃跳跃式的法治愿景，秉承理性和谨慎的态度，以渐进的方式不断尝试、修正，以建立健全山东省法治评估指标，完善法治评估的方法。具体而言，山东省地方法治评估对法治的修正和校准应当遵循以下三方面的基本标准。

（一）以习近平法治思想为法治评估指导思想

"党的十八大以来，习近平总书记围绕全面依法治国提出了一系列新理念新思想新战略，形成了科学系统的法治思想体系，为新时代深化依法治国实践，加快建设社会主义法治国家提供了根本遵循。"[2]这一法治思想体系在2020年11月召开的中央全面依法治国工作会议上被命名为"习近平法治思想"。习近平法治思想是建党百年来首次冠以党和国家领导人姓名的法治思想，具有鲜明的中国特色与时代特征，其主要特点大致可以表现为系统科学地阐述了党与法的关系、立足治理来建设法治体系、统筹推进党的建设与国家法治建设这三个方面。这三个主要特点之间具有紧密的内在联系：党的执政能力和领导力建设与国家法治建设因具有共同的目的即达到国家的善治而能够实现有机统一；治理理念作为达成善治所必需的理念起着连接党的建设与国家法治建设的作用；党运用法治思想和法治体系加强执政能力和领导力建设的根本目的在于通过善治的达成来巩固和加强党的领导。

思考如何全面推进依法治国，是习近平法治思想形成和发展的动因和源

---

〔1〕 参见张德森：《法治评估的实践反思与理论建构——以中国法治评估指标体系的本土化建设为进路》，载《法学评论》2016年第1期。

〔2〕 江必新：《习近平法治思想的逻辑体系与理论特征》，载《求索》2021年第2期。

泉。[1]习近平法治思想紧跟时代发展潮流，立足国家发展的战略需要，在众多方面都突出了法治建设的重要性和紧迫性，不论是立足治理提出法治体系还是积极统筹推进党的建设与国家法治建设等方面都是以法治建设这一核心领域来展开的。习近平总书记的重要论述无疑对于我国法治建设的良性展开有着至关重要的指引作用。法治指标体系具有"嵌入性"[2]的特质，其既是评价法治的机制和方法，同时又嵌入到法治进程当中，构成法治建设的一部分。"而法治本身会根据社会情境的变化而产生动态和连续的细微变化，如果法治评估长期保持静态，就可能会出现不适应法治发展需求的后果，也可能会因无法兼顾时间维度差异而产生的新问题、新情况。"[3]因此，山东省法治评估作为一种对当地法治建设起着监督和纠正功能的实施机制，在价值指引、变量设置以及规范评价等方面都要全面贯彻习近平法治思想的核心要义，积极吸纳习近平总书记关于法治论述的新思想新观念，努力克服我国其他地方法治评估过于局限和粗浅的设计弊端。

法治不仅是一种管理方式，也是一种政治理念。法治不仅有助于增强党运用法治体系依法执政的本领，也有助于增强党的政治领导本领。习近平法治思想是将法治提升到政治高度来看待的，"法治兴则国家兴，法治衰则国家乱"，这是习近平总书记基于对人类政治文明史的深刻考察和对党的执政历史经验教训的深刻总结而得出的正确结论。党主张以自我革命推动伟大的社会革命，这是党保持先进性和长期执政地位的根本手段。而无论是党的自我革命的成果还是社会革命的成果，都需要法治的保障。同时，社会的不断发展也要求党和国家要根据社会发展的新情况不断对法治思想和法治体系进行调整创新，而保持革命性有利于法治思想和法治体系的更新在时效上的及时性和在内容上的彻底性。

---

〔1〕　参见江必新、李洋：《习近平法治思想关于法治中国建设相关论述的理论建树和实践发展》，载《法学》2021 年第 9 期。

〔2〕　波兰尼将提出"嵌入性"用于解释经济活动与社会的关系，这一概念因深刻而抽象得到更广泛的应用。法治评估不能脱离法治，不能脱离法治所依赖的社会、经济关系，同时也相互作用。参见［英］卡尔·波兰尼：《大转型：我们时代的政治与经济起源》，冯钢、刘阳译，浙江人民出版社2007 年版，第 49 页、第 50 页。

〔3〕　张德淼：《法治评估的实践反思与理论建构——以中国法治评估指标体系的本土化建设为进路》，载《法学评论》2016 年第 1 期。

（二）以民主性和科学性为法治评估根本追求

法治中国建设是当下我国法治建设事业的宏伟工程，中国法治建设之所以得到蓬勃发展既是历史发展的必然，同时也是人民内心的殷切期盼。在法治论上，评价是公众的权利行为。[1]"评价法治的发展状况，是人民群众评价和监督权力运行的集中体现，是维护自身主体地位的必然要求。完备科学的法治评估的逻辑起点与评估结论根植于法治发展的人民性，即要符合人民利益、保障人民权益、满足人民需求。"[2]当然，法治建设是一个系统性工程，并不是凭空开展的，相反要遵循一定的标准和原理。民主性和科学性是法治建设的重要两端，是法治国家建设的重要标志，在立法、执法、司法、守法以及法律监督等多方面都有很明显的体现。我们以山东省立法情况予以说明。"立法权是一种国家公权力，是人民通过宪法授予的，从根本上来讲是公民权利的派生，其目的在于保证公民的权利和自由。"[3]立法权从根本上属于人民，以维护人民的利益、确认和保障人民的权利为根本宗旨，而不能以少数人的意志为依据。这就要求，立法活动的过程具有民主性，让人民通过一定的途径，有效地参与立法，在立法过程中充分表达自己的意愿。另外，现代社会瞬息万变，利益关系错综复杂，制定的法律很可能与社会发展的真实需求出现不适应、不匹配的情况。因此，法律的制定既要满足时代的现实需要，也要立足于未来社会的发展，就必须运用一定的技术和方法，突出科学立法的重要性。法治评估自身是了解、参与和检测法治建设情况的标准尺度，在原理和技术的设计上也要与法治建设保持密切联系，坚持法治评估对法治校准的科学态度和方法。

从近年来法治评估的发展演化过程来看，法治评估也正在不断纠正和克服以往过于封闭保守的情况，向着开放性和包容性的方向迈进，法治评估正在积极吸纳或考虑人民的立场，从而进行优化和改进。以"广东省法治政府建设指标体系"为例，其中二级指标"行政执法"的量化指标规定，"社会

〔1〕参见石东坡、张琪：《县域法治评估机制的演进、反思与更新》，载《浙江工业大学学报（社会科学版）》2020年第4期。

〔2〕吕艳滨：《国家治理现代化背景下的法治评估及其风险防范》，载《探索与争鸣》2021年第8期。

〔3〕何海锋：《立法要注重科学性和民主性》，载《检察日报》2013年9月24日，第03版。

公众对行政执法的满意度（满意率+基本满意率）达80%以上"，[1]社会公众满意度评价的介入会在无形中对地方法治建设造成一种压力，进而转换为地方法治建设的一种增长动力。因此，在法治评估的指导原则和内容设计上，民主性和科学性总是相伴而生、相得益彰，两者的有效融合明显增强了法治评估的总体效果，最大程度上同时保证了法治评估的广泛性和精准性。民主性和科学性既是法治评估的基本遵循，同时也是法治建设的一般要求。法治中国建设继承了我们党既往的法治建设精髓，并实现了从"依法治国"到"法治国家"的升级，蕴含着从理念到标准的全方位升华：从治理立场看，要坚持人民主体地位、以人为本；从治理主体看，明确政党、政府和社会均为治理和受治主体；从治理的价值追求看，侧重实质平等、实质正义；从治理依据看，强调良法善治；从治理的标准看，要实现治理体系和治理能力的现代化；从治理的重点看，要达到"十六字方针"要求，即"科学立法、严格执法、公正司法、全民守法"。同时，法治中国也是法治国家建设的中国版。在法治中国建设的过程中，要坚持走中国特色社会主义法治道路，这既要遵循法治建设的普遍规律和基本要求，同时又有当代中国法治建设的特殊任务和体现形式。从法治建设的基本理念和具体内容来看，法治建设始终坚持民主性和科学性的基本方向，同时这也是对法治中国建设的内在要求和基本逻辑。

近年来，随着地方经济发展的不断好转和经济发展转型的现实需要，县域法治指数评估受到了国内各地政府的重视，逐渐成为法治评估新的发展亮点。早在2007年，杭州市余杭区就率先开启县域法治量化评估实践。在评估指标体系和评估机制上，包括"1（一个指数）4（四个层次的评估指标）9（九项满意度问卷调查）"。[2]随后，四川省、湖北省、北京市、安徽省等地纷纷开展县域地方法治评估。山东省拥有众多市县，同样也具备开展法治评估的基础条件。山东全省共有17个地级市、49个市辖区、31个县级市、60个县，山东省内不少市县的经济活力和发展潜力都很强，一些地区的发展有

---

〔1〕《广东省法治政府建设指标体系（试行）》，广东省人民政府令第184号，载 https://www.pkulaw.com/lar/5ce4454786869dled8dlf21572aba6babdfb.html，最后访问日期：2023年7月12日。

〔2〕参见石东坡、张琪：《县域法治评估机制的演进、反思与更新》，载《浙江工业大学学报（社会科学版）》2020年第4期。

待加强。可以通过制定"山东省市县政府依法行政评估指标"来探索建立本省的县域法治建设评估指标。那么在制定法治评估的过程中如何体现科学性和民主性？该体系主要从党的集中统一领导、宪法法律实施、地方立法质量、法治政府、公正司法、法治社会、法治监督与保障等7个方面制定7个一级指标、18个二级指标和73个三级指标，并针对指标设置相应的观测点。在73个三级指标对应的144个观测点中，有22个需要进行社会满意度调查。在山东省县域法治评估的过程中，通过三级指标层层递进的科学途径来展开，从宏观到微观来设计规范法治评估类型。但是，在追求科学的同时，民主性也有很多表现，如重视法治监督与保障建设、进行社会满意度调查等都有所反映。

（三）是对既有法治的评价，也是对未来法治的校准和指引

法治指标具有认知功能；法治指标作为一种测量尺度，能够准确地描述、反映、比较和评价法律现象及其发展与变迁的规律。[1]《中共中央关于全面深化改革若干重大问题的决定》提出，要建立科学的法治建设指标体系和考核标准。对地方法治发展进行科学客观的评估是推动国家治理体系和治理能力现代化的重要方面，但地方法治评估无疑是全面依法治国进程中的相对新兴的领域，既要立足当下，对山东省已经取得的法治建设情况和基本成就进行科学评估，为现有法治建设提供可借鉴的改进方案和建议。同时更要针对山东省法治建设已经发现的问题和可能存在的风险，应当从理念、方法和制度设计上等方面来探索未来进路，为未来地方法治的发展提供明确的指引，助力我国地方法治事业的发展和繁荣。

首先，应当鼓励科研院所作为独立第三方机构开展法治评估。"第三方机构开展评估具有较多优势。其相对独立于被评估者，容易发现被评估的公权力机关在法治建设中的亮点和问题；其从公共视角而非公权力机关视角观察法治运行情况，有助于公权力机关与民众之间建立一定的沟通机制，既可以改变公权力机关自说自话的状态，又可以借助专业力量避免一般公众直接评价时的过度感性化和评价指向不精准的问题。"[2]同时，评估机构应具有相应的专业性、规范性和公开性。其应当具备与开展法治评估相匹配的专业知识，包括评估能力和理论水平；应当确保其获得数据的客观公正性，具有足够的

---

〔1〕 参见冉井富：《论法律指标的认知功能及其局限性》，载《汕头大学学报》1999 年第 2 期。

〔2〕 吕艳滨：《国家治理现代化背景下的法治评估及其风险防范》，载《探索与争鸣》2021 年第 8 期。

抗干扰能力；应当在不泄露相关秘密事项的前提下，公开其评估的指标、方法、结论以及印证结论的数据，确保评估结构可回溯、可验证，接受社会对评估结论的评议和监督。确保评估结果的客观公正主要依靠评估指标设计的科学性、评估方法的客观性、评估结果的公开性和可验证性，所以还应当加大对法治评估理论研究的支持力度，探索形成法治评估的理论体系、学科评议自律规则等。

其次，探索构建科学的评价指标体系。法治评估指标体系就像考试题，为了确保既能反映实际情况，又能发挥法治评估引领和指导作用，必须遵循以下原则：第一，依法设定指标。对于公权力机关而言，法有明文方可为、法无明文不可为。是否落实了"法治"要求，首先就要观察被评估者是否依法办事，因此，评估指标等设定必须有"法"的依据，即从法律、法规、各种文件中寻找指标设计的依据。第二，突出评估重点。应秉持问题导向，根据全面依法治国的重要任务和当前发展中群众关系的主要问题等，选取评估的重点，分批次纳入评估指标，逐步推进。第三，注重引导法治发展。目前，很多法律法规对于法治所提出的要求往往刚性不足、不够具体明确，甚至只是倡导性的，其立法时主要考虑的是全国发展不均衡，难以一步到位，故采取了较为柔性的方法。[1]对此，要利用评估加以引导和改进。第四，注重评估指标之间的逻辑关系。尽可能避免孤立使用某一方面的指标和数据来评价某些领域的法治发展，更将其与相关指标进行系统分析，通过相互关联、印证来全面准确地分析法治发展情况。第五，建立法治评估指标的动态调整机制。根据法治评估结果、法治发展状况，及时调整法治评估指标设置、权重分配等，使其始终适配法治发展的新形势、新要求。

最后，采取客观评价为主、主观评价为辅的方法。评价法治发展应尽可能依赖于官方生成及评估机构自行采集的客观数据，以确保评估结果的客观、直观和精准。[2]尤其是在信息化和技术化飞速发展的时代背景下，山东省要

---

〔1〕　如《重大行政决策程序暂行条例》（中华人民共和国国务院令第713号）规定各级政府可以制作决策事项目录，又规定决策草案公开征集意见一般要预留30日的时间。对于这些弹性的规定，判定相关政府机关是否违法时可以适用较低标准，但在评估时则应当按照最高标准，鼓励做得好的，也引导做得差的迎头赶上。

〔2〕　参见吕艳滨：《国家治理现代化背景下的法治评估及其风险防范》，载《探索与争鸣》2021年第8期。

充分利用本省在全面推进政务公开和数据共享的突出优势，进一步扩大人大、政府、司法机关等业务信息和数据公开的范围和提升公开的质量。同时，配合山东各地智慧城市建设，逐步形成评估数据与各部门业务数据的有效对接共享，推动政府数据、司法数据的实时生成和有序共享。对主观评价则应当规范问卷设计、严格抽样范围，尤其是问卷要尽可能从简单询问满意度等主观态度改为询问群众与公权力机关接触中的客观情况，如法院是否依法办理相关手续等。

外国人永久居留问题的
立法考量与指导原则

本章提要： 公众对《中华人民共和国外国人永久居留管理条例（征求意见稿）》（以下简称《外国人永居条例（征求意见稿）》）的意见主要集中于该条例规定的合理性层面。从立法学视角看，立法位阶和立法形式才是该条例的真正问题所在。该条例规范的授予外国人永居权、永居外国人外汇汇付权利和纳税义务等多方面内容涉及"法律保留"问题，原则上应制定法律；即使因情势所需暂时只能制定行政条例，所涉"法律保留"的规范内容也应当经过全国人大的"法条授权"，以往的"空白授权"则因多个形式要件的缺乏而备受批评。因而，在充分考察国情民意的基础上，在坚持包括"法律保留"在内的诸立法原则的前提下，尽快制定出台规范外国人永居问题的法律，才是外国人永居问题立法的正确且长远的选择。

2020 年中华人民共和国司法部公布了《外国人永居条例（征求意见稿）》，其目的在于广泛征求社会大众和专业人士的意见建议，积极推动外国人永久居留制度的改革，"这一制度在服务国家人才战略方面发挥了重要作用，但也存在着申请条件不尽合理、签发对象偏窄、待遇落实不到位等问题"。[1]该条例（征求意见稿）公布后，在社会上和网络上都引起了强烈反响，公众意见主要集中于外国人永居问题的立法形式问题，以及包括申请资格和条件、国民待遇和管理机制等方面在内的实质问题。对于这些问题，应

---

〔1〕 张展新：《中国"绿卡"的资格待遇问题：以本国公民社会权利演进为视角的分析》，载《华侨华人历史研究》2019 年第 1 期。

做出法律技术的分析和原则与策略的厘定，以助益于外国人永居制度的健全与完善。

一、外国人永居条例与"法律保留"原则的冲突

从司法部这次就外国人永久居留问题发布的征求意见稿的规范形式看，它所采用的是"行政条例"这一立法形式，这就意味着，征求意见结束后向全国人大提交并获得通过的立法形式基本上已经定型：虽然它以司法部的名义面向全国公众征求意见，但终将会以国务院行政立法的位阶和"行政条例"的形式进入国家法律体系。就此而言，我们可以根据这一既定的立法形式去判断它应当具有的实质内容的界限，即"行政法规"作为以法律为上位法并且肩负细化和执行法律之任务的规范形式，它就必须严格遵守"法律保留"这一强制性宪法规范并以之为基本的立法原则。应松年先生曾经指出："立法法"有一个非常重要的功能就是要为人大及其常委会与其他机关尤其是政府部门的立法权限划清界限，即法律只能由全国人大及其常委会制定，其他部门包括国务院、各部委、地方人大都不能制定，这样一项专门的权力是宪法保留给全国人大及其常委会的"专属立法权"，这就是所谓的"法律保留"原则。[1]可以说，"法律保留"原则是鉴别具有某种实体内容的法律规范应当属于法律还是其他立法形式的确定的合法性标准。对于外国人永久居留条例这种与广大民众利益关系巨大且引起广泛强烈社会反响的立法事项，必须特别关注其在立法形式方面的合法性问题。

《中华人民共和国立法法》（以下简称《立法法》）第 11 条明确规定了"法律保留"的 11 种情形：凡是涉及国家主权的事项、各级人民代表大会和"一府一委两院"的产生、组织和职权事项、民族区域自治制度、特别行政区制度和基层群众自治制度、犯罪和刑罚、限制公民人身自由的强制措施、对非国有财产的征收、民事基本制度、基本经济制度，以及财政、税收、海关、金融和外贸的基本制度和诉讼、仲裁制度，以及其他应由全国人大及其常委会制定法律的事项，都属于全国人大及其常委会专属立法权的保留范围。这种由立法法专门设定的全国人大及其常委会专属立法权的"法律保留"原则

---

〔1〕参见应松年：《制定规范需确保"法律保留"和"法律优先"》，载微信公众号"法学中国"，最后访问日期：2020 年 3 月 26 日。

意味着，"对属于特定国家机关专属立法权限的事项，其他任何机关非经授权，不得进行立法；如果其他机关未经授权又认为必须立法，也只能向专属立法权机关提出立法的动议，而不得自行立法"。[1]应当说，全国人大及其常委会专属立法权的"法律保留"原则，从实体内容上为我们提供了一个准确全面的检测某种立法形式是否具有合法性问题的正式标准。按照《立法法》这一规定，就本文将予评价的《外国人永居条例（征求意见稿）》的实体内容来看，它在如下几个方面"触碰"到了"法律保留"原则：

（一）外国人永久居留权授予与"法律保留"的冲突

《外国人永居条例（征求意见稿）》的立法目的和实体内容的核心都是要授予某些"外国人"以中国法定永久居留者的身份和权利，即通俗所讲的"绿卡"持有者身份。这种永久居留身份，虽然还称不上中国公民身份或资格，但它赋予获得永久居留权的外国人与中国公民在诸多方面平等的"国民待遇"："将永久居留外国人纳入常住人口管理服务体系。"这意味着，中国公民享有的职称评审、职业资格考试、政府奖项评选、购买自用和自住商品住房、交存和使用住房公积金、参加社会保险、城乡居民基本医疗保险和基本养老保险、子女接受义务教育等众多基本待遇与经济社会福利，永居外国人都可以平等地享有。早在2012年，中组部、人社部、公安部等25个部门联合发布的《外国人在中国永久居留享有相关待遇的办法》第1条规定，持有中国"绿卡"的外籍人员除政治权利和法律法规规定不可享有的特定权利和义务外，原则上和中国公民享有相同权利，承担相同义务。[2]此次制定外国人永居条例仍然延续了这一制度内容。这种除基本政治权利之外几乎全面享有中国国民待遇的法律地位，可以说已经近乎一个主权国家所能给予一个外来加入者的极致了。以致有学者指出："他们不仅获得了出入境便利和永久居住资格，在工作、生活等领域也得到了与目的地国公民相同或接近的权利，或者说准公民权待遇。"[3]这种授予外国人永居权的权利，当然是国家主权基

---

〔1〕　乔晓阳主编：《〈中华人民共和国立法法〉导读与释义》，中国民主法制出版社2015年版，第72页。

〔2〕　参见刘祖华：《〈外国人在中国永久居留享有相关待遇的办法〉政策问答》，载《中国组织人事报》2012年12月12日，第03版。

〔3〕　张展新：《中国"绿卡"的资格待遇问题：以本国公民社会权利演进为视角的分析》，载《华侨华人历史研究》2019年第1期。

本内容的重要组成部分。而永居外国人根据此一条例所获得的众多权利，已然包含了除政治权利之外的多项"公民基本权利"，因而该条例的出台必然会触及"法律保留"原则。《立法法》有关国家主权的法律保留事项，根据权威的解释，其中就包括中国公民出入境和外国公民入出境制度。对于外国公民入出境制度，我国专门制定了《中华人民共和国出境入境管理法》（以下简称《出境入境管理法》），而外国人永居权规范内容则属于该法的一部分，该法第四章对外国人居留问题作出了基本规定，从立法实践层面证明了外国人永居权问题应属于"法律保留"中列举的国家主权事项的范畴。

但问题就在于，当前正在进行的立法活动却将外国人永居权问题的立法置于出入境管理法的下位法层面，仅仅以行政条例的层次面世。从根本上讲，这种立法层次的处理方式是非常不适当的，因为外国人入出境问题与外国人永居权问题是同一层面的问题，且后者的重要性和产生的影响应当远高于前者。基于上述考量，既然外国人入出境问题的立法层次是法律，则关于外国人永居权问题的制度规范也应当是由全国人大或其常委会制定法律。对比一下国外立法经验可知，美国的移民法体系主要由《移民与国际法修正案》《1990 年移民法》《2002 家庭保荐移民法案》等法律和若干联邦政府法规、法院司法解释和行政规范性法律文件组成，但核心是几部重要的法律。而中国关于外国人永居权问题的立法形式，除了出入境管理法的几条规定之外，占主导地位的则是 2013 年至今的 6 部由行政条例、部门规章和行政规范性文件构成的较低位阶的规范形式。可见，我国移民法体系存在严重不足之处，主要是"法律体系不健全"，具体表现："我国与永久居留有关的规定散落于多个不同的法律文件中，以行政法规、部门规章居多，且立法着眼点多在于审批、就业、医疗等个别问题上，法律位阶低，法律之间、部门之间的衔接不够紧密，在制度上未形成体系。"[1] 因而，从"法律保留"之主权事项、立法形式的平衡性以及完善我国移民法体系、提高效力与权威的视角看，对外国人永久居问题的规范都应当采取法律这一立法形式。同时，"法律保留本身就蕴含了鼓励乃至催促代议机关积极立法的制度取向"，[2] 立法机关应当积极

---

〔1〕 孙郝蕾：《中美外国人永久居留制度比较研究》，载《政法学刊》2019 年第 3 期。

〔2〕 孙展望：《法律保留、法治与复杂社会——中国语境下的法律保留之法治逻辑探究》，载《政治与法律》2011 年第 7 期。

纠正立法形式不当的问题，尽快启动外国人永居问题的法律制定工作，任由行政部门以"行政条例"形式越俎代庖的做法，其不适当性是显而易见的。

（二）永居外国人兑换外汇权利与"法律保留"的冲突

《外国人永居条例（征求意见稿）》赋予永居外国人对在中国取得的收入"可以按照规定兑换外汇汇往境外"的权利，已然涉及国家的外汇管理权和基本金融制度，而这些方面都与立法法"法律保留"的规定密切相关。《立法法》第 11 条之所以将"基本经济制度以及财政、海关、金融和外贸的基本制度"列入法律保留的范围，原因在于金融基本制度之于一国经济制度和经济社会生活秩序构造的重要性："对金融活动的统一和有效管理，是巩固以公有制为基础的社会主义经济制度，落实国家的经济政策，协调经济发展，保持社会稳定，改善人民生活和促进对外金融交往的重要保证。因此，有关金融基本制度的事项应当由国家统一立法。"[1]《外国人永居条例（征求意见稿）》赋予永居外国人对在中国取得的收入"兑换外汇汇往境外"的权利，包含了两个重要的语义要点："兑换外汇汇往境外"的权利、"国民待遇"问题及其法律位阶。

其一，它意味着，永居外国人在"兑换外汇汇往境外"这一个人外汇汇付制度方面，获得了与中国公民同等的"国民待遇"，甚至有过之而无不及。我们知道，按照《中华人民共和国个人外汇管理办法实施细则》（以下简称《个人外汇管理办法实施细则》）第 2 条第 1 款的规定，"对个人结汇和境内个人购汇实行年度总额管理。年度总额分别为每人每年等值 5 万美元。国家外汇管理局可根据国际收支状况，对年度总额进行调整"。中国公民凭借有效身份证每年享有 5 万美元个人结汇和境内个人购汇额度，一旦外国人永居条例生效，则永居外国人凭"外国人永久居留身份证"就同样拥有这一权利，而个人外汇汇付权利无疑是一国公民重要的金融经济权利之一。对于这类权利授予的规定，特别是在涉及"永居外国人"这一特殊权利主体时，应当极其慎重并注意维护本国公民的权利公平，因为按照《个人外汇管理办法实施细则》中国公民每年的外汇汇付额度是受到严格限制的，而永居条例却没有对外国人外汇汇付的额度做出限制，现行《个人外汇管理办法实施细则》也

---

〔1〕　乔晓阳主编：《〈中华人民共和国立法法〉导读与释义》，中国民主法制出版社 2015 年版，第 85 页。

没有对永居外国人个人外汇额度的相关规定，这不仅对中国公民意味着不公平，还容易造成金融外汇管理的漏洞，为抽逃外汇和国际洗钱等违法犯罪行为留下法律漏洞，因而有必要以较高位阶的法律形式予以规范，以确保本国公民与永居外国人享有同等的个人外汇汇付权利并提升相关金融立法的效力等级和公信力。

其二，从规范个人外汇汇付权利的法律体系的层级来看，中国规范个人外汇跨境汇款制度由《中华人民共和国外汇管理条例》（以下简称《外汇管理条例》）、《个人外汇管理办法》、《个人外汇管理办法实施细则》以及《个人财产对外转移售付汇管理暂行办法》等法律文件组成，按照经济法学者的看法，"我国形成了以《外汇管理条例》为基本立法，以众多部门规章和规范性法律文件为实施细则的外汇管理法律制度框架体系"。[1]但总体看来，这些法律文件的位阶实在太低了，最高位阶的文件也不过是一个行政条例，其他三个竟然都是部门规章，外汇管理制度因而被业界戏称为"位卑权重"。这种制度现实，与国家金融基本制度应由全国人大及其常委会制定法律的"法律保留"原则精神实在相去太远。有学者指出，《外汇管理条例》作为国务院颁布的行政法规，相较于其他通过人大立法的金融法律体系而言，立法层级较低，而其他主体金融法律体系（银行、保险、证券、信托等）都有至少一部法律层级的规范，如《中华人民共和国商业银行法》（2015 修正）、《中华人民共和国证券法》（2019 修正）、《中华人民共和国社会保险法》（2018 修正）、《中华人民共和国信托法》、《中华人民共和国反洗钱法》等；同时，从国际上看，不少国家也都有专门的外汇管理的上位法，连韩国、吉尔吉斯斯坦、老挝、马其顿、摩尔多瓦、蒙古国等规模不大的国家都制定了相关法律，以彰显国家对外汇金融法律制度的重视。[2]由于我国涉及外汇管理的相关立法层级不够高，在实践中《外汇管理条例》可能因层级低而在法规冲突中处于不利地位。在美国、日本、俄罗斯、印度等国家，个人外汇汇付管理方面的规范都属于由国家最高立法机关制定的统一外汇法，而长期以来我国的《外

<hr/>

〔1〕李婧：《我国外汇管理法律制度的完善——基于对人民币国际化的推进》，载《经济法论丛》2018 年第 2 期。

〔2〕参见国家外汇管理局"一带一路"国家外汇管理政策研究小组编译：《"一带一路"国家外汇管理政策概览（2018）》，载 http://www.safe.gov.cn/safe/2019/0422/13029.html，最后访问日期：2020 年 3 月 27 日。

汇管理条例》仅仅是政府制定的行政法规，法律层级和权威性显然都不够高。

有学者系统总结了现行外汇管理法规体系的几个主要弊端：其一，包括个人外汇汇付业务在内的整个外汇管理，由于缺乏相应的法律层面的规范，只能依靠中国人民银行和国家外汇管理局等各专业部门制定的规章和规范性文件来规范，而这些法规文件又存在理念陈旧、规则滞后、内容单一的问题，严重拖拽了国家金融管理体制的进步和良性金融秩序的形成。其二，国家对包括个人外汇汇付在内的外汇管理是一个复杂的体系，需要完善系统的专门法律制度的相互搭配。而完善配套体系中"法律"的缺失，必然严重影响外汇金融规范体系的形成，"由于外汇法及配套法律的缺位相关部门需要针对当下出现的各种问题不断发布'通知'、'办法'"或'意见'等来补缺补漏。这些'通知'、'办法'"或'意见'临时性较强，随着问题的解决和时间的推移，内容容易滞后，从而造成我国外汇管理政策的频繁更迭，严重损害了我国外汇管理法律体系的严肃性和稳定性。……数量繁多的文件相互之间错综复杂，不能构成一个自洽的体系，降低了法律的透明度"。[1]其三，完善配套的金融法律体系的缺失，特别是上位法的低位与低效，其后果必然是使得现行外汇管理存在不少的矛盾和漏洞，不仅在国内难以契合于其他金融制度，而且与国际金融管理惯例不易接轨，因而外汇管理过程失范难免、成本加大，持续影响国家金融安全并限制着国家金融经济法治秩序的建构。可见，现行有关规定个人外汇汇付权利义务的法律规范体系明显不能适应金融经济秩序的构建和保障权利公平、促进经济发展以及对外竞争的需要；同时，基于"法律保留"原则、立法层级的合理性、金融法律体系的完善性和良性金融秩序建构等多方面的考量，赋予永居外国人外汇汇付权利义务的内容，都应当制定法律而不是行政法规。

（三）永居外国人的纳税义务与"法律保留"的冲突

《外国人永居条例（征求意见稿）》在两个方面规定了永居外国人的纳税义务：一是在第37条规定，"永居外国人自入境之日起，居留时间不满两年，又出境定居的，其免税携运入境的安家物品应复运出境或者向海关补税"；二是第39条规定，"永久居留外国人按照中国税收法律法规以及中国对外缔结的有

---

[1] 李婧：《我国外汇管理法律制度的完善——基于对人民币国际化的推进》，载《经济法论丛》2018年第2期。

关税收的国际条约、协定的有关规定，履行相应的纳税义务"。向"居民"征税（将永久居留外国人纳入常住人口管理服务体系，事实上已与"居民"无异），正是一项事关主权国家"社会提取能力"的重要事务，也是立法法规定的"法律保留"的重要立法事项。如此重要的立法内容，由一个行政条例作出规定，显然立法位阶过低，权威性大打折扣。特别是，"按照中国税收法律法规以及中国对外缔结的有关税收的国际条约、协定的有关规定"这一表述，既不能预先消解掉这些法律法规、国际条约、协定之间的可能冲突，也无法做到通过国内立法的形式使国际条约、协定中有关永居外国人纳税的规定产生国内实效，因为它本质上不过是一个"空白规范"。基于以上存在的问题，立法者本应通过较为详细系统的立法彻底解决诸种法律形式规定可能存在冲突、立法位阶不高、国际条约和协定的国内法转化等一系列问题，但这些问题在《外国人永居条例（征求意见稿）》中，被以"按照……有关规定"的形式遮蔽掉了。

如果将其跟国外相关立法对比，会发现更多问题。举其要者，国外法律多会规定政府对永居外国人"全球征税"的权力，如美国就对拥有美国国籍和持有美国"绿卡"的人实施全球征税，即对这些"美国居民"个人拥有的资产的增量部分在全球范围内征税，而不管该资产增量是否在美国境内产生。与全球征税相配套的具有法律效力的举措是，美国最高法院曾通过裁判认定居住在国外但在美国工作的永久居民均保留其永久居留资格。[1]这也就是说，只要成为美国的永久居民，无论是否在美国工作、投资，是否在美国居住，均需要被征税，这就极大地提高了政府的社会提取能力。"全球征税"是一个国家的主权权力的构成部分并具有明显的"外显性"，与"国内征税"相比，尤其彰显一个主权国家的权力和国际声威。目前，包括美国、加拿大、澳大利亚在内的100多个国家都实施了"全球征税"政策，截至2018年，已有53个国家加入 CRS 全球征税清单系统。按照全国人民代表大会常务委员会关于修改《中华人民共和国个人所得税法》（以下简称《个人所得税法》）的决定，自2019年1月1日起，中国开启全球征税行动，也就是说，凡在中国境内拥有固定居所，或者无固定居所但是一年累计境内居住满183天（半年以上）的个人，无论其是否中国公民，都被定义为中国的"税务居民"；而

---

〔1〕 See Austin T. Fragomen, Jr, "Permanent Resident Status Redefined", *The International Migration Review*, Vol. 9, No. 1. , 1975, pp. 63–68.

"中国税务居民"在全球范围取得的收入，都应向中国缴纳个人所得税。[1]"全球收入"包括在境内和境外取得的劳动报酬、投资回报，也包括存款利息、股息，以及出租出售物业等收入。[2]作为规范永居外国人权利义务的专门法规，《外国人永居条例（征求意见稿）》应当在永居外国人"全球征税"方面作出与 2018 年修正的《个人所得税法》一致但更详细的规定；当然，即便如此，行政条例的立法形式之于"全球征税"这种关涉国家主权和法律域外效力的重大事项而言，实在显得位阶过低、权威性不够，其实效性亦必受掣肘。根本解决之道，还是尽快上升到全国人大立法层面，否则不足以彰显其效力和重要性。

二、外国人永居条例中的"授权立法"问题

一部规范永居外国人的好的法规，在对诸如涉及外汇汇付权利和税收义务等"法律保留"领域的事项和问题作出规范时，不仅不应当遗漏诸如"全球征税"这样的重要问题，若相关规定相比旧法有所创新和拓展，还应当获得全国人大或其常委会的授权。如前已述，永居外国人的外汇汇付权利、对永居外国人征税特别是"全球征税"，都涉及国家主权与基本权利的问题，因而要制定相关行政条例，"法律保留"和"授权立法"就是不可回避的重要问题。在这里必须指出的是，一般情况下人们往往将税收授权立法理解为"税收专门授权立法"，也就是在开征新的税种或出台新税法时，全国人大常委会应当预先作出授权国务院制定税收行政法规的决定。事实上，"税收专门授权立法"只是税收授权立法较少运用的非主导性授权形式，在此之外，还有一种更为常见和方便的税收授权立法形式——"税收法条授权立法"，它是指"立法主体在其所制定的法律文件中，以法条形式授予其他主体制定税收规范性法律文件的授权立法。这种方式主要针对具体问题的个别事项，授权内容一般是某些具体税种的课税要素的变动。这种形式的授权立法比专门授权立法更为常见、广泛"。[3]永居外国人"全球纳税"问题显然属于"具体

---

〔1〕　参见刘天永：《直面 CRS 全球征税时代》，载《中国外汇》2017 年第 4 期。

〔2〕　参见《"税务居民"也要纳税！全球征税将于 2019 年 1 月 1 日开始》，载 https://m.sohu.com/a/279229336_100095661，最后访问日期：2010 年 3 月 24 日。

〔3〕　刘继虎：《〈立法法〉修改背景下我国税收授权立法制度的改革》，载《湖湘论坛》2016 年第 2 期。

税种的课税要素的变动"的范畴，即属于个人所得税等税种的纳税主体与征税地域要素的变动，因而对其制定行政条例应当以获得全国人大的"税收法条授权"为前提。从我国的税收授权立法历程可知，全国人大曾经在1984年和1985年两次授权国务院制定有关税收的行政条例，1984年出台的《全国人民代表大会常务委员会关于授权国务院改革工商税制发布有关税收条例草案试行的决定》已于2006年6月废止，迄今仍然有效的是1985年的《全国人民代表大会关于授权国务院在经济体制改革和对外开放方面可以制定暂行的规定或者条例的决定》。但很显然，全国人大1985年作出的这个授权决定，在今天看来，存在着授权领域过宽、授权权力和时限缺乏限制等一系列问题，并容易产生诸多不良制度后果。

按照学者的分析，全国人大1984年和1985年的两次授权立法属于典型"空白授权"，全国人大虽然对授权理由和目的做出了说明，却"未对授权内容、权限范围、时间进行严格的把控，导致国务院自那以后拥有了过大的税收立法权，甚至进行毫无限制地创设税种。立法机关无法对行政机关的税收立法进行有效的监督和把控，越发偏离税收法定主义的轨道"[1]对于这种起因于代议机关授权决定存在的瑕疵引致的税收立法权转移并由行政权力主导的问题，有学者称为"代议机关失职导致税收授权立法主导"[2]。税收法定原则作为世界各国公认的法治原则，它意味着税收授权立法只能是代议机关暂时性和例外性迫不得已的选择，而决不能将税收立法权的转移和放任视为常态。即便基于社会情势的需要不得已而作出授权立法的决定，也必须对被授权的行政机关和立法事项依法作出严格限制，包括对被授权主体、授权事项、授权效力、授权目的、授权期限、转授权禁止、监督方式、法律责任等重要事项作出明确限制或规范，并应详细阐明授权立法的背景和理由。否则，主要税收立法者就成了行政机关，而不再是代表人民主权的代议机关。因而，除非有法定标准的限制，否则代议机关不能对行政机关作出任何立法性授权。[3]由此可见，税收授权立法必须遵循立法授权的明确性原则，通过否定式和肯定式两种界定方式，排除那些明显不符合明确性要求的授权立法决定，或者通过明

---

[1] 刘继虎：《〈立法法〉修改背景下我国税收授权立法制度的改革》，载《湖湘论坛》2016年第2期。

[2] 彭礼堂：《中国税收授权立法：从严重越位到严格禁止》，载《经济法论丛》2017年第2期。

[3] 参见[美]伯纳德·施瓦茨：《行政法》，徐炳译，群众出版社1986年版，第33页。

确授权立法的目的、内容、范围、期限等要素，将授权立法控制在必要的合法限度之内。[1]在税收问题上，"空白授权"的制度后果是极其严重的，有学者对此进行了精当概括："空白授权"会导致行政权力的过度膨胀，形成自己立法、自己征管、自己受益、自我监督的封闭怪圈，并对企业和公民的财产权利造成严重威胁；侵蚀权力机关的立法权，进一步削弱权力机关的权威，造成立法监督的虚设；由于"空白授权"没有能够对获得授权的行政机关向其他机关的立法转授权进行限制，将进一步造成更多行政机关的权力扩张和监督失控，同时也进一步降低了相关立法的位阶和效力，更加与税收法定原则背道而驰。[2]其必然的逻辑结果就是："授权立法使公民基本权利不仅面临法律的威胁，而且更多地受到法律以外的次级规范的威胁。"[3]

既然，"现行宪法事实上体现了法律绝对保留原则的精神，划定了立法机关转移立法职权的边界"。[4]那么，对于诸如永居外国人纳税问题等应当制定法律予以规范的领域，除非立法条件确实不够成熟，否则尽量不要进行授权立法。在暂不适合进行专门税收立法之时，如果坚持先制定行政条例后立法的策略，至少也要通过"税收法条授权立法"的形式制定好规范外国人永居管理条例的税收法条。事实上，全国人大已然认识到税收授权立法存在的问题："从实际效果看，国务院根据授权制定税收条例，对我国基本形成多税种、多环节、多层次的税收体系发挥了重要作用；但与此同时，这一税收制度架构与税收法定原则有相当大的差距，也不符合法治精神，其缺陷和负面影响日益显现。"因而，"落实税收法定原则"，"加快税收立法进程，将现行税收条例上升为法律的时机已经成熟"。[5]本书认为，既然全国人大认为做出改变的时机已经成熟，则从更能彰显国家主权权威的永居外国人管理立法开始，认真落实税收法定原则，不啻一个在好的时机做出的好的选择。

---

[1]　参见柳砚涛、刘宏渭：《立法授权原则探析》，载《法学论坛》2004年第4期。

[2]　参见刘继虎：《〈立法法〉修改背景下我国税收授权立法制度的改革》，载《湖湘论坛》2016年第2期。

[3]　朱汉卿：《新立法法视域下的授权立法基本范畴研究及其法律规制》，载《江汉大学学报（社会科学版）》2016年第5期。

[4]　江国华等：《授权立法决定的性质及其合宪性审查基准》，载《学习与实践》2018年第5期。

[5]　乔晓阳主编：《〈中华人民共和国立法法〉导读与释义》，中国民主法制出版社2015年版，第85页。

三、从基本国情看条例实体内容的适当性

虽然，《外国人永居条例（征求意见稿）》并非正式颁行的法律文件，不具有现实的法律效力，但前述有关条例（征求意见稿）所涉法律保留、授权立法等方面问题的分析，是基于宪法学、立法学立场对法规文本进行的立法技术与法律形式适当性的考察。不论相关条款的具体内容是什么，我们都可以通过预置性的技术操作就条例对永居外国人的纳税义务、外汇汇付等事项能否做出规定、规定的限度等问题作出合理性判读，从而有助于促进各层级法律规范在颁布前预先达成彼此协调、相互衔接的体系和谐性，目的在于将法律体系"理性化为一个毫无内在矛盾的、抽象法命题的综合体"。[1]然而，仅仅关注法律法规的形式和谐性是不够的，还必须就其实体内容予以关注、调谐，立法必须如艾森伯格所言与"社会命题"（social propositions）保持一致，即符合"社会一致性"（social congruence）原则。[2]通俗说，就是要符合"国情民意"。就问题的此一向度而言，《外国人永居条例（征求意见稿）》规定中所涉及的关于永久居留的申请条件、审批管理、服务待遇、法律责任等内容都有其应予考量的现实社会背景，既要符合社会发展的实际规律与基本需求，也要满足社会大众的合理认知与期待。我们可以从民族国家构建、社会秩序维护、公平配置资源、实现国民待遇等国情需要出发予以分析，并结合普通民众认识、专家学者意见、国民意识加以批判性分析，但要避免情绪化的偏见。理性的分析有助于一部既"接地气"又颇具"前瞻性"的立法的顺利出台。总体上看，《外国人永居条例（征求意见稿）》之立法目的在于满足我国进一步深化改革开放和经济社会发展对人才的需求，有助于利用好国内国外两大人才资源，与不久前颁行的《中华人民共和国外商投资法》（以下简称《外商投资法》）相类似，均是为了保障外国人在华的各项权利，规定其应尽之义务，在总体立法方向上是正确的。但条例的相关内容能否适应经济社会发展的需要，还需结合中国的具体国情民意予以分析。

在外国人获得永久身份和权利过程中，民族国家共同体的共同意愿乃是

---

〔1〕 ［德］马克斯·韦伯：《法律社会学：非正当性的支配》，康乐、简惠美译，广西师范大学出版社 2011 年版，第 30 页。

〔2〕 See Melvin Eisenberg, *the Nature of the Common Law*, Harvard University Press, 1988, p. 44.

首要的合法性前提。民族国家是现代社会整合个体的形成的政治共同体，是现代国家基本的形态，"一个民族一个国家"是其典型表现形式。我国宪法序言中明确"中华人民共和国是全国各族人民共同缔造的统一的多民族国家"，而宪法是民族国家的社会组织蓝图，规定了民族国家的成员身份。[1]当今中国仍然处于民族国家持续建构过程中，更加需要强化各族人民对于"中华民族"共同身份的认同，国家前程某种意义上维系于此。因此，我国宪法对于各民族特别是少数民族权利义务的规定与其对中华民族的身份认同是辩证统一的：维系这种身份认同感一方面意味着国民对本民族特殊历史文化传统的认同，民族区域自治制度是其典型体现；另一方面更强调各民族都要认同"中华民族"这一民族共同体，中国各民族在长期奋斗共处中逐渐融生出浓厚的共同体情感和共同体意识，并且在经受了严峻的历史考验后愈加稳固，这是"中华民族"这一政治符号必然诞生的历史基础。多元一体的中华民族是自然的、历史的、文化的产物，是强大稳固的"命运共同体"，这是中国经久不衰的根基所在。这一民族共同体的政治形式就是现代中国民族国家，享有公民基本权利是加入并认同这一共同体的法律身份的体现。外国人永居条例的制定，必须考虑到永久居留权的取得实质上意味着某些外国人在尚未加入中国国籍时就获得了大部分与本国国民等同的待遇，但是他们并不必认同中华民族。外国人由于经贸往来、跨国婚姻、来华求学等原因，在获得永久居留权的同时却不需要中国公民的身份认同，因而这部分"永久居留者"对于具有"同质性"（取向）的中国民族国家而言就是一种"异质性"的存在。即使在西方的民族认同模式中，民族也被视为文化共同体，其成员即使不是完全同质的，也是由共同的历史记忆、文化、符号联系在一起的。[2]既然"构建和强化国民社会身份的同质性，是国族与国内传统民族间存在差异的国家的国族建设的根本所在"[3]，那么作为"异质性"存在的永居外国人欲获得只有中国公民才能够享有的宪法基本权利，就必须得到这个共同体公民总体的同意，这并非仅仅是一种宽容与否的政治态度，而是民族国家共同体的外部边界划定的合法性问题。当然，获得共同体公民总体的同意还需要一个

---

〔1〕　参见金观涛：《现代民族国家与契约社会》，载《中国法律评论》2017 年第 2 期。

〔2〕　See Nahid Afrose Kabir, *What Does It Take to be an American?*, Edinburgh University Press, 2012, p. 3.

〔3〕　周平：《民族国家与国族建设》，载《政治学研究》2010 年第 3 期。

前提条件，此即"什么是你的贡献？"加入一个繁荣强大的共同体就意味着享有它所创造的一切物质、精神与制度文明成果；如果我们承认，不是一个人的地位决定了他享有权利的水平而是他付出的义务划定了他享有幸福生活的权利，是一条现实主义的法律原则的话，[1]那么，我们也就应当能够准确推知，任何想加入这一共同体的外国人，都必须证明你对这一共同体有着实质性的明显贡献或者能够做出这种贡献，例如美国移民发展的一个重要的趋势，就是许多"有技能的"移民是通过签证先行获得合法的永久居留资格。[2]当然，基于人道主义原则的吸纳，比如允许有条件地投靠近亲属而获得共同体的某些权利或成员资格，则是一个必要的例外。民族国家共同体必须基于某种原则维持一个比较清楚的边界，否则，一旦政治共同体的边界模糊不清或者被人为毁损，则共同体自身的认同和维系就会成为一个问题，甚至遭遇生存危机，这显然是共同体的绝大多数成员竭力避免的灾难性后果。美国为了促进"公民融合"，规定所有意图入籍的移民必须完成一系列的测试、课程、面试，在语言技能与公民意识方面需要达到法定的条件才能获得永久居留的资格。[3]因而，必须为外国人永久居留权的获得设置必要的法定"门槛"，此即申请和获得永居权的法定条件：除了汉语水平和中国文化的考试、申请积分、人才等级资质性等必要考量因素外，"没有犯罪记录"亦应成为不可缺少的限定条件，因为共同体不可以为了接纳新加入者而冒降低自己的秩序安定度和幸福生活水平的风险，也便于永居外国人获得本地居民的接纳与认可，更好地融入社会生活。

中国既有的民族共同体结构已然为外籍人口的加入和外国人在华永居身份的获取设定了"结构性容量"的限制。形成对照的是，移民国家的人口组成结构有着复杂多样的种族构成、文化族群或宗教信仰，这类国家往往受制于多元价值的对立或冲突，政府为了维持社会稳定，不能表现出特定的价值或宗教、文化的倾向性，宪法也因此逐渐形式化了。美国是一个典型的移民

---

〔1〕 参见［德］京特·雅科布斯：《规范·人格体·社会——法哲学前思》，冯军译，法律出版社 2001 年版，第 70 页。

〔2〕 See Guillermina Jasso, et al., "How Many Highly Skilled Foreign‐Born are Waiting in Line for U. S. Legal Permanent Residence?", *The International Migration Review*, Vol. 44, No. 2., 2010, pp. 477 – 498.

〔3〕 See Sara Wallace Goodman. "Fortifying Citizenship: Policy Strategies for Civic Integration in Western Europe", *World Politics*, Vol. 64, No. 4., 2012, pp. 659-698.

国家，美国社会看上去以自由民主等为主导价值信念，但宪法法律以及政府决策只能以形式性的法律规则或政策去规范、整合社会各个差异明显的族群，即便是曾经具有基督教传统的学校亦因为其他文化或宗教信仰族群的加入，而必须消弭其原有宗教倾向。因而，在文化与宗教多元化的众多族群构成的移民国家，"众神纷争"是必然现象，社会求得和谐一致的唯一途径就是宪法法律价值的形式化，即宪法法律可以宣示自由、平等、民主、人权、法治等价值，但这些价值的具体含义是什么，只能留待各个具有不同文化与宗教背景的族群去具体解释，因而其司法过程也必然是形式化的，形式重于实体成为其法律制度的一个突出特征。在桑德尔看来，美国式自由主义意味着实现社会公正并非达致实体意义上的善，而事实恰恰是：它拒绝在竞争性的实体目标之间预先作出选择，选择的答案只能交给法律程序去做出，而不可能预先设计或预知。[1]中国不同于传统意义上的移民国家，中国人口结构中的绝大多数都是本土原生性的民族，占主体的汉族与各少数民族虽存在一定的文化差异，但由于种族上的同一性和文化传统上的相互影响，并且在历史长河中经受过很多共同的重大考验，各民族不但普遍能够彼此理解，而且中国既有民族结构、人口结构与社会秩序之间历史地形成了稳定的内在关联，不易被外来的因素改变和打破。以此观照外国人永居条例，我们发现，中国既有的民族共同体结构已然为外籍人口的加入和外国人在华永居身份的获取设定了另一个边界，那就是：外来人口的嵌入量必须受到文化、宗教、种族等方面的"结构性容量"的限制，不能突破原有的基本构成结构，中国不能演变成美国那样的移民国家，也不能像法国、德国等传统民族国家那样因外来人口加入而逐渐"移民国家化"。因而，中国吸纳外来人口的开放策略必须是非常有限度的，必须遵循"量少而精""宁缺毋滥"的原则。对于外国人永居资格的授予，就必须在立法中预先加以必要的实质与形式要件的限制。目前《外国人永居条例（征求意见稿）》第7条规定体现了这一精神："必要时，经国务院批准，对外国人永久居留资格实行定额审批制度。"但总体上，此类条款内容过于模糊且弹性过大。与之相对比的是澳大利亚高度计划性的移民政策，移民计

---

〔1〕　参见［美］阿兰·博耶：《公民共和主义》，应奇、刘训练编，东方出版社2006年版，第335页。

划每个组成部分的规划水平都是固定的且侧重于吸引特定职业的熟练工人。[1]
因此，"永久居留权"应当采取紧缺职业清单制度、积分评估制度、配额制度、劳工证制度多措并举、多管齐下的策略。[2]并且要通过不断完善以尽可能防止制度漏洞，提高申请的门槛条件，建立完备的善后处理机制："健全退出机制。完善取消永久居留资格的情形和程序，对危害我国国家安全和利益、被处驱逐出境、弄虚作假骗取永久居留资格、在中国境内居留未达到规定时限、以及被人才引进部门终止引进等不适宜在中国境内永久居留的外国人，应当依法取消其永久居留资格，并在规定期限内限制其再次申请永久居留资格。"[3]总之，应在积极吸纳各类外来人才的同时，谨慎避免过多低素质外来移民对我国人口组成结构的冲击，以防威胁社会秩序稳定和国家长远发展。

作为发展中国家，中国优质资源的有限性也决定了引进外来人才的规模限度，授予外国人永居权必须考量资源配置的公正性与透明性。《外国人永居条例（征求意见稿）》引发争议的一个重要背景，在于永久居留外国人实际上获得了除政治权利以外的几乎全部国民待遇，特别是在教育、医疗、社会保险、养老等稀缺资源领域获得了同等国民待遇。根据中国第六次全国人口普查数据，北京外籍人士数量为 91 102 人，上海外籍人士数量为 143 496 人，全国外籍人士总共为 593 832 人，仅北京和上海的外籍人士数量就占到全国总量的近40%。[4]中国外籍高端人才的"空间分布不均衡，呈'东南密而西北疏'的'中心—外围'格局"。[5]这一格局在较长时期内不但不会改变，而且还会有所强化。据此可以预判，一旦现有《外国人永居条例（征求意见稿）》内容正式颁行，获得第一批次永久居留权的外国人将主要集中在京沪广深一线城市及长三角、珠三角等经济发达区域，因为这些地区集中了中国最多最优质的科技、教育、资金、医疗、养老等社会稀缺资源。在本国居民因严格的户籍制度管控和生育政策限制获取相关资源困难重重的情形下，若

---

[1] See Siew-Ean Khoo, et al., "Which Skilled Temporary Migrants Become Permanent Residents and Why?", *The International Migration Review*, Vol. 42, No. 1., 2008, pp. 193-226.

[2] 参见陈敏等：《我国高层次外国人永久居留制度研究》，载《科技管理研究》2016年第14期。

[3] 《中办国办印发〈意见〉加强外国人永久居留服务管理》，载《人民日报》2016年2月19日，第1版。

[4] 参见黄祖宏等：《上海市外籍人口空间分布历史变迁研究》，载《南方人口》2013年第3期。

[5] 刘晖、胡森林：《中国人才的空间集聚格局及时空演化》，载《经济经纬》2019年第5期。

外国人永居申请条件设置过于宽松，"永久居留者"及其配偶、子女、父母就有可能借助门槛有限、疏漏难免的申请条件，顺利获得本国居民难以企及的经济社会稀缺资源，名义上赋予永久居留外国人的国民待遇存在蜕变为实质上的"超国民待遇"的制度风险，反而会加剧资源配置的不公正现象。再如，某些永久居留外国人带入的子女数量可能远远多于中国公民平均子女数，那么势必对受生育政策限制的本国居民人为制造分配不公，对此应当加以合理限制。故此，在永居外国人"国民待遇"配置方面，应当注意比例原则的衡量，既要让永居外国人获得适当的资源配给，又要避免出现超国民待遇。在外国人永居立法问题上，只有那种有利于利用好国内国外两种人才资源，最大限度地助力中国发展的制度设计，才是妥当合理的立法选择。

此外，由于《外国人永居条例（征求意见稿）》有关申请条件的规定存在大量模糊不清之处，特别是引进人才的标准和门槛方面的规定不够明确，如"突出贡献""杰出成就""因国家经济社会发展需要""急需紧缺"等语词都存在需要进一步解释的空间，推荐专业人才的标准等亦需要进一步细化；特别是《外国人永居条例（征求意见稿）》第 19 条以"其他正当理由"作为申请条件的规定，留下的裁量空间过大。"行政主体具体化不确定法律概念往往面临着两个或两个以上解释意义的选择问题"[1]，在配套规定、细则不完善的情形下，过于模糊的规定只会留下巨大的自由裁量和操作的空间，必然给实践中的制度运作留下权力寻租、利益输送和执法腐败的隐患。

授予永居外国人个人相关经济金融权利要以维护国家安全和利益为前提，同时还应兼顾社会公平。引进优秀外国人才、吸引外国投资助益我国的社会经济发展与维护国家安全和利益并不矛盾，而是相辅而成的关系。为更好地对移民和出入境管理统筹协调，形成移民管理工作合力，2018 年 3 月，国务院将公安部的出入境管理、边防检查职责整合，建立国家移民管理局。移民管理局负责外国人停留居留和永久居留管理、难民管理、国籍管理，承担移民领域国际合作等事务，国家移民局的成立是新时代国家移民管理改革迈出的重要一步。[2]在现今复杂多样的国际环境下，作为国家移民管理改革最重要的配套工程，外国人永居条例具体内容的设计，必须充分考虑到其对我国

---

〔1〕　尹建国：《不确定法律概念具体化的说明理由》，载《中外法学》2010 年第 5 期。
〔2〕　参见孙郝蕾：《中美外国人永久居留制度比较研究》，载《政法学刊》2019 年第 3 期。

国家安全利益可能造成的潜在威胁。其中，就外国人入出境而论，对申请永久居留权的外国人进行严格的背景调查是十分必要的，而《外国人永居条例（征求意见稿）》第26条所规定的不予批准的情形并未包含违法犯罪记录的情形，容易留存一定隐患；对于外国人永居后的管理，也需要防控可能出现的犯罪行为。对此有学者建议，"将在中国拥有永久居留权的外国人纳入刑法的属人管辖范围之内"[1]，确实有其必要性。此外，负责永久居留资格审批的机关层级不宜过低，《外国人永居条例（征求意见稿）》第20条规定各地县级以上公安机关负责受理申请，操作空间过大，容易被意图从事违法犯罪活动的外国人通过权力寻租的方式利用。与之相对照的是，美国各州负责移民审批和管理的机构直接隶属于美国联邦政府移民局，由中央政府直接负责永久居留资格的审批，不允许审批权的进一步委托转移，这就增加了权力寻租的成本和难度，收紧了自由裁量的空间，也便于中央政府对移民事务的监督管理和总体掌控。就授予永居外国人外汇汇付权利而言，鉴于金融安全是国家经济安全的重要组成部分，我国长期实行较为严格的外汇管制，《外国人永居条例（征求意见稿）》第39条规定永久居留外国人在中国境内取得的收入，在完税后可以按规定兑换外汇汇往国外，却没有明确给出外汇额度管制的限制，既有超国民待遇之嫌，亦留下外汇资金大量流失的制度漏洞，必须未雨绸缪，在立法立规之初就应当尽量做出细致完备的规定。

以法律思维理性看待和分析条例内容，肯定其正向效用，而不是从单纯的民族主义或者狭隘的种族主义立场出发恶意评论，是对待立法的应有态度。《外国人永居条例（征求意见稿）》虽然距离专门性法律尚有一定距离，但相较于旧法还是有明显进步，是我国全面依法管理在华外国人的重要开端。[2]立法必须符合国情民意，国情与民意是互通的，民意是国情的反映并构成国情认知的基础。民意本质上就是民众对于立法能否适应我国国情需要的主观认知的汇集。对于喧嚣的民众认知，应进行"二阶观察"意义上的批判与思考。"二阶观察"不同于"一阶观察"，是对一阶观察的反思性观察，有助于避免盲目

---

〔1〕 于志刚：《在华外国人犯罪的刑事法律应对》，载《中国社会科学》2012年第6期。

〔2〕 参见苗伟明：《也谈〈外国人永久居留管理条例〉》，载微信公众号"上海市法学会东方法学"，最后访问日期：2020年4月1日。

论断和偏见。[1]对于当前舆情中弥漫的所谓条例有意地偏袒永居外国人，赋予其更多的权利、较少的义务，使得本国公民沦为"二等公民"等论调，通过二阶观察可以清楚地辨析其狭隘民族主义本质。同时，将外国人永居问题置于"人类命运共同体"观念考量之下，则有助于明晰这一制度设计意在吸纳优秀外国人才、助益中华民族伟大复兴的根本宗旨。捍卫国家利益与吸纳外国人才并不矛盾，合理的立法可以使之并行不悖、相得益彰。

四、制定外国人永居条例应秉持的立法原则

从政治层面看，当代中国的立法必须服务于中国特色社会主义发展要求这个总目标，中国特色社会主义的本质特征既充分体现在立法的各项原则、制度和规范中，又受到法律的原则、制度和规范的保障。[2]基于前述讨论，提出如下应予秉持的关于外国人永居问题的立法原则立场：

首先，外国人永居问题立法应当坚持好法律保留原则。在依法治国、建设"法治中国"的背景下，立法活动必须受到"法律保留"原则的约束，外国人永居条例的制定必须遵循《立法法》关于"法律保留"的规定及其原则精神，行政部门对属于法律保留事项的立法应当以执行上位法而进行的法律具体化活动为限，若确需在法律保留领域有所创新或拓展，应以得到全国人大或其常委会的明确授权为前提。《立法法》明确了行政立法可以规定的事项是"为执行法律的规定需要制定行政法规的事项"，因此外国人永居条例的内容应当限定在具体执行国家《出境入境管理法》上，不应当有明显逾越该法第四章的内容。《出境入境管理法》第四章对外国人在华居留明显持严格限制的态度，主要体现在第 30 条第 3 款的规定，"外国人工作类居留证件的有效期最短为九十日，最长为五年；非工作类居留证件的有效期最短为一百八十日，最长为五年"。因而，外国人永居条例在外国人永居资格的申请条件、居留期限上的设定应符合上位法的规定，不宜过分宽松。此外，外国人永居条例在外汇汇付、征税等需要明确授权才能作出规定的事项上应当严格遵循各项授权限制；即使根据"空白授权"制定规范，亦需在探究上位法立法宗旨

---

〔1〕　参见宾凯：《法律如何可能：通过"二阶观察"的系统建构——进入卢曼法律社会学的核心》，载《北大法律评论》2006 年第 0 辑。

〔2〕　参见张新宝：《〈中华人民共和国民法总则〉释义》，中国人民大学出版社 2017 年版，第 3 页。

和原则精神的基础上自觉接受授权立法的限制和监督。当然，若外国人永居条例坚持现有的立法风格，有意超出《出境入境管理法》的框架对外国人永居权利义务作出较多"突破性"规定，则建议首先修改上位法，或者干脆由全国人大直接制定法律，以防抵触"法律保留"原则的情形出现，亦可同时带来提高立法层次和规范效力等诸多方面的好处。

其次，坚持法制统一原则。一个国家在法本质上就是"一个统一的法律秩序"，凯尔森将其对这一概念的理解贯彻进他的动态与静态法律体系理论之中：现代法律秩序从创制的视角看就是一种动态规范体系，法律规范有效性的根源在于它是根据特定的有效规则被创制出来的。法律秩序从形式的视角看则是一个静态的规范体系，任一规范总能够上溯到一个上位规范，直到上溯到宪法规范，宪法规范则可以上溯到"基础规范"。[1]凯尔森的理论集中阐释了"法制统一"的重要原理：由上位法派生制定出更加具体的下位法，而下位法规范可以上溯到上位法根据。当然，"法制统一"还必须包括同一位阶的法律不能相互矛盾、相互冲突的内容。外国人永居条例的制定应坚持与不同位阶的相关法律规范在价值追求与内容上的协调一致性。我国《出境入境管理法》在授予外国人居留权的问题上秉持相对保守的态度，而此次外国人永居条例的制定却表征着我国法律对接纳外国人来华居留态度的明显转变，对于这种立法精神的变化，立法者应予谨慎注意。外国人永居条例一旦实施，获得永久居留权的外国人势必成为一类新型的法律主体，但我国其他法律部门对永居外国人这类新型法律主体显然缺乏相应的配套规定，这就使得外国人永居条例在我国的法律体系中略显突兀，外国人永居条例与现行法律存在不衔接、不统一甚至冲突的问题在所难免。因此，在外国人永居条例制定过程中需要注意与其他相关法律的纵向符合关系与横向协调关系，特别是强制性规定不能与其上位法相抵触，相应的配套制度与法律解释的出台亦应照顾到法律体系的统一性问题，并予有意识补正。

再次，应坚持适应国情原则。赋予外国人永久居留权必然关涉国家的资源分配、社会稳定、国家安全等多方面的问题，因而必须虑及国情需要与民众认

---

〔1〕 See Hans Kelsen, *General Theory of Law and State*, Transaction Publishers, New Brunswick and London, pp. 112-114. 汉译本参见 ［奥］凯尔森：《法与国家的一般理论》，沈宗灵译，中国大百科全书出版社 1996 年版，第 128~130 页。

知。而且，在立法工作中"正确地认识中国的国情""从实际出发""从中国的国情出发""全面把握客观规律"都是《立法法》载明的原则精神。[1]就业问题是外国人永居立法必须考虑的重要因素，而我国目前仍然面临着较大的就业压力。教育部副部长林蕙青在 2019 届全国普通高校毕业生就业创业工作网络视频会议上指出，2019 年全国普通高校毕业生总计 834 万人，仍然存在严峻的就业挑战，同时，过剩产能职工、农村剩余劳动力、困难及特殊群体每年的就业需求都处于小幅增长状态，失业人数继续增加，国家面临的就业压力持续增大。[2]在国内仍存在较大就业压力、就业环境仍亟待改善的情势下，首先应予满足的是本国居民的就业需要，为避免引起国民的不满情绪，可在对就业劳动市场作细分调研基础上，着重引进那些能够填补我国就业市场供给缺口的人才。当然，对于尖端人才的引进，不应受此限制。总体上，外国人永居条例的制定必须充分考虑到我国的经济、社会、文化、安全、资源等多方面状况，既要符合国情又要顺应民意，必要时要对人民做出解释和说明，以确保立法的合理性和正当性。

复次，应坚持权利平等原则。外国人永居条例授予永居外国人的至多只能是除政治权利以外中国公民普遍享有的各项"基本权利"，在权利义务配置上不能明显失衡，避免"超国民待遇"现象出现。举其要者，本国公民受到严格的户籍制度约束，在一线城市落户极为困难，而根据《外国人永居条例（征求意见稿）》，在华外国人并不需要很高的"门槛"即可以在一线城市落户成为"常住人口"，就存在"超国民待遇"之嫌。此外，在税收与外汇管理方面，《外国人永居条例（征求意见稿）》也存在给予永居外国人过高待遇的情况。有学者明确指出，"'绿卡'改革以吸引国际人才为宗旨，但不能以损害本国公民权利和公民意识为代价，形成对永久居留外国人的'超国民待遇'"[3]。区别性对待本国公民与永居外国人的举措，容易引起本国公民不满。基于此，在外国人永居条例制定的过程中必须注意权利平等问题，确保永居外国人与我国公民之间权利义务的平等性，以杜绝永居外国人"特权"现象的出现。

---

〔1〕　参见乔晓阳主编：《〈中华人民共和国立法法〉导读与释义》，中国民主法制出版社 2015 年版，第 60 页。

〔2〕　参见毛尉：《如何缓解四大群体的就业压力》，载《人民论坛》2019 年第 14 期。

〔3〕　张展新：《中国"绿卡"的资格待遇问题：以本国公民社会权利演进为视角的分析》，载《华侨华人历史研究》2019 年第 1 期。

最后，应坚持民主立法原则。我国宪法确立了人民主权原则，从本质上看，参与立法活动正是人民主权原则的最根本体现，也是实现人民当家作主的一大重要途径。所谓民主立法，"就是要求法律真正反映最广大人民的共同意愿、充分实现最广大人民的民主权利、切实维护最广大人民的根本利益"。[1]《立法法》第6条第2款规定，"立法应当体现人民的意志，发扬社会主义民主，坚持立法公开，保障人民通过多种途径参与立法活动"。外国人永居条例立法亦应当充分听取人民的意见和建议，接受人民的监督。《外国人永居条例（征求意见稿）》开始征求意见以来，该条例（征求意见稿）的很多内容颇受诟病，人们对在华外籍人士的"特权"现象意见很大，对接纳外国人来华居留产生了明显的排斥和抵触情绪。在这种背景下，外国人永居条例的制定更应当认真听取人民的意见，对受到公民广泛批评的内容应予针对性地修改调整，以确保立法的民主性与政治合法性，确保能够制定出一部科学合理的助益国家法治建设和各项事业更好发展的优良之法。

小结：通过民主协商融合"异质性的人"

立法从来都是一个国家政治法律生活中的严肃之事，尤其当这种立法关涉公民基本权利平等与法律正义价值存在紧密联系的事项时，立法者不得不采取审慎谦抑的态度。对于外国人永居问题的立法，尤其应当慎重，因为这一立法关涉影响中国发展和稳定的重大主题。中国给予外国人永居权利，其根本目的当然是充分利用好国内和国外两个方面的人才，以达到快速优质发展的目标；进行这一立法工作亦必须承担国际法上的义务，如学者所言，"中国的绿卡制度不仅要规范永居申请管理工作，更要吸引外籍优秀人才和外商投资，促进本国经济发展，履行国际义务，推动本国公民和永久居民的亲属团聚，保护难民"。[2]给予外国人永居权利，同时也面临着国内民众舆情的压力：中国公民是宪法基本权利的当然和主要的享有者，当永居外国人获得的某些权利有可能超过本国公民时，则比较性压力和正当性拷问就会直接指向立法者。有鉴于此，一部良好的能够有效规范外国人永居问题的法律，就必

---

〔1〕 乔晓阳主编：《〈中华人民共和国立法法〉导读与释义》，中国民主法制出版社2015年版，第58页。

〔2〕 刘国福：《简论外国人在中国永久居留（中国绿卡）制度》，载《河北法学》2008年第3期。

须在两个方面取得大致的均衡，既要有助于顺利引进本国发展需要的外国人才，又要获得本国民众的理解和赞同。因而，有必要"建立一套统一、透明、规范、向全世界开放的'绿卡'资格待遇规则"。[1]在立法问题上，我们需要一种真正的、审慎的民主政治，因为这种民主政治具有一种良好的协商机制和社会效果："民主政治是一种把人民主权原则民主化的政治。人们不需要弯腰敬拜一个虚构的'人民'。民主政治关心所有有血有肉且生活行为习惯高度异质性的人。"[2]正在走向民主法治的中国社会，必须通过这种协商民主机制接纳并融合那些所谓"异质性的人"，而永居外国人恰恰适合"异质性的人"这样一种标签。当我们能够接纳并融汇他们时，中华民族真正腾飞的伟大时代将会加快到来。

---

〔1〕　张展新：《中国"绿卡"的资格待遇问题：以本国公民社会权利演进为视角的分析》，载《华侨华人历史研究》2019 年第 1 期。

〔2〕　［美］约翰·基恩：《新民粹主义》，载微信公众号"北大政治学"，最后访问日期：2017 年 12 月 22 日。

参考文献

一、中文著作

（一）国内著作

[1] 林尚立等：《政治建设与国家成长》，中国大百科全书出版社 2008 年版。

[2] 武树臣等：《中国传统法律文化》，北京大学出版社 1994 年版。

[3] 黄秋菊：《经济转型进程中的国家制度能力演进——中俄转型的比较政治经济学分析》，经济管理出版社 2013 年版。

[4] 黄清吉：《论国家能力》，中央编译出版社 2013 年版。

[5] 梁治平：《法辨：中国法的过去、现在与未来》，中国政法大学出版社 2002 年版。

[6] 高鸿钧：《现代法治的出路》，清华大学出版社 2003 年版。

[7] 郑永年：《中国模式：经验与困局》，浙江人民出版社 2010 年版。

[8] 邓小平：《邓小平文选》（第二卷），人民出版社 1994 年版。

[9] 王希：《原则与妥协：美国宪法的精神与实践》，北京大学出版社 2000 年版。

[10] 陈启天：《新社会哲学论》，商务印书馆 1944 年版。

[11] 丛日云：《西方政治文化传统》，吉林出版集团有限责任公司 2007 年版。

[12] 苏守波：《美国现代化进程中的公民教育》，山东人民出版社 2011 年版。

[13] 余家菊：《教育原理》，中华书局 1936 年版。

[14] 梁慧星：《民法解释学》，中国政法大学出版社 1995 年版。

[15] 曹刚：《法律的道德批判》，江西人民出版社 2001 年版。

[16] 汪地彻：《中国老龄法治研究》，华龄出版社 2017 年版。

[17] 陈嘉明：《现代性与后现代性十五讲》，北京大学出版社 2006 年版。

[18] 章国锋：《关于一个公正世界的"乌托邦"构想：解读哈贝马斯〈交往行为理论〉》，山东人民出版社 2001 年版。

[19] （战国）孟轲：《孟子》，金良年注评，凤凰出版社 2010 年版。

［20］（春秋）孔丘：《论语》，孙健筠、杨林译注，吉林人民出版社 2005 年版。

［21］彭海青等编著：《德国司法危机与改革——中德司法改革比较与相互启示》，法律出版社 2018 年版。

［22］陆益龙：《转型中国的纠纷与秩序：法社会学的经验研究》，中国人民大学出版社 2015 年版。

［23］魏胜强主编：《西方法律思想史》，北京大学出版社 2014 年版。

［24］俞可平主编：《治理与善治》，社会科学文献出版社 2000 年版。

［25］王家福等主编：《人权与 21 世纪》，中国法制出版社 2000 年版。

［26］魏治勋：《禁止性法律规范的概念》，山东人民出版社 2008 年版。

［27］徐振强：《智慧城市新思维》，中国科学技术出版社 2016 年版。

［28］《第十二届全国人大代表大会法律委员会关于〈中华人民共和国立法法〉修正案（草案）审议结果的报告》，载窦树华、郭振华主编：《全国人民代表大会年鉴（内部工作版 2015 年卷）》，中国民主法制出版社 2016 年版。

［29］范志伟主编：《城市管理概论》，上海交通大学出版社 2012 年版。

［30］孙懿华、周广然编著：《法律语言学》，中国政法大学出版社 1997 年版。

［31］乔晓阳主编：《〈中华人民共和国立法法〉导读与释义》，中国民主法制出版社 2015 年版。

［32］王定国等编：《谢觉哉论民主与法制》，法律出版社 1996 年版。

［33］强世功：《法制与治理——国家转型中的法律》，中国政法大学出版社 2003 年版。

［34］孙中山：《在东京中国留学生欢迎大会的演说》，载《孙中山全集（全十一册）》，中华书局 1981 年版。

［35］周尚君等：《法治定量：法治指数及其中国应用》，中国法制出版社 2018 年版。

［36］侍鹏主编：《法治建设指标体系解读》，南京师范大学出版社 2016 年版。

［37］徐向华：《中国立法关系论》，浙江人民出版社 1999 年版。

［38］习近平：《论坚持全面依法治国》，中央文献出版社 2020 年版。

［39］习近平：《加快建设社会主义法治国家》（2014 年 10 月 23 日），载《论坚持全面依法治国》，中央文献出版社 2020 年版。

［40］吉林省法学会编：《吉林法治建设蓝皮书》，吉林出版集团股份有限公司 2015 年版。

［41］习近平：《关于〈中共中央关于全面推进依法治国若干重大问题的决定〉的说明》（2014 年 10 月 20 日），载《论坚持全面依法治国》，中央文献出版社 2020 年版。

［42］习近平：《以科学理论指导全面依法治国各项工作》（2020 年 11 月 16 日），载《论坚持全面依法治国》，中央文献出版社 2020 年版。

［43］张新宝：《〈中华人民共和国民法总则〉释义》，中国人民大学出版社 2017 年版。

［44］姜明安主编：《行政法论丛．第 13 卷》，法律出版社 2011 年版。

[45] 颜一编：《亚里士多德选集 政治学卷》，中国人民大学出版社 1999 年版。

（二）外文译著

[46] ［法］让-皮埃尔·戈丹：《何谓治理》，钟震宇译，社会科学文献出版社 2010 年版。

[47] ［美］福山：《国家构建：21 世纪的国家治理与世界秩序》，黄胜强、许铭原译，中国社会科学出版社 2007 年版。

[48] ［美］奥斯本、［美］普拉斯特里克：《再造政府》，谭功荣、刘霞译，中国人民大学出版社 2010 年版。

[49] ［美］奥斯本、普拉斯特里克：《摒弃官僚制：政府再造的五项战略》，谭功荣、刘霞译，中国人民大学出版社 2002 年版。

[50] ［美］米格代尔：《强社会与弱国家：第三世界的国家社会关系及国家能力》，张长东等译，江苏人民出版社 2012 年版。

[51] ［德］韦伯：《支配社会学》，康乐、简惠美译，广西师范大学出版社 2004 年版。

[52] ［美］B. 盖伊·彼得斯：《政府未来的治理模式》，吴爱明、夏宏图译，中国人民大学出版社 2013 年版。

[53] ［德］马克斯·韦伯、［英］彼得·拉斯曼、［英］罗纳德·斯佩尔斯编：《韦伯政治著作选》，阎克文译，东方出版社 2009 年版。

[54] ［日］佐藤庆幸：《官僚制社会学》，朴玉等译，生活·读书·新知三联书店 2009 年版。

[55] ［美］曼瑟·奥尔森：《国家的兴衰——经济增长、滞胀和社会僵化》，李增刚译，世纪出版集团 2007 年版。

[56] ［美］塞缪尔·亨廷顿：《变革社会中的政治秩序》，李盛平等译，华夏出版社 1988 年版。

[57] ［美］昂格尔：《现代社会中的法律》，吴玉章、周汉华译，译林出版社 2001 年版。

[58] ［美］科斯等：《财产权利与制度变迁：产权学派与新制度学派译文集》，刘守英等译，上海人民出版社 1994 年版。

[59] ［美］利普塞特：《政治人：政治的社会基础》，刘钢敏、聂蓉译，商务印书馆 1993 年版。

[60] ［美］科尔斯戈德：《规范性的来源》，杨顺利译，上海译文出版社 2010 年版。

[61] ［英］霍布斯：《利维坦》，黎思复、黎廷弼译，商务印书馆 1985 年版。

[62] ［法］卢梭：《论人类不平等的起源和基础》，李常山译，商务印书馆 1997 年版。

[63] ［德］马克斯·韦伯：《新教伦理与资本主义精神》，于晓、陈维钢等译，生活·读书·新知三联书店 1987 年版。

[64] ［英］约瑟夫·拉兹：《实践理性与规范》，朱学平译，中国法制出版社 2011 年版。

[65] ［美］杜赞奇：《文化、权力与国家：1900—1942 年的华北农村》，王福明译，江苏

人民出版社 2003 年版。

[66] ［英］哈特：《法律的概念》，许家馨、李冠宜译，法律出版社 2006 年版。

[67] ［古罗马］西塞罗：《国家篇 法律篇》，沈叔平、苏力译，商务印书馆 1999 年版。

[68] ［美］彼得·雷森伯格：《西方公民身份传统：从柏拉图至卢梭》，郭台辉译，吉林出版集团有限责任公司 2009 年版。

[69] ［英］洛克：《政府论》（下篇），叶启芳、瞿菊农译，商务印书馆 1964 年版。

[70] ［英］詹姆斯·塔利：《语境中的洛克》，梅雪芹等译，华东师范大学出版社 2005 年版。

[71] ［法］卢梭：《社会契约论》，李平沤译，商务印书馆 2011 年版。

[72] ［加］查尔斯·泰勒：《现代性之隐忧》，程炼译，中央编译出版社 2001 年版。

[73] ［美］沃特金斯：《西方政治传统：现代自由主义发展研究》，杨健等译，吉林人民出版社 2001 年版。

[74] ［奥］凯尔森：《法与国家的一般理论》，沈宗灵译，中国大百科全书出版社 1996 年版。

[75] ［美］罗纳德·德沃金：《身披法袍的正义》，周林刚、翟志勇译，北京大学出版社 2010 年版。

[76] ［美］大卫·莱昂斯：《伦理学与法治》，葛四友译，商务印书馆 2016 年版。

[77] ［美］罗纳德·德沃金：《法律帝国》，许杨勇译，上海三联书店 2016 年版。

[78] ［美］罗纳德·德沃金：《认真对待权利》，信春鹰、吴玉章译，中国大百科全书出版社 1998 年版。

[79] ［美］史蒂文·J·伯顿：《法律和法律推理导论》，张志铭、解兴权译，中国政法大学出版社 1998 年版。

[80] ［英］麦考密克、［奥］魏因贝格尔：《制度法论》，周叶谦译，中国政法大学出版社 1994 年版。

[81] ［美］诺内特、塞尔兹尼克：《转变中的法律与社会》，张志铭译，中国政法大学出版社 1994 年版。

[82] ［德］阿图尔·考夫曼：《后现代法哲学——告别演讲》，米健译，法律出版社 2000 年版。

[83] ［美］福山：《历史的终结及最后之人》，黄胜强等译，中国社会科学出版社 2003 年版。

[84] ［德］哈贝马斯：《交往行为理论：行为合理性与社会合理化》，曹卫东译，上海人民出版社 2004 年版。

[85] ［德］马克斯·韦伯：《儒教与道教》，王容芬译，商务印书馆 1995 年版。

[86] ［意］卡佩莱蒂编：《福利国家与接近正义》，刘俊祥等译，法律出版社 2000 年版。

［87］［美］史蒂文·瓦戈：《法律与社会》，梁坤、邢朝国译，中国人民大学出版社 2011 年版。

［88］［美］E·博登海默：《法理学：法哲学与法律方法》，邓正来译，中国政法大学出版社 2004 年版。

［89］［德］亚图·考夫曼：《类推与「事物本质」：兼论类型理论》，吴从周译，台北学林文化事业公司 1999 年版。

［90］［法］西耶斯：《论特权第三等级是什么？》，冯棠译，商务印书馆 1990 年版。

［91］［英］约翰·密尔：《论自由》，赵伯英译，陕西人民出版社 2009 年版。

［92］［美］罗斯科·庞德：《通过法律的社会控制》，沈宗灵译，商务印书馆 2010 年版。

［93］［美］爱德华·劳森编：《人权百科全书》，汪淑等译，四川人民出版社 1997 年版。

［94］［英］休谟：《人性论》（下册），关文运译，商务印书馆 1991 年版。

［95］［美］史蒂芬·霍尔姆斯、凯斯·R. 桑斯坦：《权利的成本——为什么自由依赖于税》，毕竞悦译，北京大学出版社 2004 年版。

［96］［英］安东尼·吉登斯：《现代性的后果》，田禾译，译林出版社 2000 年版。

［97］［德］乌尔里希·贝克：《风险社会》，何博闻译，译林出版社 2004 年版。

［98］［美］艾伦·德肖维茨：《你的权利从哪里来？》，黄煜文译，北京大学出版社 2014 年版。

［99］［古希腊］亚里士多德：《政治学》，吴寿彭译，商务印书馆 1965 年版。

［100］［德］卢曼：《社会的法律》，郑伊倩译，人民出版社 2009 年版。

［101］［英］安德鲁·海伍德：《政治学核心概念》，吴勇译，天津人民出版社 2008 年版。

［102］［美］詹姆斯·E·安德森：《公共政策制定》，谢明等译，中国人民大学出版社 2009 年版。

［103］［英］韦德：《行政法》，徐炳等译，中国大百科全书出版社 1997 年版。

［104］［英］卡尔·波兰尼：《大转型：我们时代的政治与经济起源》，冯钢、刘阳译，浙江人民出版社 2007 年版。

［105］［美］伯纳德·施瓦茨：《行政法》，徐炳译，群众出版社 1986 年版。

［106］［德］马克斯·韦伯：《法律社会学：非正当性的支配》，康乐、简惠美译，广西师范大学出版社 2011 年版。

［107］［德］京特·雅科布斯：《规范·人格体·社会——法哲学前思》，冯军译，法律出版社 2001 年版。

［108］中共中央马克思恩格斯列宁斯大林著作编译局：《马克思恩格斯文集（第一卷）》，人民出版社 2009 年版。

［109］［美］阿兰·博耶：《公民共和主义》，应奇、刘训练编，东方出版社 2006 年版。

二、中文期刊论文

[1] 魏治勋:《法的"规范性稀薄化"及其历史谱系》,载《法学评论》2012 年第 2 期。

[2] 俞可平:《治理和善治:一种新的政治分析框架》,载《南京社会科学》2001 年第 9 期。

[3] 胡仙芝:《从善政向善治的转变——"治理理论与中国行政改革"研讨会综述》,载《中国行政管理》2001 年第 9 期。

[4] 刘树信:《西方国家的政府再造及其启示》,载《理论探索》2003 年第 6 期。

[5] 翁士洪、顾丽梅:《治理理论:一种调适的新制度主义理论》,载《南京社会科学》2013 年第 7 期。

[6] 竺乾威:《从新公共管理到整体性治理》,载《中国行政管理》2008 年第 10 期。

[7] 唐皇凤:《新中国 60 年国家治理体系的变迁及理性审视》,载《经济社会体制比较》2009 年第 5 期。

[8] 周雪光:《权威体制与有效治理:当代中国国家治理的制度逻辑》,载《开放时代》2011 年第 10 期。

[9] 陈家刚:《"顶层设计"之辩》,载《人民论坛》2012 年第 17 期。

[10] 吴敬琏:《"顶层设计"的误读》,载《商周刊》2012 年第 11 期。

[11] 徐晓冬:《制度体系现代化:理论经纬和技术细节——宏观、中观和微观分层研究框架》,载《人民论坛》2013 年第 34 期。

[12] 沈刚:《政府创新需"顶层设计"和"基层探索"良性互动——访中央编译局副局长、著名学者俞可平》,载《经济》2012 年第 4 期。

[13] 任剑涛:《国家治理的简约主义》,载《开放时代》2010 年第 7 期。

[14] 徐显明:《论"法治"构成要件——兼及法治的某些原则及观念》,载《法学研究》1996 年第 3 期。

[15] 何显明:《治理民主:一种可能的复合民主范式》,载《社会科学战线》2012 年第 10 期。

[16] 丁志刚、董洪乐:《现代政治文化与民族国家治理》,载《新疆社会科学》2012 年第 1 期。

[17] 魏治勋:《司法现代化视野中的"马锡五审判方式"》,载《新视野》2010 年第 2 期。

[18] 刘松山:《彭真论党的领导与政法机关独立行使职权》,载《法学论坛》2013 年第 4 期。

[19] 喻中:《改进党对法治建设的领导方式》,载《北京行政学院学报》2013 年第 1 期。

[20] 郑红娥、刘健:《从制度能力与职能范围看新中国成立以来国家与社会关系的演变》,

载《云梦学刊》2010 年第 4 期。

[21] 唐皇凤：《增强执政党调适性：中国政治发展的核心战略取向》，载《浙江社会科学》2013 年第 2 期。

[22] 北京远东太平洋经济研究中心国情课题组：《在制度学习和创新中改革政治体制》，载《领导决策信息》1998 年第 27 期。

[23] 孙林：《全球化进程中的制度学习与国际权势变迁》，载《国际关系学院学报》2011 年第 6 期。

[24] 汪丁丁：《制度创新的一般理论》，载《经济研究》1992 年第 5 期。

[25] 杨明佳：《制度移植与发展中国家的政治发展》，载《湖北社会科学》2005 年第 11 期。

[26] 俞宪忠：《制度现代化的演进取向与路径选择》，载《江海学刊》2012 年第 4 期。

[27] 江必新：《论实质法治主义背景下的司法审查》，载《法律科学（西北政法大学学报）》2011 年第 6 期。

[28] 王峰峰、郭庆珠：《从形式法治走向实质法治：我国法治转型现实课题的法理解析》，载《社会科学家》2005 年第 3 期。

[29] 侯健：《实质法治、形式法治与中国的选择》，载《湖南社会科学》2004 年第 2 期。

[30] 王伟臣：《论人类学关于乱伦禁忌的文化解释》，载《贵州民族研究》2011 年第 4 期。

[31] 薄洁萍：《乱伦禁忌：中世纪基督教会对世俗婚姻的限制》，载《历史研究》2003 年第 6 期。

[32] 武树臣：《寻找最初的"律"——对古"律"字形成过程的法文化考察》，载《法学杂志》2010 年第 3 期。

[33] 黄文艺：《为形式法治理论辩护——兼评〈法治：理念与制度〉》，载《政法论坛》2008 年第 1 期。

[34] 陈金钊：《实质法治思维路径的风险及其矫正》，载《清华法学》2012 年第 4 期。

[35] 韩大元：《宪法实施与中国社会治理模式的转型》，载《中国法学》2012 年第 4 期。

[36] 范进学：《宪法价值共识与宪法实施》，载《法学论坛》2013 年第 1 期。

[37] 苗连营：《宪法实施的观念共识与行动逻辑》，载《法学》2013 年第 11 期。

[38] 葛洪义：《"法治中国"的逻辑理路》，载《法制与社会发展》2013 年第 5 期。

[39] 陈金钊：《对形式法治的辩解与坚守》，载《哈尔滨工业大学学报（社会科学版）》2013 年第 2 期。

[40] 魏治勋：《"中国梦"与中国的社会正义论》，载《法学论坛》2013 年第 4 期。

[41] 刘君毅：《中央与地方关系法制化初探：对美国制度的借鉴》，载《中国行政管理》2008 年第 10 期。

［42］ 钟开斌：《中国中央与地方关系基本判断：一项研究综述》，载《上海行政学院学报》2009 年第 3 期。

［43］ 朱丘祥：《中央与地方行政分权的转型特征及其法治走向》，载《政治与法律》2009 年第 11 期。

［44］ 杨海坤、金新亮：《中央与地方关系法治化之基本问题研讨》，载《现代法学》2007 年第 6 期。

［45］ 张永生：《中央与地方的政府间关系：一个理论框架及其应用》，载《经济社会体制比较》2009 年第 2 期。

［46］ 刘海波：《我国中央与地方关系探析》，载《甘肃行政学院学报》2008 年第 2 期。

［47］ 陈泽伟：《冷观政府垂直管理》，载《瞭望新闻周刊》2006 年第 46 期。

［48］ 熊文钊、张伟：《垂直管理不是通行证》，载《人民论坛》2007 年第 5 期。

［49］ 董礼胜：《发达国家中央与地方关系撮要》，载《人民论坛》2010 年第 20 期。

［50］ 葛洪义：《地方法制的意义——中央与地方关系的法律化、制度化问题初探》，载《学习与探索》2010 年第 1 期。

［51］ 余家菊：《公民教育之基本义》，载《中华教育界》1926 年第 6 期。

［52］ 程燎原：《论"新法家"陈启天的"新法治观"》，载《政法论坛》2009 年第 3 期。

［53］ 魏治勋：《陈启天"新国家主义"法治思想及其当代价值》，载《河南大学学报（社会科学版）》2018 年第 6 期。

［54］ 魏治勋、汪潇：《"法治中国"如何吸收和融通西方制度文化资源》，载《西北大学学报（哲学社会科学版）》2016 年第 6 期。

［55］ 魏治勋：《亚里士多德"法治"概念之"谬误"》，载《苏州大学学报（哲学社会科学版）》2011 年第 2 期。

［56］ 李晓辉：《法治：重构公民之善与政制之善的联系——从亚里士多德政治伦理学出发的思考》，载《中国法律评论》2016 年第 1 期。

［57］ 马长山：《公民性塑造：中国法治进程的关键要素》，载《社会科学研究》2008 年第 1 期。

［58］ 常乃惪：《全民教育论发凡》，载《民铎杂志》1924 年第 3 期、第 5 期。

［59］ 陈金钊：《用体系思维改进结合论、统一论——完善法治思维的战略措施》，载《东方法学》2018 年第 1 期。

［60］ 江国华：《论司法的道德能力》，载《武汉大学学报（哲学社会科学版）》2019 年第 3 期。

［61］ 何柏生：《法律只考虑正常人》，载《华东政法大学学报》2010 年第 4 期。

［62］ 林光祺：《"不正常的人"及其控制：精神病学权力的普遍化——解读福柯〈不正常的人〉》，载《医学与哲学（人文社会医学版）》2006 年第 9 期。

［63］姜涛：《道德话语系统与压力型司法的路径选择》，载《法律科学（西北政法大学学报）》2014年第6期。

［64］秦策、夏锦文：《司法的道德性与法律方法》，载《法学研究》2011年第4期。

［65］汪习根、桂晓伟：《司法"异化"的文化反思》，载《政法学刊》2008年第1期。

［66］张婷婷：《科技、法律与道德关系的司法检视——以"宜兴胚胎案"为例的分析》，载《法学论坛》2016年第1期。

［67］杜健荣：《论司法判决中道德话语的运用偏差及其校正》，载《理论导刊》2017年第10期。

［68］黄伟文：《道德争议案件与司法的合法性：对"泸州遗赠案"的反思》，载《西部法学评论》2011年第5期。

［69］［英］H. L. A. 哈特：《实证主义和法律与道德的分离（上）》，翟小波、强世功译，《环球法律评论》2001年第2期。

［70］许娟：《司法判决过程中的道德论证》，载《法学论坛》2012年第2期。

［71］杨建军：《刑法因果关系的司法证明》，载《比较法研究》2020年第6期。

［72］魏治勋：《判例法的"溯及力困境"及其制度性克服》，载《北方法学》2011年第5期。

［73］徐雨衡：《法律原则适用的涵摄模式：基础、方法与难题》，载《甘肃社会科学》2020年第2期。

［74］苏治：《法律原则的司法适用问题探讨》，载《理论探索》2007年第5期。

［75］童振华：《试述政策的溯及力问题》，载《法学评论》1985年第6期。

［76］朱虎：《规制性规范、侵权法和转介条款》，载《中共浙江省委党校学报》2014年第3期。

［77］杨建军：《刑法因果关系的司法证明》，载《比较法研究》2020年第6期。

［78］魏治勋：《类推解释的思维结构及其与类推（适用）的根本区分》，载《东方法学》2018年第1期。

［79］肖辉、孙文胜：《构建我国老年法学学科和老年法体系初探》，载《河北法学》2017年第1期。

［80］袁维勤、于新循：《我国政府购买养老服务中的平等权维护——基于有关区别对待规定的审视与选择》，载《四川师范大学学报（社会科学版）》2011年第3期。

［81］李鹏程：《从"主体性"到"主体间性"再到"MITSEIN"》，载《华中科技大学学报（社会科学版）》2017年第6期。

［82］常纪文：《动物有权利还是仅有福利？——"主、客二分法"与"主、客一体化法"的争论与沟通》，载《环球法律评论》2008年第6期。

［83］蔡守秋、吴贤静：《从"主、客二分"到"主、客一体"》，载《现代法学》2010

年第 6 期。

[84] 陆幸福:《人工智能时代的主体性之忧:法理学如何回应》,载《比较法研究》2022
年第 1 期。

[85] 魏治勋:《"善治"视野中的国家治理能力及其现代化》,载《法学论坛》2014 年第
2 期。

[86] 孔明安、谭勇:《交往的主体与生成的主体——哈贝马斯与齐泽克的主体间性思想比
较研究》,载《安徽师范大学学报(人文社会科学版)》2020 年第 3 期。

[87] 冯建军:《主体间性与公民主体间性教育》,载《高等教育研究》2020 年第 6 期。

[88] 张兆成:《论传统乡贤与现代新乡贤的内涵界定与社会功能》,载《江苏师范大学学
报(哲学社会科学版)》2016 年第 4 期。

[89] 徐祖澜:《乡绅之治与国家权力——以明清时期中国乡村社会为背景》,载《法学
家》2010 年第 6 期。

[90] 张露露、任中平:《乡村治理视阈下现代乡贤培育和发展探讨》,载《广州大学学报
(社会科学版)》2016 年第 8 期。

[91] 孙迪亮、宋晓蓓:《新乡贤参与乡村社会治理的理据分析》,载《科学社会主义》
2018 年第 1 期。

[92] 宋朝武、罗曼:《基层治理现代化与人民调解制度的改革路径》,载《暨南学报(哲
学社会科学版)》2019 年第 3 期。

[93] 汪地彻:《中国老龄法治问题三论》,载《理论导刊》2013 年第 8 期。

[94] 仇晓洁:《德法共治:基于思想源流和现代化国家治理框架下的思考》,载《南京社
会科学》2019 年第 7 期。

[95] 陈卯轩:《法治的德性探析》,载《西南民族大学学报(人文社科版)》2019 年第
12 期。

[96] 蔡宝刚:《聚焦社会:社会主体参与社会治理的法治观照》,载《求是学刊》2021 年
第 6 期。

[97] 王宝治:《社会权力概念、属性及其作用的辨证思考——基于国家、社会、个人的三
元架构》,载《法制与社会发展》2011 年第 4 期。

[98] 李建伟、王伟进:《理解社会治理现代化:内涵、目标与路径》,载《南京大学学报
(哲学·人文科学·社会科学)》2021 年第 5 期。

[99] [美] 罗纳德·德沃金:《认真地看待权利问题——论美国公民的反对政府的权利》,
潘汉典译,载《环球法律评论》1980 年第 2 期。

[100] 魏治勋:《原意主义解释方法的难题及其司法实用进路》,载《学习与探索》2012
年第 9 期。

[101] 魏治勋:《法律授权模态的规范分析》,载《苏州大学学报(哲学社会科学版)》

2009 年第 2 期。

[102] 任丽莉：《我国宪法基本权利条款立法具体化之必要性分析》，载《江南大学学报（人文社会科学版）》2010 年第 5 期。

[103] 杨福忠：《消极权利与立法者的积极义务——以德国联邦宪法法院第二次堕胎判决为例》，载《北方法学》2011 年第 1 期。

[104] 毛国辉：《论宪法的可诉性》，载《政治与法律》2001 年第 4 期。

[105] 胡正昌：《宪法可诉性的法理审视》，载《湖南科技大学学报（社会科学版）》2009 年第 2 期。

[106] 胡肖华：《从行政诉讼到宪法诉讼——中国法治建设的瓶颈之治》，载《中国法学》2007 年第 1 期。

[107] 蔡定剑：《中国宪法司法化路径探索》，载《法学研究》2005 年第 5 期。

[108] 王广辉：《论中国特色社会主义法律体系中的宪法及其相关法——以基本权利的立法完善为视角》，载《河南社会科学》2010 年第 5 期。

[109] 姚建宗：《新兴权利论纲》，载《法制与社会发展》2010 年第 2 期。

[110] 张文显、姚建宗：《权利时代的理论景象》，载《法制与社会发展》2005 年第 5 期。

[111] 张晶、强昌文：《契约伦理与当代中国权利立法》，载《法学家》2005 年第 6 期。

[112] 秦前红、涂云新：《经济、社会、文化权利的保障路径及其选择——在立法裁量与司法救济之间》，载《交大法学》2013 年第 1 期。

[113] 薛小建：《基本权利体系的理论与立法实践》，载《法律适用》2004 年第 5 期。

[114] 苏亦工：《法律术语中"少数人"一词的语境评析》，载《法学》2009 年第 4 期。

[115] 李忠：《论少数人的权利——兼评〈公民权利和政治权利国际公约〉第 27 条》，载《法律科学》1999 年第 5 期。

[116] 李常青、冯小琴：《少数人权利及其保护的平等性》，载《现代法学》2001 年第 5 期。

[117] 赵麟斌、洪建设：《宗族关联视阈下的村级选举》，载《福建论坛（人文社会科学版）》2005 年第 8 期。

[118] 吴双全：《论少数人权利特殊保护的必要性》，载《东岳论丛》2010 年第 3 期。

[119] 任喜荣：《作为"新兴"权利的信访权》，载《法商研究》2011 年第 4 期。

[120] 徐钝、郑记：《新兴权利救济：司法能动立场的证成与运作》，载《理论与改革》2010 年第 6 期。

[121] 聂佳龙、史克卓：《论作为"新兴权利"的公民启动权》，载《广州社会主义学院学报》2013 年第 2 期。

[122] 何志鹏：《权利发展与制度变革》，载《吉林大学社会科学学报》2006 年第 5 期。

[123] 徐显明：《生存权论》，载《中国社会科学》1992 年第 5 期。

［124］汪国华、周伟：《社会权利理论发展与"新社会权利"兴起》，载《兰州学刊》
2011 年第 9 期。

［125］孙学华：《论弱势群体权利保护立法中的一般保护原则与特殊保护原则——以艾滋
病患者为例》，载《云南大学学报（法学版）》2009 年第 6 期。

［126］朱海林：《伦理关怀与艾滋病患者权利保障》，载《昆明理工大学学报（社会科学
版）》2010 年第 2 期。

［127］陈恩才：《变性人权利保护的法理与实践研究——以英国的诉讼案件为例》，载《河
北法学》2013 年第 1 期。

［128］徐忠华、杨柳：《论变性人的法律地位及权利救济——以人权入宪为时代背景》，载
《广西政法管理干部学院学报》2007 年第 2 期。

［129］张迎秀：《变性人婚姻家庭权利研究》，载《河北法学》2010 年第 6 期。

［130］吴国平：《变性人的结婚权利研究——以婚前变性为视角》，载《福州大学学报
（哲学社会科学版）》2012 年第 3 期。

［131］曹刚：《安乐死是何种权利？——关于安乐死的法伦理学解读》，载《伦理学研究》
2005 年第 1 期。

［132］张玉堂：《我们有死的权利吗——对安乐死争论的法理学思考》，载《法学》2001
年第 10 期。

［133］梁根林：《争取人道死亡的权利——世界范围内的安乐死运动》，载《比较法研究》
2004 年第 3 期。

［134］朱红梅：《安乐死的法律性质和权利主体》，载《南京中医药大学学报（社会科学
版）》2006 年第 1 期。

［135］李惠：《试论安乐死的适用对象及其权利》，载《法律与医学杂志》2002 年第 4 期。

［136］刘泽刚：《安乐死中的权利与尊严伴谬》，载《宁夏社会科学》2008 年第 4 期。

［137］杨立新、张莉：《论植物人的权利行使和保护植物人法律问题系列研究之二》，载
《法律适用》2006 年第 9 期。

［138］吴翠丹：《浅谈植物人的生命权利》，载《中国医学伦理学》2002 年第 3 期。

［144］汤啸天：《举报人的权利与我国〈举报法〉的制定》，载《人民检察》2004 年第
1 期。

［139］董矿平等：《举报人权利保护制度的立法完善》，载《中共乌鲁木齐市委党校学报》
2008 年第 3 期。

［140］黎尔平：《同性恋权利：特殊人权还是普遍人权——兼论大赦国际对同性恋权利的
保护》，载《法学》2005 年第 10 期。

［141］汪地彻：《中国同性恋群体权利保障问题探讨》，载《中国性科学》2009 年第 8 期。

［142］郭艳华：《新权利观与人类理性》，《现代哲学》1999 年第 3 期。

[143] 李乐平：《论社会保障权的权项、权限和价值》，载《乐山师范学院学报》2006 年第 7 期。

[144] 余光辉：《人体基因上的权利类型探究》，载《学术论坛》2011 年第 1 期。

[145] 李晓辉：《信息权利——一种权利类型分析》，载《法制与社会发展》2004 年第 4 期。

[146] 杨宏玲、黄瑞华：《信息权利的性质及其对信息立法的影响》，载《科学学研究》2005 年第 1 期。

[147] 冯佳斌：《环境权的权利构造与立法实现——对德国"一般人格权"理论之借鉴》，载《广西政法管理干部学院学报》2009 年第 6 期。

[148] 杜强强：《论法人的基本权利主体地位》，载《法学家》2009 年第 2 期。

[149] 齐延平、陈一远：《"社会弱势群体权利保护"学术研讨会综述》，载《人权》2005 年第 2 期。

[150] 齐延平：《国家的人权保障责任与国家人权机构的建立》，载《法制与社会发展》2005 年第 3 期。

[151] 魏治勋：《事实的规范力量——论事实性民间规范及其法律方法意义》，载《山东大学学报（哲学社会科学版）》2009 年第 3 期。

[152] 徐显明：《世界人权的发展与中国人权的进步——关于人权法律史的理论思考》，载《中共中央党校学报》2008 年第 2 期。

[153] 徐显明：《人权观念在中国的百年历程》，载《社会科学论坛》2005 年第 3 期。

[154] 唐皇凤：《"中国式"维稳：困境与超越》，载《武汉大学学报（哲学社会科学版）》，2012 年第 5 期。

[155] 清华大学社会学系社会发展研究课题组：《利益表达制度化，实现长治久安：维稳新思路》，载《理论参考》2011 年第 3 期。

[156] 张鹏：《权利理论与权利立法》，载《河北法学》2013 年第 4 期。

[157] 宋海萍：《关于预防和减少涉法涉诉信访的几点思考》，载《中国审判》2009 年第 4 期。

[158] 左卫民、何永军：《政法传统与司法理性——以最高法院信访制度为中心的研究》，载《四川大学学报（哲学社会科学版）》2005 年第 1 期。

[159] 郭小冬：《判后答疑——涉诉信访的现实解决路径及其规范》，载《司法改革论评》2007 年第 1 期。

[160] 福建省高级人民法院课题组：《人民法院预防和减少涉诉信访的对策》，载《人民司法》2007 年第 11 期。

[161] 孙宏坤、蒋涛：《涉诉信访问题探析》，载《法治研究》2008 年第 8 期。

[162] 李茂华、陈雪梅：《法院涉诉信访制度之利弊分析及进路选择》，载《广东行政学院

学报》2008 年第 4 期。

［163］张文国：《试论涉诉信访的制度困境及其出路》，载《华东师范大学学报（哲学社会科学版）》2007 年第 2 期。

［164］关保英、陈书笋：《涉法涉诉信访案件终结的法律效力》，载《上海政法学院学报》2006 年第 2 期。

［165］周永坤：《信访潮与中国纠纷解决机制的路径选择》，载《暨南学报（哲学社会科学版）》2006 年第 1 期。

［166］张敏、戴娟：《困惑与出路：转型期法院涉诉信访制度的理性探究》，载《法律适用》2009 年第 6 期。

［167］彭浩：《涉诉信访中的民生问题：表现、原因与对策——对 25 件重大涉诉信访件的统计分析》，载《法制与社会》2009 年第 31 期。

［168］张绥明：《公安行政执法不规范不作为对公安工作造成危害的认识》，载《公安教育》2005 年第 11 期。

［169］张泰苏：《中国人在行政纠纷中为何偏好信访?》，载《社会学研究》2009 年第 3 期。

［170］吴晓林：《城市性与市域社会治理现代化》，载《天津社会科学》2020 年第 3 期。

［171］陈成文等：《市域社会治理现代化：理论建构与实践路径》，载《江苏社会科学》2020 年第 1 期。

［172］谢桂山、白利寅：《设区的市地方立法权的制度逻辑、现实困境与法治完善路径》，载《法学论坛》2017 年第 3 期。

［173］徐汉明：《市域社会治理现代化：内在逻辑与推进路径》，载《理论探索》2020 年第 1 期。

［174］宁越敏：《中国城市化特点、问题及治理》，载《南京社会科学》2012 年第 10 期。

［175］张步峰、熊文钊：《城市管理综合行政执法的现状、问题及对策》，载《中国行政管理》2014 年第 7 期。

［176］王正斌：《〈立法法〉对设区的市一级地方立法制度的重大修改》，载《中国法律评论》2015 年第 2 期。

［177］郑毅：《对我国〈立法法〉修改后若干疑难问题的诠释与回应》，载《政治与法律》2016 年第 1 期。

［178］李适时：《全面贯彻实施修改后的立法法——在第二十一次全国地方立法研讨会上的总结》，载《中国人大》2015 年第 21 期。

［179］苗连营、张砥：《设区的市立法权限的规范分析与逻辑求证》，载《地方立法研究》2017 年第 1 期。

［180］成都市人大常委会法工委课题组：《城市管理与地方立法规制——以成都市地方立

法的实际需求为视角》，载《地方立法研究》2017 年第 1 期。

[181] 陈书全、马鹏斐：《基于地方立法实践的设区的市立法事项范围研究》，载《山东大学学报（哲学社会科学版）》2020 年第 1 期。

[182] 魏治勋：《文义解释的司法操作技术规则》，载《政法论丛》2014 年第 4 期。

[183] 李小萍：《对设区市立法权限之"城乡建设与管理"的界定》，载《法学论坛》2017 年第 3 期。

[184] 黄良林：《论地方立法权限和范围——兼评温州市地方立法立顶》，载《地方立法研究》2017 年第 2 期。

[185] 莫于川、雷振：《从城市管理走向城市治理——〈南京市城市治理条例〉的理念与制度创新》，载《行政法学研究》2013 年第 3 期。

[186] 成伯清：《市域社会治理：取向与路径》，载《南京社会科学》2019 年第 11 期。

[187] 魏治勋：《全球化语境下法治本质与困境的再审视》，载《山东警察学院学报》2006 年第 5 期。

[188] 钱弘道等：《法治评估及其中国应用》，载《中国社会科学》2012 年第 4 期。

[189] 侯学宾、姚建宗：《中国法治指数设计的思想维度》，载《法律科学（西北政法大学学报）》2013 年第 5 期。

[190] 汪全胜：《法治指数的中国引入：问题及可能进路》，载《政治与法律》2015 年第 5 期。

[191] 孟涛：《法治的测量：世界正义工程法治指数研究》，载《政治与法律》2015 年第 5 期。

[192] 戴耀廷：《香港的法治指数》，载《环球法律评论》2007 年第 6 期。

[193] 夏恿：《法治是什么——渊源、规诫与价值》，载《中国社会科学》1999 年第 4 期。

[194] 陈林林：《法治指数中的认真与戏谑》，载《浙江社会科学》2013 年第 6 期。

[195] 马锡五：《马锡五副院长在全国公安、检察、司法先进工作者大会上的书面讲话》，载《人民司法》1959 年第 10 期。

[196] 苏力：《当代中国法律中的习惯——一个制定法的透视》，载《法学评论》2001 年第 3 期。

[197] 范愉：《民间社会规范在基层司法中的应用》，载《山东大学学报（哲学社会科学版）》2008 年第 1 期。

[198] 俞可平：《治理和善治引论》，载《马克思主义与现实》1999 年第 5 期。

[199] 俞可平：《善治与幸福》，载《马克思主义与现实》2011 年第 2 期。

[200] 陈培永：《当代中国推进国家治理现代化的理路考量》，载《理论视野》2017 年第 9 期。

[201] 赵盛阳：《构建地方法治指数的理论阐释》，载《学术交流》2018 年第 2 期。

［202］朱景文：《法治的可比性及其评估》，载《法制与社会发展》2014 年第 5 期。

［203］付子堂、张善根：《地方法治建设及其评估机制探析》，载《中国社会科学》2014 年第 11 期。

［204］朱景文：《如何开展科学的法治评估》，载《中国党政干部论坛》2016 年第 1 期。

［205］刘凯、白立士：《"法治评价"量化研究的方法论基础》，载《华南师范大学学报（社会科学版）》2016 年第 2 期。

［206］邱成梁、李志强：《迈向实践立场的法治评估指标体系及其方法论》，载《山东社会科学》2017 年第 8 期。

［207］徐汉明：《论法治建设指标体系的特性与功能》，载《法学评论》2016 年第 1 期。

［208］姚建宗、侯学宾：《中国"法治大跃进"批判》，载《法律科学（西北政法大学学报）》2016 年第 4 期。

［209］钱弘道、杜维超：《法治评估模式辨异》，载《法学研究》2015 年第 6 期。

［210］菅从进：《基于法律内在性的法治标准新探》，载《法学论坛》2017 年第 1 期。

［211］石佑启、李锦辉：《法治指数背后的价值哲学之争》，载《哲学研究》2015 年第 8 期。

［212］巢陈思、尹奎杰：《地方法治评估中权利指数的设计及应用》，载《人民论坛·学术前沿》2018 年第 14 期。

［213］韩旭、钟凯：《地方法治量化评估若干理论与实践问题研究——以 S 省依法行政第三方评估为例》，载《河南大学学报（社会科学版）》2016 年第 2 期。

［214］张德淼、康兰平：《迈向实证主义的中国法治评估方法论——以世界正义工程法治指数建构方法为镜鉴》，载《理论与改革》2015 年第 6 期。

［215］［丹］斯文-埃里克·斯坎宁、游腾飞：《如何测量法治》，载《学习与探索》2016 年第 2 期。

［216］高小平等：《中国绩效管理的实践与理论》，载《中国社会科学》2011 年第 6 期。

［217］渠敬东等：《从总体支配到技术治理——基于中国 30 年改革经验的社会学分析》，载《中国社会科学》2009 年第 6 期。

［218］鲁楠：《世界法治指数的缘起与流变》，载《环球法律评论》2014 年第 4 期。

［219］吴建南、温挺挺：《政府绩效立法分析：以美国〈政府绩效与结果法案〉为例》，载《中国行政管理》2004 年第 9 期。

［220］吴定海：《百年大党法治探索的主要成就》，载《深圳社会科学》2021 年第 6 期。

［221］孙谦：《习近平法治思想对马克思主义法治原理的传承与发展》，载《法学研究》2021 年第 4 期。

［222］朱未易：《构建地方法治建设监测数据指标体系的可能、原则与途径》，载《政法论丛》2018 年第 5 期。

[223] 姜伟：《全面依法治国的重点任务——习近平法治思想的学习体会》，载《法律适用》2021 年第 10 期。

[224] 袁曙宏：《构建中国法治政府指标体系》，载《中国法律》2007 年第 1 期。

[225] 张保生、郑飞：《世界法治指数对中国法治评估的借鉴意义》，载《法制与社会发展》2013 年第 6 期。

[226] 张德淼：《法治评估的实践反思与理论建构——以中国法治评估指标体系的本土化建设为进路》，载《法学评论》2016 年第 1 期。

[227] 江必新：《习近平法治思想的逻辑体系与理论特征》，载《求索》2021 年第 2 期。

[228] 江必新、李洋：《习近平法治思想关于法治中国建设相关论述的理论建树和实践发展》，载《法学》2021 年第 9 期。

[229] 石东坡、张琪：《县域法治评估机制的演进、反思与更新》，载《浙江工业大学学报（社会科学版）》2020 年第 4 期。

[230] 吕艳滨：《国家治理现代化背景下的法治评估及其风险防范》，载《探索与争鸣》2021 年第 8 期。

[231] 冉井富：《论法律指标的认知功能及其局限性》，载《汕头大学学报》1999 年第 2 期。

[232] 张展新：《中国"绿卡"的资格待遇问题：以本国公民社会权利演进为视角的分析》，载《华侨华人历史研究》2019 年第 1 期。

[233] 孙郝蕾：《中美外国人永久居留制度比较研究》，载《政法学刊》2019 年第 3 期。

[234] 孙展望：《法律保留、法治与复杂社会——中国语境下的法律保留之法治逻辑探究》，载《政治与法律》2011 年第 7 期。

[235] 李婧：《我国外汇管理法律制度的完善——基于对人民币国际化的推进》，载《经济法论丛》2018 年第 2 期。

[236] 刘天永：《直面 CRS 全球征税时代》，载《中国外汇》2017 年第 4 期。

[237] 刘继虎：《〈立法法〉修改背景下我国税收授权立法制度的改革》，载《湖湘论坛》2016 年第 2 期。

[238] 彭礼堂：《中国税收授权立法：从严重越位到严格禁止》，载《经济法论丛》2017 年第 2 期。

[239] 柳砚涛、刘宏渭：《立法授权原则探析》，载《法学论坛》2004 年第 4 期。

[240] 朱汉卿：《新立法法视域下的授权立法基本范畴研究及其法律规制》，载《江汉大学学报（社会科学版）》2016 年第 5 期。

[241] 江国华等：《授权立法决定的性质及其合宪性审查基准》，载《学习与实践》2018 年第 5 期。

[242] 金观涛：《现代民族国家与契约社会》，载《中国法律评论》2017 年第 2 期。

[243] 周平：《民族国家与国族建设》，载《政治学研究》2010 年第 3 期。

[244] 陈敏等：《我国高层次外国人永久居留制度研究》，载《科技管理研究》2016 年第 14 期。

[245] 黄祖宏等：《上海市外籍人口空间分布历史变迁研究》，载《南方人口》2013 年第 3 期。

[246] 刘晖、胡森林：《中国人才的空间集聚格局及时空演化》，载《经济经纬》2019 年第 5 期。

[247] 尹建国：《不确定法律概念具体化的说明理由》，载《中外法学》2010 年第 5 期。

[248] 于志刚：《在华外国人犯罪的刑事法律应对》，载《中国社会科学》2012 年第 6 期。

[249] 毛尉：《如何缓解四大群体的就业压力》，载《人民论坛》2019 年第 14 期。

[250] 刘国福：《简论外国人在中国永久居留（中国绿卡）制度》，载《河北法学》2008 年第 3 期。

[251] 陈金钊：《法官如何表达对法律的忠诚—关于法治方法的理论探索之二》，载《法律方法》2002 年第 0 期。

[252] 魏治勋：《民间法核心概念辨析——基于规范法学的立场和司法的视角》，载《民间法》2010 年第 0 期。

[253] 菅从进：《新乡贤与乡村用法力量的系统提升——以江苏省丰县梁寨镇为例》，载《民间法》2016 年第 2 期。

[254] 郭道晖：《论法定权利与权利立法》，载《法制现代化研究》。

[255] 徐显明、齐延平：《论中国人权建设的五大主题》，载《法制现代化研究》2002 年第 1 辑。

[256] 强世功：《权力的组织网络与法律的治理化——马锡五审判方式与中国法律的新传统》，载《北大法律评论》2000 年第 2 期。

[257] 宾凯：《法律如何可能：通过"二阶观察"的系统建构——进入卢曼法律社会学的核心》，载《北大法律评论》2006 年第 0 期。

三、案例、报告、报纸文章

[1] 《关于〈中共中央关于全面深化改革若干重大问题的决定〉的说明》，载《人民日报》2013 年 11 月 16 日，第 1 版。

[2] 汪玉凯：《准确理解"顶层设计"》，载《北京日报》2012 年 3 月 26 日，第 17 版。

[3] 王淑芹：《国家、社会、个人：中国梦的价值主体》，载《光明日报》2013 年 4 月 10 日，第 11 版。

[4] 李强：《"制度能力"体现执政能力（人民论坛·90 年激荡历史的篇章）——"七一"重要讲话启示（11）》，载《人民日报》2011 年 7 月 27 日，第 4 版。

［5］李振：《制度变迁中的制度学习》，载《中国社会科学报》2012 年 12 月 7 日，第 B02 版。

［6］《制度创新是改革的红利之源》，载《光明日报》2013 年 4 月 9 日，第 02 版。

［7］江必新：《推进国家治理体系和治理能力现代化》，载《光明日报》2013 年 11 月 15 日，第 01 版。

［8］中央党校中国特色社会主义理论体系研究中心：《如何认识推进国家治理体系和治理能力现代化？——三谈深入学习贯彻十八届三中全会精神》，载《光明日报》2013 年 11 月 28 日，第 01 版。

［9］陈朋：《决定国家治理能力高低的三要素》，载《学习时报》2014 年 3 月 10 日，第 A6 版。

［10］江德华：《谨防"法治指数"变为"自说自话"》，载《21 世纪经济报道》2008 年 4 月 8 日，第 3 版。

［11］程光、李沐欣等：《关于完善我国财政转移支付制度若干问题的思考》，载《学习时报》2009 年 11 月 16 日，第 8 版。

［12］习近平：《当代中国共产党人的庄严责任》，载《学习时报》2008 年 3 月 17 日，第 1 版。

［13］"江歌案"日本东京地方裁判所刑事判决书，崔涵译，案件编号：平 28（刑わ）2622 号·平 28（合わ）299 号。

［14］山东省青岛市城阳区人民法院民事判决书（2019）鲁 0214 民初 9592 号。

［15］立言：《"江歌案"判决，用天平与利剑托举诚信友善之义》，载《环球时报》2022 年 1 月 14 日。

［16］谢鸿飞：《江秋莲诉刘暖曦生命权纠纷案的关键侵权法理》，载《中国社会科学报》2022 年 3 月 2 日，第 4 版。

［17］王雷：《见义勇为行为的构成要件和认定程序新释》，载《北外法学》2021 年第 1 期。

［18］四川省泸州市中级人民法院民事判决书（2001）泸民一终字第 621 号。

［19］广东省广州市中级人民法院刑事判决书（2019）粤 01 刑初 557 号。

［20］徐显明：《论中国特色社会主义法律体系的形成和完善》，载《人民日报》2009 年 3 月 12 日，第 11 版。

［21］邓科、柯立：《天津"扎针"事件调查》，载《南方周末》2002 年 1 月 24 日，第 11 版。

［22］任孟山：《艾滋病人权利是保护弱势群体的标本》，载《华夏时报》2006 年 2 月 14 日，第 A02 版。

［23］刘超：《变性人法律权利保障研究》，四川大学 2007 年硕士学位论文。

[24] 高磊：《论公民安乐死之权利的确认与保护》，山东大学 2012 年硕士学位论文。

[25] 王韶婧：《植物人法律人格及其权利保护研究》，复旦大学 2010 年硕士学位论文。

[26] 李忠：《"试药人"都有哪些权利义务》，载《中国消费者报》2003 年 12 月 4 日，第 B01 版。

[27] 顾则徐：《黑户人口阶层值得关注》，《南方都市报》2013 年 8 月 28 日，第 A31 版。

[28] 巴芮：《部分失独者申请国家补偿》，载《法制晚报》2014 年 4 月 25 日，第 a30 版。

[29] 中央政法委：《〔中政委〕涉法涉诉信访案件终结办法》（政法〔2005〕9 号），2005 年 2 月 16 日印发。

[30] 刘曼：《王胜俊在电视连续剧〈苍天〉首映式上强调 继承人民司法优良传统 牢记司法为民根本宗旨〈苍天〉作为新中国成立六十周年献礼片将于 8 月 10 日在中央电视台一套晚间黄金时间播出》，载《人民法院报》2009 年 8 月 8 日，第 001 版。

[31] 张希坡：《马锡五审判方式是人民司法工作的一面旗帜》，载《人民法院报》2009 年 8 月 11 日，第 005 版。

[32] 杨继文：《法治评估应考量人民群众"客观性"需求》，载《检察日报》2019 年 7 月 2 日，第 3 版。

[33] 徐汉明：《强化法治思维 提升领导干部法治能力》，载《政策》2015 年第 3 期。

[34] 习近平：《在庆祝中国共产党成立 100 周年大会上的讲话》（2021 年 7 月 1 日），载《人民日报》2021 年 7 月 2 日，第 2 版。

[35] 《中国共产党第十一届中央委员会第三次全体会议公报》（1978 年 12 月 22 日通过），载《北京日报》1978 年 12 月 24 日，第 1 版。

[36] 谢环驰：《习近平在上海考察时强调 深入学习贯彻党的十九届四中全会精神 提高社会主义现代化国际大都市治理能力和水平》，载《人民日报》2019 年 11 月 4 日，第 1 版。

[37] 徐隽、王晔：《习近平在中央人大工作会议上发表重要讲话强调 坚持和完善人民代表大会制度 不断发展全过程人民民主 李克强汪洋王沪宁赵乐际韩正王岐山出席 栗战书讲话》，载《人民日报》2021 年 10 月 15 日，第 1 版。

[38] 王逸吟、靳昊：《徐汉明：以科学的指标体系助推法治建设》，载《光明日报》2014 年 11 月 6 日，第 7 版。

[39] 吕艳滨：《法治评估方法重在客观直观》，载《中国社会科学报》2014 年 1 月 15 日，第 A07 版。

[40] 重庆市高级人民法院课题组：《构建科学合理的法治化营商环境司法评估指数体系》，载《人民法院报》2019 年 11 月 14 日，第 008 版。

[41] 姚建宗：《法治指数设计的思想维度》，载《光明日报》2013 年 4 月 9 日，第 011 版。

[42] 何海锋：《立法要注重科学性和民主性》，载《检察日报》2013 年 9 月 24 日，第

03 版。

［43］刘祖华:《〈外国人在中国永久居留享有相关待遇的办法〉政策问答》,载《中国组织人事报》2012 年 12 月 12 日,第 3 版。

［44］《中办国办印发〈意见〉加强外国人永久居留服务管理》《人民日报》2016 年 2 月 19 日,第 1 版。

四、外文文献

［1］ Zhu Guanglei, Decision Making and Implementation, *Interpretation of the Processes of the Chinese Government Govevning Chin*, Foreign Languages Press Co. Ltd, 2013.

［2］ H. L. A Hart *The Concept of Law*（*second edition*）, Clarendon Press, 1994.

［3］ Joseph Raz: The Rule of Law and Its Virtue, *The Authority of Law*: *Essays on Law and Morality*, Oxford University Press 1979.

［4］ Stephen L. Elkin, Karol Edward Soltan, New Constitutionalism, the University of Chicago Press, 1993.

［5］ J. Austin, *The Province of Jurisprudence Determined*, Weidenfeld Nicholson, London, 1954.

［6］ Leslie Green, *The Cambridge Companion to Legal Positivism*, Edited by Torben Spaak, Patricia Mindus, Cambridge University Press, 2021.

［7］ Melvin Aron Eisenberg, *The Nature of The Common Law*, Harvard University Press, 1988.

［8］ Washington, World Bank: Doing Business 2007: How to Reform, World Bank Publications, 2006.

［9］ Albert. V. Dicey, *Introduction to the study of the Law of the Constitution*, Liberty Fundlnc, 1960.

［10］ Austin T. Fragomen, Jr., "Permanent Resident Status Redefined", *The International Migration Review*, Vol. 9, No. 11975.

［11］ Melvin Eisenberg, *the Nature of the Common Law*, Harvard University Press, 1988.

［12］ Nahid Afrose Kabir, *What Does It Take to be an American?*, Edinburgh University Press, 2013.

［13］ Francis Fukuyama: "The Imperative of State-Building", *Journal of Democracy*, Vol. 15, No. 2. 1, 2004.

［14］ P. R. Moody, Jr., "Trends in the Study of Chinese Political Culture", *The China Quarterly*, 1994.

［15］ Donald H. J. Hermann, "Max Weber and the Concept of Legitimacy in Contemporary Jurisprudence", Depaul lawo Review, Vol. 33, No. 1, 1983-1984.

［16］ H. L. A Hart, "Positivism and the Separation of Law and Morals", *Harvard Law Review*, Vol. 71, No. 4., 1958.

[17] Karl Olivecrona, "The Will of the Sovereign: Some Reflections on Bentham's Concept of ' A Law' ". 20 Am. J. Juris.

[18] Sean Coyle, "Practices and the Rule of Recognition", *Law and Philosophy*, Vol. 25, No. 4., 2006.

[19] Lawrence M. Friedman: "Legal Culture and Social Development", *Law and Society Review*, Vol. 4, No. 1., 1969).

[20] Guillermina Jasso, Vivek Wadhwa, Gary Gereffi, Ben Rissing, "How Many Highly Skilled Foreign-Born are Waiting in Line for U. S. Legal Permanent Residence?", *The International Migration Review*, Vol. 44, No. 2., 2010.

[21] Sara Wallace Goodman, "Fortifying Citizenship: Policy Strategies for Civic Integration in Western Europe", *World Politics*, Vol. 64, No. 4., 2012.

[22] Siew-Ean Khoo, Graeme Hugo, Peter McDonald, "Which Skilled Temporary Migrants Become Permanent Residents and Why?", *The International Migration Review*, Vol. 42, No. 1, 2008.